GÜTERSLOHER
VERLAGSHAUS

Gütersloher Verlagshaus. Dem Leben vertrauen

Christel und Rupert Neudeck

Zwei Leben für die
Menschlichkeit

Gütersloher Verlagshaus

Bibliografische Information der Deutschen Nationalbibliothek
Die Deutsche Nationalbibliothek verzeichnet diese Publikation
in der Deutschen Nationalbibliografie; detaillierte bibliografische Daten
sind im Internet über http://dnb.d-nb.de abrufbar.

Verlagsgruppe Random House FSC-DEU-0100
Das für dieses Buch verwendete FSC-zertifizierte Papier *Munken Premium*
liefert Arctic Paper Munkedals AB, Schweden.

1. Auflage
Copyright © 2009 by Gütersloher Verlagshaus, Gütersloh,
in der Verlagsgruppe Random House GmbH, München

Umschlaggestaltung: INIT
Umschlagmotiv: © dpa Picture-Alliance GmbH
Satz: Satz!zeichen, Landesbergen
Druck und Einband: Těšínská tiskárna, a.s., Český Těšín
Printed in Czech Republic
ISBN: 978-3-579-06893-0

www.gtvh.de

Inhalt

Ein Brief an die Grünhelme
von Ralf Lord Dahrendorf

Rt. Hon. Lord Dahrendorf KBE FBA

London SW1A 0PW

16.4.08

Liebe Christel, lieber Rupert,

zunächst: ich glaube nicht, dass es ein »neues« Land oder auch nur ein »neues Thema« gibt. Jedenfalls nicht für Euch, die Ihr Euch besser auskennt in diesen Dingen als fast alle anderen. Was es gibt, sind Orte und Themen, bei denen Euer spezifischer Ansatz Neues bewirken kann. Ich meine damit das, was man Euren »Graswurzel-Ansatz« nennen könnte, also die Aktion dort, wo die Probleme liegen (und nicht, um Rupert zu zitieren, bei den »Zuständigen«).

Neue Wege also, um Altes zu tun. Je mehr ich über die Leiden der Welt nachdenke, desto wichtiger wird für mich der Gedanke des rule of law!

Heute bin ich der Meinung, dass Rechtsstaat noch vor der Demokratie kommt. Was bedeutet das an den Graswurzeln? Menschen müssen Rechte haben. Sie müssen wissen, dass sie Rechte haben. Sie brauchen Hilfe bei der Verteidigung ihrer Rechte. Sie brauchen eine Umwelt, die Rechte im günstigen Fall respektiert, im ungünstigen akzeptiert.

Für die Grünhelme bedeutet das die Schaffung einer kleinen Einheit von rechtlich Bewanderten, die jeweils zu zweit, zu dritt in Unrechtsgebiete gehen und dort an Beispielen durchexerzieren, was grundsätzlich für alle gilt. Sozusagen Stoßtrupps des Rechts (wenn Euch friedliebenden Menschen diese Sprache zuzumuten ist). Auch hier gilt, was Ihr ja immer akzeptiert habt: man kann nur punktuell wirken, wenn man an die Graswurzeln geht. Die Ortswahl ist also fast beliebig. Man könnte daran denken, sie mit anderen Projekten zu verbinden.

So viel vorerst. Ich freue mich sehr darauf, Euch bald wieder zu sehen.

Mit Liebe, Euer

Euer Ralf.

Christel Neudeck

Rückblick (1979)

Ein ganz normales Leben. Wir hatten ein kleines Reihenhaus mit vier Zimmern gekauft. Es kostete 200.350 DM. 170 qm umfasst das Grundstück, darauf steht auch noch das Haus. Ich wollte es gar nicht anschauen. Hier können wir ja nicht einmal Tischtennis spielen, dachte ich. Aber Rupert konnte mich überreden. Vorher hatte ich ihn überzeugen müssen. Er hielt Hausbesitz für kapitalistisch, bis ich ihm vorrechnete, dass wir Kapitalisten mit unseren hohen Mieten die Häuser abbezahlen würden. Kleinbürgerliche Idylle, aber warum nicht? Waren wir nicht auch Kleinbürger geworden? Von der Revolution der 68er war nicht viel übrig geblieben. Wir hatten zwei wunderbare Kinder, damals zwei und vier Jahre jung. Gesund, frech und munter. Ich hatte einen Ehemann, der keinen Nagel in die Wand bekam, wie man in meiner Heimat am Niederrhein sagen würde. Das Haus war fünf Jahre alt, hatte also keine Kinderkrankheiten mehr. Ich würde mich nicht mit Handwerkern herumschlagen müssen. Tapezieren konnte ich selbst. Unsere Nachbarn waren freundlich, wir auch.

Das heißt, Rupert lernte sie nur langsam kennen, denn seine Gedanken waren mit vielem beschäftigt. Er rannte immer, langsam gehen war ihm ganz fremd. Als Junge hatte er Langstreckenläufer bewundert, jetzt bereitete er sich auf einen eigenen langen Lauf vor, er wusste es nur noch nicht.

Er hatte die Möglichkeit, in Paris Sartre zu interviewen, ein Traum für ihn. Ich mochte diesen Philosophen nicht. Es mag anmaßend klingen, aber noch heute halte ich ihn für politisch nicht besonders klug. Als Rupert von Paris nach Hause kam, war nicht die Rede von seinem alten Mentor. Er war ganz begeistert von dem, was André Glucksmann ihm berichtet hatte. Diesen hatte er in einem Pariser Café getroffen, um das Sartre-Gespräch vorzubereiten. Aber Glucksmann hatte seinen Kopf voll mit dem Schicksal der vietnamesischen »boat people«. Wir hatten in den Medien verfolgt, dass viele vietnamesische Bootsflüchtlinge ihre Flucht im südchinesischen Meer nicht überlebten, von Piraten überfallen wurden oder ertranken. André Glucksmann hatte sie auf der so genannten Ratteninsel Pulau Bidong gesehen, menschenunwürdig lebten sie dort. Rupert hatte schon immer ein Faible für Frankreich. Die lasen seiner Meinung nach mehr als die Deutschen, kauften mehr Bücher, hatten eine andere Lebensart, parkten ihre Autos Stoßstange an Stoßstange und zählten nicht die kleinen Kratzer, die dabei herauskamen. Tolle Hechte, diese Franzosen. Und jetzt hatten sie eben eine Idee. Es ertranken Menschen, da durfte man nicht zögern, da musste man handeln. Ein Schiff wurde gebraucht. Sie hatten auch schon eines, das sie »Ile de Lumière« nannten, die Insel des Lichts. Ein schöner symbolträchtiger Name war also schon gefunden. Es fehlte nur eine Kleinigkeit: Geld. Ich erinnere mich nicht daran, dass Rupert fragte, ob das Ganze nicht eine Nummer zu groß sei. Aber er dachte ja auch nicht an ein eigenes Schiff, sondern nur daran, die Franzosen zu unterstützen.

Ich selbst übersah die Dimensionen auch nicht, die diese Idee in der Folgezeit einnehmen sollte. Rupert litt an einer Krankheit, er war Workaholic. Ich wusste gar nicht, wer das alles lesen sollte, was er in seine Schreibmaschine hämmerte. Er schrieb, wie eine Frau Strümpfe strickt, immer weiter. Ich sah jedoch die Möglichkeit, dass er seine Kraft für Menschen einsetzte, deren Leben bedroht war. Das war gut.

Wir berieten uns mit Freunden und Bekannten. Man bräuchte einen eingetragenen Verein, erfuhren wir. Warum? Man müsse Spendenquittungen ausstellen können, die beim Finanzamt abzugsfähig seien. Aha, so ist das also. Und wie macht man das? Man nehme: sieben Mitglieder, einen Vorstand, eine Satzung, lässt alles beim Amtsgericht genehmigen und legt los. Die Sache mit dem Verein passte uns nicht, wir hatten eine tiefe Abneigung gegen alles, was nach Bürokratie roch. Wir mussten einsehen, dass man Kompromisse machen muss, wenn man etwas Gutes tun will. Wir gründeten den Verein, das war unser erster Kompromiss.

Schnell fanden wir sieben Mitglieder, Mitkämpfer. Allerdings hatte niemand bedacht, dass sich die ursprüngliche Idee sehr schnell verselbständigen würde. Zu Beginn im Februar 1979 war alles einfach; fast reichte der Enthusiasmus, den wir alle mitbrachten. Begeistert saßen wir in unserem Wohnzimmer zusammen und überlegten, wie wir helfen könnten. Nicht mehr einfach nur untätig sitzen und die schrecklichen Nachrichten allabendlich sehen und hören müssen, sondern dabei die Möglichkeit zu handeln sehen zu können, das kann süchtig machen.

Solange wir die – sehr langsam fließenden – Spendengelder nach Paris weitergaben, gab es innerhalb des Vereins keine größeren Probleme. Nachdem Franz Alt jedoch in seiner Sendung »Report« auf das Schicksal der Bootsflüchtlinge aufmerksam gemacht und unsere Konto-Nummer eingeblendet hatte, änderte sich die harmonische Übereinstimmung. Wir bekamen innerhalb einer Woche 1,2 Mio. DM. Und sahen das als Auftrag der Spender, ein eigenes Schiff zu mieten. Das sahen nicht alle so und einige traten mit bitterbösen Briefen aus dem Verein aus, die sie auch öffentlich machten. Damals war ich darüber traurig und hatte kein Verständnis. Heute sehe ich diese Reaktionen gelassener und mit mehr Verständnis. Das Unternehmen hätte durchaus auch schief gehen können und ich bin unsicher, ob ich mit der heutigen Schere im Kopf, dem Wissen um all das, was an Schwierigkeiten kommen kann, nicht auch ausgetreten wäre. Nach Jahren hatten bzw. haben wir zu den meisten der Mitglieder wieder Kontakt. Als mir später ein Mitglied sagte, es sei nicht nötig gewesen, dass ich ihr die geschenkte Teekanne nach ihrem Austritt zurückgeschickt hätte, das habe sie wirklich geärgert, antwortete ich: Das sollte dich auch ärgern und wir konnten beide herzlich über diese kindische Aktion lachen.

Wir lernten also schnell, dass man mit Widerstand rechnen und lernen muss, damit umzugehen. Rupert wurde immer wieder als jemand gesehen, dessen Stärke nicht in der Team-Arbeit liegt. Darüber habe ich viel nachgedacht. Ich glaube, dass es sehr schwer für Mitarbeiter war und ist, einen solchen Asketen und Überzeugungstäter als Vorsitzenden zu haben. Er schläft sehr wenig und arbeitet fast ununterbrochen. Nur so war es ja möglich, dass er als Redakteur beim Deutschlandfunk arbeiten und den Vorsitz des Vereins übernehmen konnte, der nicht darin bestand, ab und zu an Vorstandssitzungen teilzunehmen. Er fuhr in die Länder und setzte sich den Mühen der vor Ort herrschenden Bedingungen tatsächlich aus. Ich glaube nicht, dass er das als etwas Besonderes empfand, es ist einfach so, dass er sich in einem Flüchtlingslager wohler fühlt als in einem Drei-Sterne-Hotel. Wenn er dann das Elend und das menschenunwürdige Leben der Menschen sah – die nur zufällig zum falschen Zeitpunkt am falschen Ort gewesen waren und sich gegen die verbrecherische Politik der Machthaber nicht wehren konnten –, dann hat er manchmal entschieden etwas zu unternehmen, bevor es hier in Deutschland abgesprochen war. Da es sich ja nicht um Unsinn handelte, sondern darum, in einer absoluten Katastrophe Menschen sehr schnell zu helfen, akzeptierten fast alle Beteiligten sein Vorauseilen. Das empfand ich bei der Soforthilfe im Gegensatz zu der Entwicklungshilfe auch immer als Druck. Wenn man wartet, bis alles durchdiskutiert ist und alle einverstanden sind, muss man manchmal gar nichts mehr tun, weil sich das Problem von selbst gelöst hat, im schlimmsten Falle die Kranken eben gestorben sind.

Im Falle des Rettungsschiffes Cap Anamur war die Lage in dieser Hinsicht besonders schwierig. Wir waren ja nicht nur den Spendern gegenüber verantwortlich, sondern mussten auch politische Verhandlungen führen. Rupert hatte sich die Genehmigung im Auswärtigen Amt geholt, die besagte, dass die geretteten Flüchtlinge nach Deutschland kommen könnten; aber niemand, auch wir nicht, rechnete damit, dass die Spender das teure Schiff (Charter und Schweröl kosteten 4.500 DM täglich) immer weiter unterstützen würden. Wir selbst rechneten mit maximal einem halben Jahr, dann sei unser Leben wieder normal. Das glaubten wir tatsächlich. Niemand wollte diese geretteten Flüchtlinge aufnehmen, kein Land in der Region und auch kein europäisches Land. Nicht immer war die Garantieerklärung der Bundesländer vorhanden, die Bedingung dafür war, dass die Flüchtlinge vorübergehend in einem Flüchtlingslager der Anrainerstaaten an Land gehen konnten. Einmal war der Druck so groß, dass wir über einen Hungerstreik nachdachten. Es ist schon ein Unterschied, ob man so ganz allgemein über einen solchen nachdenkt oder ganz konkret, weil man verzweifelt ist, weil das Schiff überfüllt ist und die Behörden die Zusage für die Aufnahme verweigern. In diesen ersten Jahren war der große Einsatz und der Sachverstand der damals stellvertretenden Vorsitzenden des Komitees Arlind Schmid unverzichtbar.

Oft wurde ich gefragt, ob die Kinder nicht zu kurz gekommen seien? Wie das eigentlich zusammen gehen würde, eine normale Familie zu sein und gleichzeitig die Zentrale einer immer größer werdenden Organisation im Wohnzimmer zu haben. Diese Frage müssten eigentlich unsere Kinder beantworten. Ich weiß, dass ich kein schlechtes Gewissen habe. In meinem Leben habe ich viele Fehler gemacht. Die Kinder sind meiner Meinung nach nicht zu kurz gekommen. 1979 begann die Arbeit, 14 Jahre war unser Wohnzimmer die Hauptzentrale des Komitees, wobei es noch andere Wohnzimmer gab, in denen auch gearbeitet wurde. Heute ist die Zentrale unserer neuen Organisation »Grünhelme« wieder unser Wohnzimmer; aber inzwischen sind alle Kinder erwachsen und ausgezogen.

Wir hatten und haben drei Kinder, 1980 wurde genau am Weihnachtstag unser Überraschungskind Milena geboren. Wir hatten uns »verplant« und ich konnte Ruperts große Freude über das bevorstehende Ereignis nicht so ganz nachvollziehen, weil ich wusste, dass ein Kind viel Freude bereitet, aber zumindest vier Jahre auch einen großen Einsatz der Eltern voraussetzt. Woher ich diese Zeit nehmen sollte, war mir nicht klar. Milena brachte es auf den Punkt, als sie irgendwann mitbekam, dass ich mich zunächst nicht gefreut hatte. »Wenn du gewusst hättest, dass ich da heraus komme, hättest du dir keine Sorgen machen müssen«, meinte sie und da konnte ich ihr nur aus vollem Herzen und mit großer Überzeugung zustimmen. Sie war von Anfang an ein Sonnenschein und heute habe ich den Eindruck, dass dieses Kind einfach kommen musste. Ihre achtjährige Schwester Yvonne liebte dieses kleine Baby heiß und innig und ist bis heute ihre Beraterin. Marcel, damals sechs Jahre, nahm das Chaos, wie es kam. Als die kleine Schwester nicht in ihrem Gitterbett sein wollte, legten wir zwei Matratzen auf den Boden, wo alle drei zusammen schliefen und zufrieden waren. Als später der 10-jährige Phong 15 Monate bei uns lebte, wollte er auf keinen Fall allein in einem Zimmer schlafen. Kinder und Erwachsene haben manchmal sehr unterschiedliche Vorstellungen davon, was gut für sie ist.

An wenigen Beispielen möchte ich die Situation versuchen verständlich zu machen. Ein Arzt sagte einmal, er habe sich nicht vorgestellt, dass bei uns soviel gelacht würde. Das hat mich wirklich gefreut, denn ich bin zutiefst überzeugt, dass man diese Arbeit gar nicht tun kann, wenn man das Lachen verlernt hat. Ein anderer meinte, die Situation bei uns käme ihm bekannt vor. Er sei in einem Geschäftshaushalt aufgewachsen, da sei das Geschäft immer vorgegangen. Das fand ich nicht so gut; aber ganz sicher hat er den Nagel auf den Kopf getroffen. So waren die Kinder nach den Schulferien regelmäßig »sauer«, wenn die Mitschüler von den langen Ferien am Meer oder in den Bergen erzählten und sie mal gerade ein verlängertes Wochenende mit ihren Eltern verreisen konnten. Als sie älter wurden, änderte sich die Situation. Da fanden die Freundinnen und Freunde es bei uns interessanter, weil immer etwas Überraschendes passierte. Das ersetzte – fast – den Fernseher.

Wir hatten ein Agreement. Die Kinder mussten ihre Hausaufgaben immer allein machen, ich half ihnen nicht. Sagte ihnen, dass jeder von uns seine Aufgaben habe und diese auch wahrnehmen müsse. Sie müssten zur Schule gehen und ich müsse die Komiteearbeit erledigen. Ich hoffe, dass die Lehrer diese Aufgabenteilung nicht negativ wahrgenommen haben. Bei Phong funktionierte es dann leider nicht so unkompliziert, ich musste bei den Hausaufgaben neben ihm sitzen und begann zu stricken, weil es mir schwer fiel, diese Geduld aufzubringen. Unsere Freundin Bärbel Krumme, die damals als Tropenärztin im Auswärtigen Amt in Bonn arbeitete und mir mit Rat und Tat zur Seite stand, erklärte mir, dass es völlig normal sei, dass Eltern die Hausaufgaben der Kinder überprüfen würden, ich sei in dieser Hinsicht verwöhnt.

Bärbel war nicht nur die medizinische Beraterin für unsere Mitarbeiter in den Projekten, sondern auch eine Vertrauensperson für unsere Kinder. Als die Mutter eines Nachbarmädchens sehr jung starb, fragte Marcel, ob ich auch sterben könne. Wie konnte man ehrlich sein und das Kind doch beruhigen? Ich erklärte ihm, dass es sehr ungewöhnlich sei, dass eine Mutter so früh sterben würde. Als ich sein trauriges Gesicht sah, sagte ich ihm, dass Bärbel ihre Mutter werden würde, wenn so etwas tatsächlich passieren würde. Ich höre ihn noch sagen: »Das ist o.k.« Da habe wahrscheinlich ich ein eigenartiges Gesicht gemacht, bis mir klar wurde, dass kleine Kinder hauptsächlich Angst davor haben, verlassen zu werden und allein zu sein.

Mein Schreibtisch stand im Wohnzimmer, dort arbeitete ich und um mich herum wuselten die Kinder. Einmal meinte ein Freund der Kinder: »Bei euch sieht es vielleicht aus ...!« Ich war zunächst beleidigt und wollte sagen: Ich wundere mich, dass ihr so oft hier spielt, wo es bei euch doch so ordentlich ist; bis ich zum Glück rechtzeitig innehielt und mir klar machte, dass die Unordnung der Grund war, warum sie zu uns kamen und nicht in die ordentlichen deutschen Wohnzimmer gingen. Eine Freundin sagte einmal unserer Tochter: »Bei euch hat man keine Angst etwas kaputt zu machen.« Kindermund bringt es manchmal auf den Punkt. Obwohl: Ich hätte mehr Ordnung schon sehr geschätzt. Als Yvonne und ich ihre englische Austauschschülerin in England besuchten, sagte ihre Mutter: »Christel, wir haben die Toilette geputzt!« Und: »Du bist so eine gute Mutter!«, sie lachte dabei. Ich schaute fragend und sie sagte mir, ihre Tochter Celia habe erzählt, dass ich gesagt habe: »Wenn die Kinder glücklich und die Toiletten sauber sind – das reicht.« Wahrscheinlich half ich mir mit solchen Sprüchen über die Runden. Heute weiß ich, dass es gut ist, dass man seine Kinder nicht mit 60 Jahren bekommt, da ich unsicher bin, ob ich die notwendige Gelassenheit heute noch aufbringen könnte. Wenn unser zweijähriges Enkelkind tageweise bei uns ist, füllt das meinen Tag ganz aus, ohne irgendwelche Nebentätigkeiten.

»Danke« war ein geflügeltes Wort unserer Kinder, weil ich das einmal völlig unpassend gesagt hatte, als sie mich etwas fragten. Als Phong und Milena mich im Vorgarten mal völlig ›zuquatschten‹, als ich versuchte diesen in einen akzeptablen Zustand zu bringen, hörte ich meine Nachbarin lachen. »Christel, jetzt war Nein an der Reihe«, meinte sie, ich hatte alle paar Minuten »Ja« gesagt und meine Gedanken in den Projekten gehabt. Also, so ganz glatt lief es doch nicht, die Mutter hatte den Kopf oft ganz woanders. Obwohl wahrscheinlich jede Mutter diesen Zustand kennt, der es fast unmöglich macht, immer zuzuhören. Kinder können ja ununterbrochen reden, wahrscheinlich erlernen sie deshalb so ungeheuer schnell eine Sprache.

Einmal hatte ich vergessen den Kindern zu sagen, dass so etwa 30 Leute sich in unserem Wohnzimmer zu einem Treffen versammeln würden. Marcel kam herein, stutzte und ging direkt zu Abdulkarim, einem großen pechschwarzen somalischen Freund auf den Schoß. Da fühlte er sich sicher. Dieser Anblick tat mir gut, weil er mir zeigte, dass wir unseren Kindern nicht theoretisch etwas über verschiedene Nationalitäten sagen mussten. Es kamen Menschen verschiedener Hautfarbe in unser Haus, die sie mochten oder eben auch nicht. Ich hatte den Eindruck, dass die Hautfarbe für sie keine Rolle spielte.

Milena nahm ich immer mit. Im Auto sangen wir und dann kam ihr Einsatz. In den afrikanischen Botschaften konnte diesem kleinen Barockengel mit den blonden Locken niemand widerstehen. Als mich einmal jemand fragte, wie ich es schaffen würde in einer als schwierig geltenden Botschaft so gut klarzukommen, konnte ich nur antworten: »Da habe ich mein spezielles System.«

Einmal sollte ich am Flughafen in Köln-Bonn Schwefelsäure abholen, die ich speziell verpackt hatte, weil sie als »gefährliches Gut« galt. Sie wurde für unser Labor in Uganda gebraucht. Man erklärte mir, dass es nicht möglich sei, sie im Cargo-Flugzeug mitzunehmen. Es sei allerdings auch nicht zu verantworten, diese Flasche mir mitzugeben. Ich müsse allerdings für die Aufbewahrung eine Art Miete bezahlen. Milena schaltete begeistert in dem Großraumbüro das Licht an und aus. Die Mitarbeiter versuchten, sie mit Süßigkeiten abzulenken. Nach einiger Zeit verbreitete sich ein stechend eindeutiger Geruch aus ihrer Windel kommend im Raum. Meine Strategie ließ nicht zu, das Kind an seiner Beschäftigung zu hindern, bis auch mir der Geduldsfaden riss. Ich erklärte, ob ich das nun alles richtig verstanden hätte, sie würden die Flasche nicht fliegen, ich dürfe sie nicht mitnehmen, müsse also bis zum Nimmerleinstag von Spendengeldern dafür zahlen? Das Ganze habe ursprünglich ein paar Mark gekostet und ich würde ihnen versichern, dass ich nun mein Kleinkind nehmen und zu meinen beiden anderen Kindern fahren würde, die gleich aus der Schule kämen. Zahlen würde ich ihnen gar nichts. Da kam die unverhoffte Lösung: Ich könne eine sehr kleine Summe Zoll zahlen und das Zeug mitnehmen. Ein guter Bekannter vernichtete dieses »gefährliche Gut« dann, damit alle wieder ruhig schlafen konnten.

Die Kinder halfen mir häufig, gelassener mit Problemen umzugehen, nicht abzuheben. Positive und negative Kritik von außen ist wichtig; aber wichtig ist auch, bereit zu sein, sein Handeln immer wieder selbst kritisch zu hinterfragen. Gleich zu Beginn lernte ich, dass man nicht erwarten darf, immer ›gerecht‹ behandelt zu werden. Eine Zeitung schrieb: »Christel Neudeck sagt mit schöner Offenheit: Von Geld haben wir keine Ahnung.« Gesagt hatte ich: »Von Geld haben wir keine Ahnung, deshalb sind wir froh, einen Rechtsanwalt als Schatzmeister zu haben.« Journalisten, die es gut mit uns meinten, schrieben: »Sie zahlen keine Mieten für große Büroräume und nicht für Angestellte, sind fast immer erreichbar und arbeiten vom Küchentisch aus.« Die negativ berichten wollten, schrieben: »Wie unprofessionell es zugeht, sieht man daran, dass sie vom Küchentisch aus arbeiten.«

So war es und ist es noch heute. Es gab und gibt viel mehr Anlässe zur Freude als zur Frustration. Insgesamt betrachtet bot mir der Verein die Möglichkeit, bei den Kindern zu sein und zusätzlich eine Tätigkeit ausüben zu können, die ich als sehr sinnvoll empfand.

Die humanitäre Arbeit auf den Punkt gebracht hat für mich Albert Camus in »Die Pest«: Der windige Journalist Rambert berichtet dem Arzt Rieux, er habe eine Möglichkeit gefunden, die Peststadt Aron zu verlassen und zu seiner geliebten Frau zu kommen; könne aber nicht gehen. Rieux sagt ihm: »Man muß sich nicht schämen, glücklich sein zu wollen« und Rambert antwortet: »Aber man kann sich schämen, allein glücklich zu sein.«

Christel Neudeck

Über die Mitarbeiter

Welche Mitarbeiter suchen wir für unsere Projekte? Sie müssen fachlich und sozial kompetent sein. Sie müssen physisch und psychisch stabil sein. Und: Sie müssen Fähigkeiten besitzen, die die Einheimischen nicht haben, aber brauchen. Unsere Arbeit kann nur dann Erfolg haben, wenn wir Mitarbeiter finden, die diese Anforderungen erfüllen. Ich habe es in nun fast 30 Jahren nur einmal erlebt, dass ein Mitarbeiter physisch krank war und dennoch in ein so genanntes Entwicklungsland geflogen ist. Viel schwieriger ist die Frage nach der psychischen Stabilität zu bewerten. Wir alle haben ja kleine »Macken«, sind Individualisten und haben unsere Probleme. Meistens haben wir auch Schwierigkeiten, uns ehrlich zu analysieren. Es ist ja sehr viel einfacher, die Ursache in dem Fehlverhalten anderer zu suchen als in dem eigenen Tun. Da man jedoch das eigene Verhalten – hoffentlich – eher verändern kann, ist der intensive Blick in die eigene Psyche ratsam.

Wer zum Beispiel hier in Deutschland völlig ungesichert lebt, sucht eventuell im Ausland eine Bleibe und eine Sicherheit, die wir ihm nicht geben können und nicht geben wollen. Wir sind keine soziale Einrichtung für Menschen, die hier nicht zurecht kommen. Unsere Aufgabe ist klar definiert. Wir wollen die Situation der Menschen in den Ländern verbessern, in denen wir Projekte organisieren. Wir zahlen keine Gehälter, die es ermöglichen, nach der Rückkehr zunächst eine Zeit sorgenfrei leben zu können. Also sind wir darauf angewiesen, dass alle Mitarbeiter in Deutschland eine Basis haben, die sie trägt.

Wir sagen den Bewerbern deutlich: Man muss diese Arbeit nicht tun. Wer zu Hause niemanden hat, der sich wirklich auf die Rückkehr freut, der sollte nicht ausreisen. Wer nur Freunde hat, die fragen:»Ist es dort sehr heiß?«, der sollte hier bleiben. In den Projekten müssen häufig Situationen verarbeitet werden, die man allein schlecht aushält. Es ist wichtiger als man denken mag, Menschen zu haben, die nicht nur oberflächlich an dem interessiert sind, was man in dieser fremden Welt erlebt und durchlebt.

Wer hier z. B. trinkt, der wird seine Probleme mitnehmen und auch dort trinken, vielleicht sogar mehr, weil die Belastungen größer sind. Wir kennen kein Land auf der Welt, in dem man keinen Alkohol bekommt. Man nimmt seine Probleme mit, sie sind nicht verschwunden, weil man nach einigen Flugstunden in einer anderen Welt aufschlägt. Wir lassen uns unterschreiben, dass weder eine Alkohol- noch eine Drogenproblematik vorliegt. Im Zweifelsfalle nützt uns das jedoch wenig. Ich erinnere mich an einen Fall, der extrem war. Dieser Mitarbeiter hatte sogar einige Tage mit in unserer Familie gelebt. Wir hatten nichts bemerkt, im Nachhinein kamen uns Dinge komisch vor, aber da war es schon zu spät. Da er über seine Probleme nicht sprach, konnte das Team ihn auch nicht schützen. Die Situation damals in Uganda war sehr schwierig, das Team lebte ganz einfach auf dem Krankenhausgelände. Eine große Freude war es, wenn jemand eine Flasche Likör mitgebracht hatte, von der etwas über die wohlschmeckenden Früchte des Landes gegossen wurde. Dieser Mitarbeiter begann mit den Soldaten zu trinken, die Lage war gefährlich, weil man nicht wusste, was er ausplauderte. Auf dem Krankenhausgelände hatten sich viele Menschen in Sicherheit gebracht. Natürlich hatte er kein Interesse, zurück zu fliegen, da ihn in Deutschland nichts Gutes erwartete. Das Beispiel soll zeigen, wie wichtig die Auswahl der Mitarbeiter ist, wobei Sentimentalität keine Rolle spielen darf. »Der ist doch so nett« – oder ähnliche Erwägungen sind nicht hilfreich. Man kann sagen, dass Menschen, die hier nicht im Team arbeiten können, die negativ gestimmt sind und das Leben hier nicht bewältigen, es in einem weit entfernten Land noch viel weniger schaffen. Es sind andere Probleme, die ihn dort erwarten, sie sind aber ganz sicher nicht weniger stark. Eine große Frustrationstoleranz und Durchhaltevermögen sind erforderlich.

Neben den unbedingt erforderlichen beruflichen Fähigkeiten ist die soziale Kompetenz nicht zu unterschätzen. Das Team lebt auf engem Raum zusammen. Wenn da jemand nach einer bedachten oder unbedachten Kritik nicht mehr redet und sich beleidigt zurückzieht, kann das die Atmosphäre in dieser zufällig zusammengesetzten Wohngemeinschaft erheblich stören. Ein gutes Einverständnis ist aber notwendig, um gut arbeiten zu können. Hier geht man nach acht Stunden nicht nach Hause und bekommt Abstand von den Mitarbeitern, über die man sich geärgert hat. Dort ist es viel wichtiger, Rücksicht aufeinander zu nehmen. Wenn sich jemand in einer wasserknappen Gegend am Morgen die Haare wäscht und nur noch soviel übrig lässt, dass es mal gerade für eine Tasse Kaffee reicht, hat er im Team verloren – zu Recht. Wenn die Lieblingsmusik so laut gespielt wird, dass kein anderer ein Buch lesen kann, muss er die Bitte akzeptieren, den Ton leiser zu drehen. Seltsamerweise sind es die kleinen Dinge, die Probleme machen und nicht die großen grundsätzlichen Fragen, die das gemeinsame Leben erschweren oder erleichtern. Wenn jemand gut und kreativ kochen kann, aus Nichts etwas zaubert, dann ist das sehr gemeinschaftsfördernd. Man freut sich nach einem anstrengenden Tag auf ein gutes Essen, außerdem kommen hier viel leichter gute Gespräche zu Stande, Ideen können entwickelt werden.

Um interessierte Mitarbeiter kennen zu lernen, bitten wir, einige Fragen in einem Fragebogen zu beantworten. Hierbei erkennen wir, ob der Bewerber von seiner Ausbildung und seinen beruflichen Fähigkeiten her in Frage kommt. Wir laden ihn bei positiver Bewertung zu einem Treffen in unser Wohnzimmer, in die Zentrale der Grünhelme ein. Bis zu zehn Bewerber kommen an einem Tag zusammen, erfahrene Mitarbeiter erläutern die Projektarbeit. Wenn wir und die Interessenten miteinander arbeiten wollen, erfolgt ein intensives Gespräch mit einem Erfahrenen. Bei einer Zusage erfolgt die Vorbereitung von den Impfungen über das Buchen des Fluges und der Visa-Beschaffung bis zu der speziellen Vorbereitung auf das Land, in das man ausreisen wird.

Wichtig ist es, sich auf eine fremde Welt einlassen zu können. Neugierig zu sein auf die Menschen, die dort leben, Kontakt mit ihnen haben zu wollen. Obwohl dann in der Wirklichkeit Vieles ganz anders aussieht, ist es wichtig sich auf die Besonderheiten des Gastlandes vorzubereiten.

Unsere Projekte liegen in Ländern, deren Kultur wir nicht kennen. Wir sollen nicht unsere abendländische Kultur übertragen, kennen aber zum Beispiel die afrikanische Kultur nicht. Viele Afrikaner haben sich entschieden, unsere Zivilisation mit ihren Errungenschaften zu übernehmen. Wie können wir das Beste daraus machen? Die Vergangenheit hat gezeigt, dass die Programme, die an unseren Schreibtischen hier erarbeitet werden und von unseren Erfahrungen ausgehen, nicht funktionieren. Ein wirkliches Umdenken ist erforderlich. Seit der industriellen Revolution hat sich bei uns ein starker Individualismus ausgeprägt, für den Afrikaner jedoch steht die Gemeinschaft im Vordergrund. Viele Fehler sind vorprogrammiert, weil wir von falschen Voraussetzungen ausgehen. Wir sind in einem völlig anderen System aufgewachsen.

In Afrika gibt es etwa 1000 verschiedene Sprachen, also auch sehr unterschiedliche Kulturen. Dennoch weisen viele Forscher auf wesentliche gleiche Verhaltensweisen hin, z. B. in der Aufzucht der Kinder, in der Frage der Fruchtbarkeit, der Sippenhierarchie und der Vorstellung von Power (das ist die gottgegebene Lebenskraft) und deren Magie. Wenn man das berücksichtigt, kann man Fehler vermeiden. Der in einem Dorf lebende Afrikaner kann nicht verstehen, dass wir freiwillig auf die größte Power verzichten, auf Kinder. So fragte ein Ugander eine unserer Ärztinnen in der folgenden Reihenfolge: »Bist du verheiratet?« – »Nein.« – »Hast du Kinder?« – »Nein.« – »Bist du glücklich?« Sie antwortete mit »Ja«, was auf großes Unverständnis stieß. Später nahm sie auf Reisen immer Fotos von Nichten und Neffen mit.

Von Vorteil ist es, wenn man die Hierarchieformen kennt. Der Dorfchef kennt seine Leute und verlangt von ihnen nur Dinge, die sie können. Der weiße Arzt z. B. übernimmt die Rolle des Chefs. Leicht vermutet der Angestellte, dass er das kann, worum ihn der Arzt bittet. Deshalb sollte man nicht fragen: Kannst du spritzen? Sondern: Hast du schon Spritzen gegeben? Bei welcher Gelegenheit?

Die Afrikaner sind freundliche Menschen, die in Harmonie leben wollen. Niemals darf man sie – bei aller Konsequenz – anschreien, oder sie vor anderen lächerlich machen. Vieles ist in Asien ganz anders, doch das gilt auch dort. Das Gesicht muss gewahrt werden können.

Zu dem Faktor Zeit haben sie ein völlig anderes Verhältnis. Ein Sprichwort heißt: Als Gott die Welt erschuf, gab er den Europäern die Uhr und den Afrikanern die Zeit. Fragt man also, wie weit es zum Dorf X ist, wird man die verschiedensten Antworten bekommen. Wahrscheinlich halten sie diese Langnasen für verrückt, die immer wissen wollen, wie lange etwas dauert. Man läuft von X nach Y und wird schon ankommen.

Oft kann man kleine Probleme lösen, indem man lacht. Das habe ich hier in Deutschland bei Botschaften ausprobiert, es funktioniert. Als ich bei der pakistanischen Botschaft, also bei keiner afrikanischen, einmal ein Visum für Rupert Neudeck besorgen wollte und sehr abweisend behandelt wurde, weil ich kein Foto hatte, fiel mir die Möglichkeit ein, einfach zu lachen. Einen Versuch war es wert. Ich lachte also und sagte:»Wie soll ich das machen? Der Mann in dem Pass hat einen Bart und soll morgen fliegen. Wenn ich mir einen Bart anklebe und ein Foto mache, sie werden es sofort bemerken.« Der gestrenge Mann hinter dem kleinen Fenster schaute mich an, als frage er sich:»Muss ich einen Arzt holen, die Frau ist verrückt.« Dann aber lachte er auch und als ich ihm noch sagte, irgendwo habe er auch ein Foto von diesem Mann, drückte er den Stempel in den Pass und die Sache war gelaufen.

Viel gelernt über Afrika habe ich bei intensiven Gesprächen mit Dr. Christoph Staewen, der lange in Schwarzafrika als Arzt gearbeitet und auch dort geforscht hat. Er war überzeugt, dass Schwarzafrika wahrscheinlich keine Hilfe bräuchte, wenn es nicht so stark von den Weißen beeinflusst worden wäre. Nun wünschen sie sich den Reichtum und die Errungenschaften der Weißen. Das führt häufig zu gefährlichen Erscheinungen. Die politische Elite zeigt oft, dass sie sich Privilegien und Reichtum nehmen und ihr Volk ausbeuten.

Wer also lässt sich auf eine solche Arbeit ein? Im Folgenden möchte ich sieben Mitarbeiterinnen und Mitarbeiter vorstellen, die für Hunderte stehen, die wir in fast 30 Jahren kennen lernten. Viele von ihnen habe ich aufrichtig bewundert und bewundere sie noch heute.

Rupert Neudeck

Das Schiff und die Bootsflüchtlinge (1979)

»Irgendwann in der Nacht wurde ich geweckt. Unbemerkt von allen, außer vielleicht meiner Mutter, verließen wir, Vater, Thien und ich, das Haus. An Einzelheiten kann ich mich nicht mehr erinnern. Ich weiß nur noch, dass wir irgendwann auf eine Fähre kamen, wo ich froh war, wieder auf einer Hängematte schlafen zu können. Heute weiß ich, dass es sich dabei um die Fähre nach Long Xuyen handelte. Von dort aus nahmen wir einen Bus nach Rach Soi, einer Ortschaft an der Küste. Dort begaben wir uns in das Haus der Duongs, die die Flucht organisierten. Mein Vater vertraute uns den Duongs an, bezahlte mit Gold – insgesamt 180 g – für die Flucht, gab Thien die letzten Anweisungen, mir die letzten Ermahnungen und kehrte nach Hause zurück. Wir beiden Kinder blieben noch drei Wochen im Hause der Duongs, um auf die eigentliche Flucht zu warten.«

So beginnt die Geschichte des Van Thi Huynh, die eine der wenigen ausgeschriebenen Erzählungen über die Flucht aus Vietnam ist. Die Vietnamesen sind die freundlichsten und liebenswürdigsten Menschen der Welt, aber sie sind sehr diskret. Und sie haben auch Sorge, den anderen mit der eigenen Geschichte zu belasten.

1979 waren wir plötzlich mit Hunderten, dann Tausenden, dann Zehntausenden von Flüchtlingen konfrontiert, die sich in kleinen Nussschalen auf das große südchinesische Meer wagten. Die auch damit schon verdeutlichten, wie bedroht sie waren und wie drückend das Los in Vietnam für sie geworden sein musste. Weshalb machen sich diese Menschen auf eine so gefährliche Flucht? Und weshalb schicken Eltern ihre Kinder voraus auf eine gefährliche Flucht, ein Verhalten, das deutsche Eltern schlecht verstehen können? Und, was muss in einem Land wie Vietnam alles geschehen sein, damit sich Zehntausende auf den Exodus-Marsch über das Meer machen?

Doch wie fing das 1979 eigentlich an mit den Rettungsarbeiten im Südchinesischen Meer? Wir wissen es selbst nicht mehr genau, nur, dass uns das Anschauen der laufenden Bilder im Fernsehen zur sofortigen Tat oder zu dem Versuch einer Tat anstachelte. Wir waren beide sozial und humanitär eher normal begabt, nicht außergewöhnlich. Christel hatte sich sowieso den Beruf ausgewählt, der mit Kindern zu tun hatte – im Vorschulkindergarten als Sozialpädagogin. Nur so waren wir uns ja auch über den Weg gelaufen. Ich studierte damals so hehre und innerweltlich gesagt nutzlose Fächer wie Philosophie, Theologie, Germanistik. Sie dagegen, ohne dass ich natürlich von ihr wusste, Sozialpädagogik in Münster an der Fachhochschule für Sozialpädagogik. Wie bitte? Ja, natürlich, an der Fachhochschule der normalen Religion (der katholischen), wie wohl sowohl die Münsterländer als auch die Rheinländer unisono sagen würden, ehe sie sich dann in sonstigen Lebens- und Glaubensweisheiten enorm auseinanderdividieren.

Nur so konnten wir zusammenkommen. Ich war damals Reiseleiter oder »Animateur« wie man heute sagt. Als Animateur saß ich in Bussen des Studentischen Reisedienstes herum und ärgerte mich: Studenten, so fand ich, sind manchmal schon vor dem Examen eingebildete Bourgeois, anspruchsberechtigte Bürger wie andere auch, nicht besser, nicht schlechter.

Doch dann begegnete ich einer Frau, die hieß Christel Schänzer, und die war das totale attraktive Gegenteil von den eingebildeten Philosophen und »Jebildeten«, wie Tucholsky gesagt hätte. Sie war, wie sie später nie müde wurde, zu erklären: Arbeiterkind. Das trug sie vor sich her wie einen akademischen Titel. Und wissen sie was? Das gefiel mir, das gefiel mir sehr.

Sie war einfach sie. So wie alle großen Dinge nur mit einer klaren Gemüts- und Verstandesverfassung geleistet werden: Sie musste das nicht durch das Evangelium lernen, es lag ihr im Blut: Deine Rede sei Ja-Ja oder Nein-Nein, alles andere ist von Übel (für die säkularen Leser) oder vom Teufel (für die Teufel-Gläubigen).

Jedenfalls kam sie mir auf einer Fahrt nach Budapest so nahe, dass ich verdammt viel Anstrengung machte, sie zu kriegen.

Ich gründete, psst, eine Amnesty International Gruppe, eigentlich (Jargon der Eigentlichkeit), um sie dazu einzuladen und einzupacken.

Nachdem wir dann geheiratet hatten, dann ein, sogar zwei Kinder bekommen hatten, war es auf einmal klar: Hier ist eine Aufgabe für uns beide. Wir konnten etwas zusammen machen. Und was gäbe es Schöneres? Wo in dieser Menschheitsgeschichte durften Menschen aus Deutschland Menschenfischer gewesen sein?

In manchen Träumen habe ich noch gedacht, man stelle sich mal vor, wir hätten in der Nazizeit gelebt, dann hätten wir doch vor der 30 Meilen Zone in internationalen Gewässern ein Schiff organisiert, um dorthin verfolgte jüdische Familien in kleinen Flussbooten anlegen und retten zu lassen.

Ja, aber vielleicht hätten wir nicht. Diese Gedanken durften jetzt aber nicht sein. Dieses Unternehmen musste unbedingt begonnen, weitergeführt, durchgezogen werden so weit der Atem und das Geld der Spenderinnen und Spender reichte. Und Christel hatte eine verdammt gute Ansprache für die Spender. Sie gab am Telefon jedem Spender das Gefühl: Du allein rettest mit deinen 50 DM die vietnamesischen Bootsflüchtlinge aus dem Meer.

Und im realen Sinne war es ja dann auch so. Wir konnten uns jedenfalls über unsere Bevölkerung nicht beklagen.

Wäre das alles ohne Fernsehbilder möglich gewesen?

Wir selbst sind durch Bilder und durch menschliche Begegnungen dazu gekommen, uns um diese Menschen zu kümmern. Wieder muss man sagen: Das musste ein starker Antrieb gewesen sein, der uns motivierte, die irrsinnigen Schwierigkeiten in Kauf zu nehmen, eine solche Rettungsaktion zu wagen. Alles war anstrengend und widerständig. Wir brauchten ein großes Schiff. Und wir hatten keine Ahnung von Schiffen!

Wir haben uns dieses so genannte Argument immer wieder durch den Kopf gehen lassen. Was wäre gewesen, wenn wir Ahnung von Schiffen gehabt hätten, wenn wir von der Langsamkeit der UN-Behörden gewusst hätten, wenn wir Experten in Sachen Seerecht gewesen wären und wenn wir die Brutalität der Vietnamesischen Küstenwache gekannt hätten? Was wäre dann gewesen? Möglicherweise hätte uns dieses Übermaß an Wissen und Klugheit daran gehindert, das zu tun, was wir tun mussten. Wer war bei dem Vietnamesen, der auf dem Ozean unterwegs war, in schrecklicher Angst, dem Tod durch Ertrinken ausgesetzt? Derjenige, der für ihn bei einer Genfer Flüchtlingskonferenz diplomatisch herunterrasselt, was jetzt geschehen müsste? Oder derjenige, der das Schiff im Namen seiner Mitbürger auslaufen lässt, ohne genau zu ahnen, dass er bis zum Problemgebiet vor dem Mekong-Delta noch fünf bis sechs Tage braucht? Ja, wir hatten geschworen, wir machen das. Und irgendwer hat uns die Kraft gegeben, das durchzuziehen. Diese Aktion war geboren aus der wunderbaren Einsicht, die mir von Ignatius von Loyola berichtet wurde: Handle stets so, als ob alles von der Gnade abhängt und nichts von Deinen Anstrengungen. Und handle gleichzeitig so, als ob alles von deiner Aktivität und nichts von der Gnade Gottes abhängt.

Wir brauchten Mitarbeiter, die mit uns auf dieses völlig unbekannte Meer gehen würden, um diesen Menschen beizustehen. Wir hatten Gefahren zu bestehen in Gestalt von Piraten auf dem Meer, besonders im Golf von Thailand, in Gestalt der vietnamesischen Küstenwache, von hartnäckigen und nicht freundlichen Anrainerstaaten des südchinesischen Meeres, die nun keine Vietnamesen aufnehmen wollten, von einem feindlichen China und einem feindlichen Hongkong, alle waren dem Problem dieser Menschen gegenüber nicht aufgeschlossen.

Wie kamen wir, Christel und ich, darauf, uns diesem Unternehmen zu stellen?

Es war wie ein Aufruf, denn wir waren ja nicht prädestiniert, nicht vorgesehen so etwas zu tun. Wir waren nicht besonders gute Menschen, wir hatten nicht die richtigen Berufe, wir waren Deutsche, die eine erste bürgerliche Existenz begonnen hatten. Christel kam vom Niederrhein und hatte ihren Vater nicht mehr gekannt, denn sie war 8 Tage alt, als der in Stalingrad fiel in einem absolut sinnlosen und dann auch noch verbrecherischen Krieg.

Ich war in Danzig kurz vor Kriegsausbruch geboren und hatte mit der eigenen Familie die »Wilhelm Gustloff« um zwei Stunden verpasst. Dann waren wir auf dem Treck nach Westen. Einschneidende und bis heute unvergessliche Erlebnisse von den Härten, denen unsere Mutter ausgesetzt war in den Zeiten des Kriegsendes und der Flucht und Vertreibung haben mich sehr geprägt.

Es war für mich sicher das Kindheitstrauma, dass wir auf dem Schiff »Wilhelm Gustloff« hätten sein sollen, das dann durch die Tragödie des Beschusses mit drei Torpedos der sowjetischen Rotbannerflotte unterging.

Diese Vietnamesen waren auch durch einen der schrecklichsten Kriege nach 1945 so furchtbar innerlich getroffen und zerstört, dass sie jetzt das Kommunistische Regime nicht mehr aushielten. In den Jahren des Krieges waren sie nicht aus ihrem Heimatland geflohen. Das aber machten sie jetzt, da ein stalinistisches Regime ihnen mit Umerziehungslager, mit Neuen Ökonomischen Zonen das Leben unerträglich machte.

Der Vater von Van Thi Huynh hatte zwei Möglichkeiten, zwischen denen er sich entscheiden musste. Die erste Möglichkeit wäre gewesen: Zu Fuß quer durch Kambodscha nach Thailand. Der Vorteil hätte darin bestanden, dass man stets einen festen Boden unter den Füßen gehabt hätte. Allerdings waren sie acht Kinder. Und man durfte nicht nur an den Grenzen, sondern überall in Kambodscha nicht gesehen werden. Weder die vietnamesischen Truppen, die damals schon Kambodscha besetzten, noch die Roten Khmer hatten Erbarmen mit den Flüchtlingen. Die einen sorgten dafür, dass man zurück nach Vietnam transportiert und dort verurteilt wurde. Die anderen hatten sich einen Ruf als grausame Mörder erworben.

Es blieb also nur der andere Fluchtweg über das Meer.

Van Thi Huynh berichtet: »Eine konkrete Route erfuhr der Vater von einem Nachbarn, der auch seinen Sohn wegschicken wollte. Er hörte von den Duongs, die in Rach Soi lebten und schon zweimal eine gelungene Flucht organisiert hatten. Trotz dieser vielversprechenden Bilanz und obwohl der Vater schon an einen anderen Ort in Vietnam gezogen und dort gewissermaßen illegal war, wollte mein Vater das Risiko nicht eingehen, sofort mit der ganzen Familie zu flüchten. Er wollte zuerst die Zuverlässigkeit der Duongs testen.«

Oft waren Fluchtversuche daran gescheitert, dass Organisatoren gewissenlose Geschäftemacher waren, die möglichst viele Plätze auf einem unzureichend ausgestatteten Boot anboten. Gute Organisatoren, so meinte der Vater, stellen nicht nur ein intaktes Boot zur

Verfügung, sie kümmern sich auch gewissenhaft um Lebensmittel, Kompass, Fernrohr usw. Die riskanteste Aufgabe der Organisatoren habe schließlich darin bestanden, das Schmiergeld an den richtigen Mann zu bringen.

Van Thi Huynh hat eine herrliche, aber damals doch sehr kindlich-dramatische Version seiner Fluchtgeschichte. Sein jüngerer Bruder hatte ja nun mitbekommen, dass ihn der Vater gefragt hatte: »Willst Du nach Kalifornien?« Und als er am Morgen in dem Fluchtboot aufwachte, da sah er nur Wasser, sah eben nur das unendliche Süd-Chinesische Meer, kein Ufer, kein Festland, nichts, woran die Augen sich hätten festmachen können. Da fragte er den älteren Bruder: »Wann kommen wir denn in Kalifornien an?« Der Bruder war ratlos, was er ihm sagen sollte, denn ihm war schon klar, dass sie auf diesem winzig-mickrigen Fischerboot nicht auf dem Wege nach Kalifornien sind. Deshalb sagte er einfach: »Ach, wir werden wohl am Abend da sein.« Das reichte seinem Bruder. Aber nach einem langen Tag bei glücklicherweise ruhiger See wiederholte der junge Bruder natürlich seine Frage. Und Huynh war jetzt ganz sicher, als er sagte: »Ja, jetzt nur noch einmal schlafen, und dann sind wir da.« Dieses Spiel wiederholte sich, bis die beiden nach drei Tagen von der Cap Anamur gerettet wurden.

Ich war im Juli 1979 noch vor der Anmietung eines eigenen deutschen Schiffes in Malaysia und auf dieser Ratteninsel Pulau Bidong gewesen. Kurz nach der Entscheidung des malaysischen Innenministers Ghazalie Shafie, der Ende Juni 1979 erklärt hatte, Malaysia würde sich von diesen Fluchtbooten nicht irritieren lassen, es würde sie jetzt abweisen. Und die Marine sei aufgefordert, im Notfall auch zu schießen. Malaysia könne allein mit diesem Strom der Bootsflüchtlinge nicht fertig werden.

Ich konnte es ja selbst sehen und habe das auch gleich zu Christel nach Troisdorf gefunkt: Diese Wüsteninsel hat gerade mal einen Gesamtumfang von 6 qkm. Der »bewohnbare« Teil der Insel betrifft nur einen Quadratkilometer. Und hier waren bei meiner Ankunft schon genau 42.505 Flüchtlinge aus Vietnam konzentriert. Alle in einer so unglaublichen Disziplin, dass mir bis heute bewusst ist: Diese Disziplin haben auf der Welt nur Vietnamesen.

Geht man auf dieser Insel, fällt, stolpert man über Menschen, die in dem einzigen Tal der Insel, das von einem hohen steilen Berg und einem Hügel flankiert ist, zusammengepfercht sind. Die Hütten bestehen aus wenigen Baumstämmen, die man sich – gegen alle Imperative der Ökologie – aus dem Bergwald holt (der auch bald ganz abgeholzt ist) und den Plastiksäcken, in denen der UNO Flüchtlingskommissar (der UNHCR) die eisernen Nahrungsrationen verpackt. »Betten« werden aus Reisig geflochten, die »Küche« besteht aus einem Stein mit einer Einbuchtung. Teller und Tassen sind die Cola- und Erbsendosen aus den Nahrungspäckchen des Flüchtlingskommissars. Wenn gegen Mittag bei strahlender Sonne und steigenden Temperaturen gekocht wird, zieht der Rauch tief in das Hüttengewirr des Camps, vermischen sich die Nahrungsgerüche auf eine undefinierbare und scheußliche Weise mit dem Geruch von Abfällen und Exkrementen. Die Bewohner der Insel haben nicht ein einziges Wasser-Klosett, sie müssen ihre Notdurft an den wenigen hüttenfreien (aber eben immer sehr hüttennahen) Plätzen der Insel verrichten. Hundert Meter von der Insel entfernt attackiert dieser süßlich faule und krankheitsträchtige Geruch bereits die Besucher.

Als Olivier Stirn, damals Staatssekretär im französischen Außenministerium, am 1. Juli – während meines Aufenthaltes auf der Insel – mit dem Hubschrauber auf dem Hügel der Inselzone C landet, schlägt ihm beim Aussteigen dieser impertinente Geruch prall entgegen, unter dem die 42.000 Flüchtlinge Tag für Tag und Nacht für Nacht zu leiden haben. Es ist gut, denken wir uns, wenn Politiker und Diplomaten manchmal auch einen so sinnlich-praktischen Kontakt zur Wirklichkeit bekommen.

Ich falle und stolpere über Kinder, die von ihren Eltern angeleitet werden, jedem auftauchenden Humanitären oder Journalisten ein aufmunterndes fröhliches »How are you?« zuzurufen. 18.000 Kinder sind es, die unter den Lebens- und Sterbensbedingungen der Insel besonders leiden. Die Nahrungspakete des UNHCR wie der MRCS (der Malaysian Red Crescent Society) enthalten nur Trockennahrung (Reis, Erbsen, Hühnchen, Sardinen, Salz, Zucker, Tee). Die Päckchen decken nur einen bestimmten quantitativen Bedarf an Nahrung, aber keinen qualitativen. Besonders für die Kinder heißt das: Der ganz lebenswichtige Vitaminbereich fällt hier aus, es fehlt an frischem Gemüse und Obst. Die einzige Gelegenheit, an frisches Obst zu kommen, besteht auf dem kleinen »Schwarzmarkt«, der über Fischerboote gegen strenges Verbot vom Festland, von Trengganu aus gewinnträchtig organisiert wird: 24 pedantisch genau abgezählte Weintrauben kann eine Mutter für einen malaiischen Dollar für ihre Kinder erstehen, manchmal gibt es auch zwei schrumpelige Äpfel für ebenfalls einen malaiischen Dollar. Die Hilfsorganisationen sorgen hier jedenfalls noch nicht für die Nahrung, die zum Überleben unter diesen schwierigen Bedingungen nötig ist. Ich sehe dauernd Kinder, bei denen mich ihr Alter erschreckt. Aufgrund des Nahrungsmangels wachsen sie nicht wie gleichaltrige Kinder in den Industriestaaten. Kranke Kinder werden zudem von ihren Eltern meist versteckt, oft so lange, bis Hilfe zu spät kommt: Die ausländischen Delegationen »selektieren« unter den Flüchtlingen je nach dem eigenen Arbeitsmarkt, kranke Flüchtlinge fallen dabei durch den Rost.

Die australische Delegation z. B. ist so brutal und lässt den 13-jährigen Phan Tran Dong, der etwas gehandicapt ist, auf der Insel und akzeptiert die übrige gesunde Familie für Australien. Tragödien wie diejenige, die mein Lieblingsschriftsteller Joseph Roth in seinem »Hiob« so erschütternd erzählte, ereignen sich hier andauernd – sie werden von unserer politischen Haltung und unserer schweigend mitgetragenen Einwandererpolitik »gemacht«.

Vor der Insel lag die »Ile-de-Lumiere«, für die wir nun schon seit vier Monaten andauernd stritten und kämpften und Geld sammelten. Ein bewegender Moment für mich, das 1400 Tonnen BRT große Schiff, 92 Meter lang, hier zum ersten Mal zu sehen. Es war in der Region in Noumea auf Neukaledonien gemietet, dann zum Hospitalschiff umgerüstet worden, was bedeutete: In dem Schiff wurde neben den vielen hundert Liegeplätzen in zwei Luken auch eine größere Ambulanz eingerichtet, die auch eine kleine OP-Einrichtung hatte. Das Schiff lag jetzt schon seit dem 20. April wie ein Symbol des Schutzes und der Präsenz Europas vor der Insel.

Wir (Bernard Kouchner, heute französischer Außenminister, einige Journalisten aus Frankreich und ich) kamen zur Nachtzeit auf das Schiff zu, das wie ein weithin sichtbarer hell erleuchteter Wächter vor der Insel lag, auf der auch die wenigen Lichter in der Nacht ausgingen, die von dem einzigen Stromaggregat an Bord gespeist wurden. Die wenigen Kerzen wurden bei Einbruch der Dunkelheit schnell ausgeblasen, sie waren kostbar und schwer zu bekommen. Die Anwesenheit des Schiffes allein hat viel bewirkt. Die Flüchtlinge erzählen es uns: Seit dem Tag, seit dem das Schiff wie ein Horchposten da liegt, geht die malaysische Polizei nicht mehr so brutal gegen die Flüchtlinge vor. Die Nahrung des Hochkommissars wird regulär verteilt, d. h. die Flüchtlinge können damit rechnen, dass jeder einzelne alle drei Tage ein solches Päckchen bekommt, das er zum Überleben bitter nötig hat. Das Hospitalschiff kam in letzter Not, fünf Minuten nach der von den damals 34.000 Menschen begeistert gefeierten Ankunft stauten sich die Patienten am Seesteg: Mütter mit halbverhungerten Kindern, Tuberkulose-Kranke (mehr als zwei Prozent der Inselbewohner hatten TB), auch Notfälle, die eine sofortige Operation nötig machten.

In den ersten 12 Stunden nach der Ankunft des Schiffes wurden drei Patienten operiert (das Schiff enthält einen OP, einen Entbindungs- und Röntgenraum). Der ZDF Reporter Bruno Funk berichtet nach Deutschland über eine Nacht im Operationssaal.»Nach acht Stunden künstlicher Ernährung und Beatmung stirbt im Morgengrauen ein 20 Monate altes Kind. Es hat zuletzt noch fünf Kilogramm gewogen. Ein zweites Kind stirbt, danach verabschiedet das Schiff seinen dritten toten Patienten, eine 29 Jahre alte Frau, die Tuberkulose hat ihr 80 Prozent der Lunge weggefressen, jede Hilfe kommt zu spät.« Am gleichen Tag wird das erste Kind an Bord des Schiffes geboren, es bekommt den Namen:»Dao Anh Sang« das heißt auf Französisch»Ile de Lumière«, zu deutsch»Insel des Lichtes«.

Für mich und stellvertretend für alle Mitstreiter, die wir die Mühen und Durststrecken dieser Aktion gemeinsam durchgestanden haben, die Widerstände der Politik, die Mauern der nationalen wie internationalen Administration und die Hürden der weltweit organisierten Wohltätigkeit mit zu überwinden hatten, ist diese nächtliche Begegnung mit dem Schiff ein Moment höchster innerer Bewegung. Ich schäme mich meiner Tränen nicht. Pierre de la Garde, ein älterer, Biafra erfahrener Arzt unserer Schwesternorganisation

»Médecins du Monde« (deutsch: »Ärzte der Welt«), führt mich in den Krankensaal und zu den Kranken, die dort im Schiffsbauch stationär behandelt werden.

In diesen Sälen, die von dem penetranten Lärm des Generators eingehüllt sind und in denen die klapprige Klimaanlage permanent gegen die tropisch-schwüle Hitze unterliegt, liegen die Opfer des Flüchtlingsstromes, aus deren Krankengeschichten wir viel über die Fluchtbedingungen erfahren.

Da liegen Frauen und Mädchen, die unterwegs auf ihren Booten von den Thai-Piraten brutal vergewaltigt wurden, so dass sie danach in ärztliche Behandlung müssen und manchmal selbstmordgefährdet sind. Da sind die Kinder, die an der Infusion hängen und kaum noch selbst wieder zu Kräften kommen. Nguyen Thi Anh Daoh liegt da, vier Jahre, apathisch, nicht mehr zu einer eigenen Bewegung fähig. Er hat die sieben Tage dauernde Flucht überstanden, bei der es vom dritten Tag an nichts mehr zu essen und zu trinken gab. Austrocknen ist die schlimmste Folge solch einer Situation für Kleinkinder, die meisten überleben das Austrocknen nicht. Jede Mutter eines Kindes weiß, wie wichtig Trinken für die eigenen Kinder ist, noch viel mehr als das Essen. Daneben der 14 Monate alte Nguyen Dang, der nur noch 7.500 Gramm wiegt. Hinzu kommen die schweren Verbrennungsfälle: Während der Flucht wird auf den klapprigen Barkassen der Reis in riesigen Kübeln gekocht. Wenn dann ein Piratenboot die Barkasse rammt, schwappt das Wasser über und verbrennt in der Enge der Schiffsbäuche, wo die Menschen meist wie die Sardinen in der Dose aneinander geschmiegt sitzen, unvermeidlich die Flüchtlinge.

Unsere Aktion begann im November 1978 in Hannover, als der Ministerpräsident von Niedersachen zur Überraschung der ganzen politischen Öffentlichkeit die Aufnahme von 1.000 Flüchtlingen verkündete, die sich an Bord der auf dem chinesischen Meer herumirrenden »Hai Hong« befanden. Diese 1.000 Vietnamesen kamen als erste am 3. Dezember 1978 in Hannover Langenhagen an.

Damals war uns noch nicht klar, dass diese Bootsflüchtlingstragödie für uns, Christel und mich, zu einem Schicksals-Drama werden sollte, das uns bis heute nicht loslässt.

Am 1. Februar 1979 war ich in Paris, wo mir André Glucksmann von Pulau Bidong, dem Elend der Flüchtlinge und von der Ile de Lumière erzählte. Ich erfuhr von einer berauschenden Initiative in Frankreich, der Aktion »Un Bateau pour le Vietnam«. Diese zündende Idee einer Initiative quer durch alle Institutionen und Parteien konnte so spontan und rein nur in unserem Nachbarland entstehen.

In Deutschland – so wurde mir in den folgenden Monaten bei den Kämpfen in der Bonner Ebene klar – sind wir doch dem Staat und den Institutionen und den alles regelnden Gesetzen viel zu sehr verhaftet. Der Ministerpräsident Albrecht, der schon im Dezember 1978 die tausend Bootsflüchtlinge in sein Bundesland aufgenommen hatte, bewies eine kongeniale Haltung.

Unsere Aktionen im Südchinesischen Meer gingen bis 1986. Und er hatte uns immer Aufnahmeplätze zugesagt, weil er ja wusste: Es ist einfach schön, dass es auf dieser Welt Bürger seines Landes gibt, die sich zusammentun, die Geld sammeln, damit diese Menschen gerettet werden. Er hatte 1982 bei einem erneuten Anruf von mir wieder verfügt, 100 von 329 Flüchtlingen zu akzeptieren. Da schrieb sein eigener Innenminister auf einen Zettel:

»Wir haben aber keine Plätze. Möcklinghoff«, und schob den Zettel am Kabinettstisch zu dem Ministerpräsidenten Albrecht.

Albrecht schrieb darunter: »Dann machen Sie welche! Albrecht«

Das ist die Haltung, zu der man dann sogar einigen großen Politikern gratulieren kann. Aber das sind Politiker mit Seltenheitswert. Aber es kann gelingen, sie zu fordern, in großen schönen privilegierten Momenten unseres Lebens und unserer Geschichte.

Wir fingen bei uns französisch an, d. h. wir stellten uns mit einer Pressemeldung vor und wollten ganz bescheiden erst mal nur das französische Schiff mit Geld unterstützen. Der entscheidende Mittäter war Heinrich Böll. Es war nach dem 1. Februar 1979, als ich ihn fragte, ob er bei einer solchen Aktion mitmachen würde. Böll akzeptierte das gleich: »Neudeck, das müssen wir tun und ich bin dabei!«, sagte er mir am Telefon. Das war in gewisser Weise die (nicht schriftliche) Gründungsurkunde für alles, was seit 1979 mit dem Schiff Cap Anamur bis heute zu den Grünhelmen geschehen ist. Mit dieser Fürsprache im Rücken sollte uns der Marsch durch die Medien und die Gesellschaft gelingen. Nach kurzer Zeit aber waren wir ernüchtert. Die deutsche Gesellschaft hat ja die Formen ihrer Wohltätigkeit fein dosiert, verpackt und immer schon geordnet. Einmal ist die Wohltätigkeit als integraler Teil in die Fernsehunterhaltung eingegangen, in der kein Jux zu blöd ist, um nicht noch von einem guten Zweck geadelt zu werden. Zum anderen ist Spendenfreudigkeit steuerlich begünstigt, fachlich gesagt:»steuerabzugsfähig«. Und weil dieses so ist, muss eine solche Aktion ein wenig ihre informelle Unschuld verlieren. Wir waren nach heftigem Zögern gezwungen, ein Verein zu werden.»Mon Dieu«, ein deutscher Verein. Ein befreundeter Jurist schrieb uns die unschöne Juristenprosa für eine Satzung, damit wir über die Amtshürde kamen. Da steht es dann und wir lachen uns darüber immer noch schimmelig.

»Wir verfolgen keine eigenwirtschaftlichen Zwecke« (verfolgen?), ich bin plötzlich zum ersten (letzten?) Male in meinem Leben 1. Vorsitzender, nicht weil ich das will, sondern weil ich es muss. Als ich damals den Freunden in Paris von diesen steuerbegünstigten Spenden und den Gruppenzwängen erzählte, lachten sie. Sie haben gut lachen. Frankreich, in diesem Punkt hast du es wahrlich besser. Aber: wir sollen nicht undankbar sein. Dafür wird in unserem Land von unseren Mitbürgerinnen und Mitbürgern im statistischen Schnitt sechs mal so viel gespendet wie in Frankreich!

In Frankreich hatten sich ganz unterschiedliche Persönlichkeiten des öffentlichen Lebens entschlossen, diese Initiative zu unterstützen: Erzgegner hatten sie unterzeichnet wie der Soziologe Raymond Aron und der Schriftsteller und Philosoph Jean-Paul Sartre. Aron war ein Partisan des US-amerikanischen Krieges in Vietnam, ein Freund des US-Verteidigungsministers Robert McNamara gewesen. Sartre hingegen war Präsident des Russell-Tribunals, das über die US-amerikanischen Kriegsverbrechen verhandelte. Seit 1947 hatten sich die beiden nicht mehr gesprochen, sie hielten sich gegenseitig für den jeweils schlimmsten Lumpen in der politischen Debatte. Ihre konkrete Initiative bestand darin, ein Schiff zu kaufen, um damit auf dem Chinesischen Meer den Flüchtlingen zu Hilfe zu eilen. Es ging beiden darum Menschenleben zu retten. Dafür waren sie bereit, den politischen Streit zu stunden.

Wir wollten uns ähnlich bei der Gründung unserer Initiative verhalten. Jeder ist willkommen, niemand ist ausgeschlossen, es sei denn, er schließt sich selbst aus. So konnten wir eine ähnlich diffuse Unterstützergruppe mit ähnlich sensationeller Bandbreite zusammenbringen wie die Freunde in Paris: Wir hatten unter den Unterzeichnern und Unterstützern Heinrich Böll, den Literaturnobelpreisträger und den Springer Kommentator Matthias Walden, mit dem Böll noch in einem heftigen Prozess stritt. Wir hatten unter den Unterstützern die DKP-Zeitung »Rote Hilfe« und den rechtskatholischen »Rheinischen Merkur«, wir hatten Abgeordnete aus damals allen drei Fraktionen, CDU/CSU, SPD, FDP, es waren mit dabei Franz Alt, der großartige TV-Journalist und der Kabarettist Dieter Hildebrandt, Carl Amery, der unvergessliche Schriftsteller und Ökologe, Johann Baptist Metz, Heinz Oskar Vetter, Heinrich Albertz und die Spitzen von Caritas und Brot für die Welt.

Die Flüchtlinge auf dieser Insel, so wurde mir klar, sind »morts en sursis«, Tote auf Aufschub, wenn wir ihnen nicht beherzt zu Hilfe kommen. Sie sind verlassene Menschen, denn sie sind verraten von ihrer Regierung, sie fahren über das gefährliche Meer, sie fallen den Thai Piraten und malaysischen Polizisten in die Hände, kommen an die Küste von Ländern, die sie nicht haben wollen.

Der Chef des Pulau Bidong Camps war der Pfarrer Le Ngoc Trieu. 2.500 von den 42.000 waren Katholiken, auch der Pfarrer hatte auf dem Meer überlebt. Dreimal am Tag feierten die Gläubigen die Messe. Der Pfarrer hat den Papst schon mehrmals in die Bruchbude eingeladen, in dieses wackelige Lattengestell, das die Gläubigen von Pulau Bidong ihre Kirche nennen. Sind die Botschaften der Gemeinde überhaupt – so fragte ich mich – bis zum Papst vorgedrungen?

Die Folgen dieses ersten Besuchs auf der Insel sind – so glaube ich – bekannt. Wir hatten dann noch das Glück einer Fernsehsendung am 24. Juli 1979. In »Report Baden-Baden« (damals geleitet von dem umtriebigen und engagierten Journalisten Franz Alt, der auch später für uns noch sehr wichtig werden würde) sollte ich einen

Aufruf an meine Landsleute richten. Ich tat das. Meine Mitbürgerinnen und Mitbürger gaben so viel Geld, dass wir ein Schiff chartern konnten, das den Namen Cap Anamur (benannt nach einem Piratencap an der äußersten Südküste der Türkei) trug. Mit diesem Schiff konnten wir am 9. August 1979 in Kobe in Japan mit einer Medizinercrew losfahren.

Ich werde hier nicht alle massiven Widerstände registrieren, die es von verschiedener Seite in der politischen Klasse der Bundesrepublik gab. Ein hessischer Ministerpräsident (Holger Börner) entblödete sich nicht, beim Kampf gegen das Schiff zu erklären:»Das Schiff induziert Flüchtlingsströme«. Das war natürlich verbrecherischer Unfug. Das Schiff hat nicht die Tragödie der Flüchtlinge geschaffen. Es gab bis 5 Mio. Menschen unter dem manichäischen Regime in Vietnam, die keine Perspektive mehr hatten. Davon wurden die Höchstrangigen in die mörderischen Umerziehungslager gesteckt, wichtige Kollaborateure der US-Amerikaner und weiterer Kapitalisten wurden in die nicht weniger mörderischen Neuen Ökonomischen Zonen geschickt. Für jeden, der mit dem ideologischen Feind, mit den Kapitalisten irgendwelche Berührung gehabt hatte, gab es keine Perspektive. Das galt auch für eine Sekretärin am Goethe Institut in Saigon, denn auch sie war infiziert von dem nicht heilbaren Bazillus der Berührung mit dem menschheitsverderblichen Kapitalismus.

Das war der ungehemmte Impuls für Menschen in riesiger Zahl, aus ihrem Lande zu fliehen.

Wir konnten mit dem allerersten Schiff tatsächlich 9507 Flüchtlinge retten. Während der ganzen Zeit, der drei Jahre bis Mitte 1982 war unser bester Freund und Unterstützer: die deutsche Bevölkerung, unsere Mitbürgerinnen und Mitbürger. Wir fühlten uns wie von einer Welle der Zustimmung in der Bevölkerung getragen. Die Regierungen wagten gar nicht mehr zu erklären, dass sie»eigentlich« gegen das Unternehmen waren.

Es war das alles, diese Menschenfischerei, eine Folge unserer treuherzigen Naivität und Spontaneität. Wir wollten nicht den Experten und den Zuständigen vertrauen. Wir waren fest davon überzeugt, dass uns Jesus Christus nicht gesagt hat, wir sollten Garantien verlangen für eine Aktion auf dem Meer. Nein, er hatte uns aufgetragen, wenn wir jemanden sehen sollten auf dem Wege von Rach Ghia oder Saigon oder Vungtau nach Trengganu in Malysia oder an die Küste der Anambas Inseln, dann müssen wir ihm helfen.

Wir wurden hundertfältig belohnt dafür. Es gibt keine größere Genugtuung für uns beide, Christel und mich, als immer wieder zu erfahren, dass diese Menschen, die wir ja alle (bis auf wenige Ausnahmen) nach Deutschland gebracht haben, hier wertvolle Bürgerinnen und Bürger unserer Gesellschaft geworden sind. Aus diesen 9507 sind ja mehr geworden in der nächsten Generation. Wir haben es mit Menschen zu tun, die gern in ihrem Familienverband leben, die noch Kinder bekommen, die ihre Kinder fördern und für sie sorgen. Wir haben in Deutschland die Anerkennung bekommen für diese immer größer werdende Gruppe. Denn diese Menschen sind ganz wichtige Mitbürger geworden, die sich hier so einleben und einfügen, dass die Mitwelt immer wieder sehr erstaunt ist. Junge Vietnamesen machen die besten Examina, bringen die besten Schulzeugnisse mit nach Hause. Junge Vietnamesinnen und Vietnamesen sind nicht arbeitslos, weil sie sich das nicht genehmigen. Auch wenn es nicht ihr Traumjob ist, auf den sie vermeintlich Anspruch haben, sie arbeiten.

Bei den Treffen, die wir immer wieder mit den Vietnamesen haben, wird immer gesammelt für das nächste Projekt, damals von Cap Anamur jetzt von den Grünhelmen. Der junge Familienvater Huy Hung Nguyen in Kornwestheim bei Stuttgart plant für den 9. Mai 2009 ein großes Dankeschönfest der Vietnamesen, bei der aber die gesamte Bevölkerung eingeladen ist. Und die Bürgermeisterin und der Pfarrer und die Honoratioren und die Taek wan Doo Gruppe der Boschzentrale in Stuttgart, weil der junge agile Huy Hung Nguyen dort ein anerkanntes und beliebtes Mitglied ist.

Wir haben in drei Jahren mit diesem legendären Schiff und einem exemplarisch interessanten Reeder (Hans Voss) und wenigen beherzten Mitarbeitern 9507 aus dem Wasser ziehen können. Ich hatte, wenn ich an Bord war, immer diese furchtbare Angst, es könnte über die harte Eisentreppe an Bord von der ersten Luke in die zweite tiefere Luke mal ein Kind herunterfallen, sich den Schädel brechen und sterben. Es ist niemals jemand an Bord gestorben.

Und es könnte, wenn es bei einer Rettungsaktion mal ganz hoch herging, jemand aus der hoch und runter schaukelnden kleinen Nussschale an die Bordwand knallen, dass es nur so kracht. Es hat einen solchen tödlichen Unfall bei der Rettung nicht gegeben. Wir standen unter einem guten Stern. Immer wieder habe ich mir den Wortlaut dieses Gleichnisses eingeprägt. Freimut Duve, damals noch ein Bundestagsabgeordneter der SPD in Hamburg, der uns dort wie anderswo immer sehr geholfen hat, sprach damals mit seiner großen Wortgewalt von den »Verdammten der Meere«. Frantz Fanon, der große Soziologe hatte meiner Studentengeneration den Kopf verdreht mit einem Buch, das den Titel trug: »Die Verdammten der Erde«. Das waren alle die, die nicht das Glück haben in unseren reichen Ländern und den hochstehenden Zivilisationen aufzuwachsen. Um die sollten wir uns später auch versuchen zu kümmern.

Wer diesen Kampf so bis zum Äußersten, bis zur letzten Erschöpfung führt, wird auch belohnt. Unsere feste Erkenntnis. Wir haben über 30.000 feste dicke Freunde in Deutschland. Es gibt eigentlich keinen Ort, wo wir nicht ein Zuhause, ein Bett und eine warme Mahlzeit bekämen, bei unseren Vietnamesen nämlich.

Das Gleichnis, das ich immer dabei hatte auf dem Schiff in schweren Stunden, gilt wie zu Lande so auch zu Wasser:

Ein Mann, eine Frau, ein kleines und ein etwas größeres Kind gingen auf dem Wege von Jerusalem nach Jericho. Das ältere Kind trug das kleinere, das nur noch keuchte und röchelte. Sie fielen unter die Piraten. Diese zogen die Frau aus und vergewaltigten sie vor den Augen ihres Mannes und der Kinder, ließen sie halbtot liegen, schlugen den Vater noch wund und gingen davon. Zufällig zog ein Priester jenen Weg hinab, er sah sie und ging vorüber. Ebenso kam ein Levit an den Ort, sah ihn und ging vorüber. Ein Samariter aber, der mit seiner Frau des Weges zog, kam hier vorbei und als sie die schwer blutende Frau und den leicht verletzten Mann sahen, hatten sie Mitleid mit der Familie. Sie traten hinzu, die Frau versorgte die Vergewaltigte, verband ihre Wunden, der Mann goss Öl und Wein darauf. Dann hoben sie die Frau auf das eigene Reittier, die anderen humpelten hinterher, sie führten die vier in eine Herberge und sorgten dafür, dass sie ein Nachtquartier bekamen und nichts zu zahlen hatten. Am nächsten Tage gab der Samariter dem Wirt Geld und sagte zu ihm: Sorge für die vier und was Du über diese drei Scheine aufwendest, will ich Dir bei meinem Wiederkommen zahlen.

Aber jetzt ging der Kampf erst um die Verdammten der Meere.

Als die Vietnamesen auf die schöne Idee kamen, an dem Landesteg, wo das Schiff zweimal mit Flüchtlingen angekommen war, am Hamburger Hafen, eine Gedenkplakette anzubringen – ein regelrechtes Denkmal der Dankbarkeit, wie das die Vietnamesen so gut können, da bekam der Vietnamese Nguyen eine Antwort, die er nicht erwartet hatte – und die zeigt, dass wir manchmal wirklich krank sind in Deutschland. Die Vietnamesen wollten, wie ich in meinem Brief vom 8. März 2006 an den Ersten Bürgermeister der Freien und Hansestadt Hamburg geschrieben hatte, ihrer Dankbarkeit für die Rettung aus Seenot durch die deutsche Bevölkerung und die deutsche Bundesregierung mit einem Gedenkstein und Denkmal Ausdruck geben. Wer gedacht hätte, dass sich die deutsche Verwaltung der Freien und Hansestadt Hamburg über solch ein Ansinnen freut, das nur der Dankbarkeit für eine wunderbare und im europäischen Maßstab einmalige Aktion der Rettung von Ertrinkenden im Südchinesischen Meer dienen sollte, sah sich getäuscht.

Worauf eine deutsche Verwaltung im Jahre 2006, 64 Jahre nach dem Ende des Zweiten Weltkrieges kommen kann, das ist in diesem Brief dokumentiert:

Der Vietnamese und Vorsitzende des Vereins, den die Vietnamesen – ordentlich wie sie nun mal sind – nach deutschem Vereinsrecht gegründet und registriert haben, Thomas Huan Nguyen musste sich die Augen reiben, denn zunächst konnte er diese Prosa nicht richtig verstehen. Der Senatsdirektor Stefan Herms schrieb am 26. September 2006:

»Sehr gegehrter Herr Nguyen,
in einem Schreiben vom 8. März 2006 an den Ersten Bürgermeister
der Freien und Hansestadt Hamburg hat Rupert Neudeck eine sicht-
bare Form des Gedenkens an das Schicksal der vietnamesischen Boots-
flüchtlinge angeregt und Sie als Ansprechpartner benannt.«

Und jetzt kommt der Plot des Briefes:

»In der nächsten Umgebung der Landungsbrücken existieren bereits
zwei Gedenktafeln. *Diese haben mit ihrem Bezug zu jüdischen Flücht-*
lingen und Emigranten einen klaren Anknüpfungspunkt zur deutschen
Geschichte und reflektieren damit auch deutsche Schuld. *Das Anbrin-*
gen weiterer Tafeln, die sich auf Flüchtlinge in anderen Weltgegenden
beziehen, könnte als Versuch einer Relativierung der Judenverfolgung
in Deutschland und des Holocaust empfunden werden und damit zu
ungewollten und nicht unerheblichen Irritationen führen. Bitte haben
Sie daher Verständnis, dass die Freie und Hansestadt Hamburg ihr
Anliegen nach intensiver Prüfung und eingehender Abwägung leider
nicht unterstützen kann.«

Das war natürlich für die Vietnamesen ein Brief, den sie nicht verstehen konnten. Konnten wir als deutsche Bürger, aufgewachsen in
der Bundesrepublik, ihn nicht eigentlich auch nur als ein krankhaf-
tes Produkt analysieren? Die Vietnamesen fragten uns denn auch:
Kann das sein, dass die Deutschen etwas Gutes nicht bekannt machen dürfen, wenn sie es denn schon mal getan haben? Kann es
wirklich so sein, dass die Geschichte eines Volkes abgeschnitten
wird, dass wir sie uns abschneiden sollen und sogar andere, die subjektiv und objektiv Grund zur Freude und zur Dankbarkeit haben.
So dass man uns daran hindern will, diese Dankbarkeit uns Deutschen gegenüber auszudrücken? Alfred Grosser, deutscher Jude aus
Frankfurt, Sohn eines deutsch-jüdischen Kinderarztes hat uns gleich
dazu gesagt, dass wir dem nicht stattgeben sollen?!

40

Christel Neudeck

Im Gespräch mit Huan Thomas Nguyen, Schifffahrtskaufmann aus Hamburg

Lieber Huan, wir kennen uns schon sehr lange und im Laufe der Jahre waren wir dankbar für Deine absolute Zuverlässigkeit und ständige Bereitschaft die Aktionen zu unterstützen. Aus der Bekanntschaft ist Freundschaft mit Dir und Deiner wunderbar mutigen Frau My geworden. Vieles weiß ich von Dir und ganz Vieles weiß ich nicht. Ich bin sicher, dass Du zeitgeschichtlich etwas erlebt hast, was nicht nur mich interessiert; deshalb bin ich froh über Deine Bereitschaft, meine Fragen zu beantworten.

Du wurdest in Vietnam geboren. Kann man sagen, dass Du eine glückliche Kindheit hattest? An was erinnerst Du Dich in Bezug auf Deine Familie, die Schule, die Spiele, die Ihr gespielt habt? Konnte Dein Vater seine Familie gut ernähren? Welche Rolle hat der katholische Glaube in Eurer Familie gespielt?

Ich bin 1948 in Nordvietnam geboren. Meine Eltern waren damals erfolgreiche Geschäftsleute. Ich war der erste Sohn nach meiner älteren Schwester. Der vietnamesischen Tradition nach war ich ein verzogenes Kind. Mein Vater war jedoch sehr hart und erzog uns Kinder mit einem filternden Blick. Insgesamt gesehen hatte ich eine sehr glückliche Kindheit. Ich besuchte einen katholischen Kindergarten. Der katholische Glaube spielt bis heute eine äußerst wichtige Rolle in meiner Familie, alle meine Geschwister wurden streng katholisch erzogen. Manchmal dachte mein Vater sogar daran, mich in ein Kloster zu schicken, damit ich irgendwann Priester werden würde. Den ersten Sohn Gott zu opfern, hätte die Familie als große Ehre empfunden.

1954 kam der Krieg und Vietnam wurde geteilt: In Nordvietnam regierten die Kommunisten. Über eine Million Nordvietnamesen mussten vor der neuen Herrschaft nach Südvietnam fliehen, um frei zu sein. Meine Familie flüchtete, als ich sechs Jahre alt war. In Saigon/

Südvietnam wurde mein Vater ein hoher Beamter in der damaligen Regierung. Ich ging in die katholische Grundschule, danach zum staatlichen Gymnasium. Mein Vater schickte mich zu den katholischen Pfadfindern, er selbst war auch dort gewesen. Dort habe ich sehr viel gelernt. 1966 machte ich mein Abitur, danach studierte ich Jura und Englisch. Während der Schulzeit spielte ich gern Basket- und Volleyball, obwohl Fußball in Vietnam bis heute ein populärer Sport ist. Wir spielten nicht nur gegen andere Schulen und Universitäten in Saigon, sondern auch in anderen großen Städten.

Wie kam es, dass Du Pilot wurdest? War das eine politische Entscheidung? Oder kam auch, da Du jung warst, Abenteuerlust hinzu?

Ab 1968 wurde der Krieg in Vietnam härter und grausamer, besonders nach der Tet-Offensive[1] der Vietcong (der Nordvietnamesen). Der Angriff erfolgte mit äußerster Brutalität und fand auf breitester Front an mehr als 100 Stellen gleichzeitig in Südvietnam statt, aber er brachte dem Vietcong keinen militärischen Durchbruch. Die Verluste des Vietcong während der Offensive sind auf mindestens 80.000 bis 100.000 Mann geschätzt worden. Die Bevölkerung Südvietnams hat jedoch am meisten gelitten. In der Kaiserstadt Hue allein wurden 6.000 Zivilisten von den Vietcong systematisch getötet.

Gleich danach hat die Regierung Südvietnams eine allgemeine militärische Mobilmachung ausgerufen. Jeder, der bis 18 Jahre kein Abitur hatte, musste zum Militär als Unteroffizier. Jeder, der sein Studium nicht erfolgreich absolviert hatte, musste auch als Offizier zum Militär. Ich war Student und gehörte nicht zu diesen Gruppen. Überall in Südvietnam hingen Plakate, die die Freiwilligen zum Militär riefen: Army, Marine Corps, Navy, Special Forces, Air Forces ...: »Die Heimat braucht Dich!« Diese Aufrufe haben sehr viele jüngere Leute durch sehr schöne Aussprüche über die Militärzeit mitgerissen und motiviert, ihre Pflicht als Bürger zu tun und die Angriffe der

---

1 Offensive und militärische Operationen der nordvietnamesischen Armee im Rahmen des Vietnamkrieges, beginnend am Neujahrstag der Vietnamesen am 30.01.1968.

Nordvietnamesen zurückzuschlagen. Ich war damals sehr tief berührt und träumte nicht nur von einem schönen Abenteuer, sondern wollte den Auftrag des jungen Staates Südvietnam in der Kriegszeit gegen die Feinde des Nordens erfüllen. 1968 habe ich mein Studium selbst abgebrochen und bin mit einigen Freunden freiwillig der Air Force beigetreten, ohne das Wissen meiner Eltern. Sie waren sehr böse und traurig hierüber. Sie bedauerten mein abgebrochenes Studium und befürchteten, dass sie irgendwann ihren ältesten Sohn durch den Krieg umsonst verlieren, während einige andere versuchten, den Militärdienst abzuwehren.

Du hast den Krieg in Vietnam erlebt. Kannst Du dazu etwas sagen?

Ich wurde in die USA zu einer Air Force Trainingsschule geschickt. Das war meine schönste Zeit beim Militär mit vielen Träumen, ohne daran zu denken, dass der furchtbare Krieg in meiner Heimat auf mich wartet. Nach elf Monaten kam ich mit einem militärischen Abschluss zurück nach Vietnam und habe in der Stadt, in der ich wohnte, viele Tote gesehen; Opfer durch Geschützfeuer des Vietcong. Den Krieg selbst kannte ich bis zu diesem Zeitpunkt nur durch Zeitungen, Schwarzweißfernsehen oder Propaganda. An dem Tag, an dem ich mich zum ersten Mal bei meiner ersten Kampfeinheit meldete, erlebte ich, was der Krieg wirklich bedeutete. Meine erste Kampfeinheit war in Da Nang am Militärflughafen, ca. 100 km südlich von der demilitarisierten Zone (DMZ) entfernt, in dem Grenzgebiet um den 17. Breitengrad am Ben Hai Fluss zwischen Nord- und Südvietnam, wo fast jeden Tag mehrmals Artillerie und Mörsergranaten einschlugen. Meine Aufgaben waren Luftunterstützung für die Bodensoldaten zu geben sowie Aufklärungseinsätze zu fliegen. Während der Militärzeit habe ich sehr viel gelernt: Die Liebe für meine wunderbare Heimat, das Mitleid für die unschuldige Bevölkerung, die unter diesem grausamen Krieg unsäglich litt. Ich lernte die Begriffe Leben und Tod, Angst und Hass, Trennung und Verlust ganz neu einzuordnen und ganz intensiv kennen. Ich lernte, woher der Krieg kam und wie ich meine liebe Heimat ohne Angst und mit Stolz verteidigen konnte. Aber ich habe auch gelernt, was der verlogene Slogan »Amerikanische Unterstützung« bedeutet, bei dem die etwa 58.000 gefallenen amerikanischen Soldaten in Vietnam auch Opfer der Supermachtpolitik waren! Der drei Jahrzehnte dauernde Krieg in Vietnam endete am 30. April 1975 mit dem Einmarsch der Vietcong mit ihren russischen Panzern in der südvietnamesischen Hauptstadt Saigon. Der Krieg forderte auf beiden vietnamesischen Seiten etwa 2 Mio. gefallene Soldaten und fast 4 Mio. tote Zivilisten; weitere 4 Mio. Menschen wurden verstümmelt. Was für ein Krieg, den wir – die Vietnamesen – niemals wollten. Vietnam, besser die ganze vietnamesische Bevölkerung – war nur ein Spielfeld für die Supermachtpolitik von zwei Systemen. Im Gefolge dieser letzten Phase des Vietnamkrieges kam es am 2. Juli 1976 zur Wiederherstellung eines gesamtvietnamesischen Staates unter kommunistischer Führung (Sozialistische Republik Vietnam).

Gab es eine Art Gerichtsverhandlung nach dem Krieg, bei dem entschieden wurde, dass Du in ein Umerziehungslager gehen musst? Wie lange warst Du dort und wie hast Du diese harte Zeit überstanden?

Einen Monat vor dem Fall Südvietnams wurde ich von den Vietcong als Kriegsgefangener verhaftet. Zu diesem Zeitpunkt ahnte niemand von uns, dass Südvietnam bald fallen würde. Sofort begannen die Vietcong, mehrere hunderttausend Beamte und Militärangehörige der Saigoner Regierung ohne jegliche Gerichtsurteile in so genannte »Umerziehungslager« zu schicken. Sie waren nichts anderes als Arbeitslager. Ebenso wurden buddhistische Mönche, Priester, Intellektuelle und alle anderen der Regierung nicht genehmen Personen dort inhaftiert. Ganz Südvietnam war ein riesiges Gefängnis. Viele Gefangene sind aufgrund der harten Bedingungen – durch schwere körperliche Arbeit, ungenügende Ernährung und ohne medizinische Versorgung – in den Dschungelcamps qualvoll gestorben. Als Air Force Offiziere wurden wir »gut« bewacht, weil sie uns für verwöhnte Kinder des alten Regimes hielten. Niemand von uns wusste etwas über die Dauer der Inhaftierung. Es war nicht selten, dass Vater und Sohn zusammen im Gefängnis waren. Ich fragte mich, warum, wozu und zu welchem Preis das alles ertragen werden musste? Wir waren doch ein Volk! Oder? Nach drei Jahren und zwei Monaten wurde ich überraschend frei gelassen. Über drei Jahre hatte ich ohne Besuch, ohne Kontakt zu meiner Familie oder zu Verwandten gelebt. Viele von uns mussten bis zu 12 Jahre oder mehr dort bleiben. Ich war inhaftiert in einem Dschungelcamp, in der Nähe der laotischen Grenze, ca. 800 km weit entfernt von meiner Familie in Saigon. Ich wollte unbedingt nach Saigon, wo meine Familie vielleicht noch war. Vielleicht war sie aber schon irgendwohin geflohen? Ich hatte nur einen einzigen, alten, schmutzigen und völlig zerlumpten Stoff auf meinem Körper, keine Schuhe, kein Geld in der Tasche und viele Ängste. Sehr überrascht war ich, dass mich die Einheimischen in der Stadt als freigelassenen Soldaten von dem Ex-Regime sofort erkannten. Sie gaben mir und meinen Freunden zu essen und zu trinken, Bekleidung und Geld. Einige sahen uns mit roten und feuchten Augen an, wagten aber kein Wort zu uns zu sprechen. Mit diesem Geld konnte ich mit Hondas, Bussen und dem Zug in drei Tagen und zwei Nächten nach Hause kommen. Mein Vater war nicht zu Hause, er war in der Zeit auch im Gefängnis wegen eines Fluchtversuchs, den er für seine Familie geplant hatte. Meine Mutter war um mindesten 20 Jahre gealtert, seit ich sie zum letzten Mal gesehen hatte. Sie erzählte mir, dass inzwischen zweimal unsere gesamte Habe registriert worden sei. Alles, was meine Eltern besaßen, wurde aufgelistet und festgelegt, was davon verkauft werden durfte und was von der Regierung eingezogen werden sollte. Meine Geschwister durften nicht mehr zur Schule gehen und unser Haus war leer wie ein unbewohntes Haus, weil alles von den Nordvietnamesen beschlagnahmt wurde. Gleichzeitig erfuhr ich auch, dass die Vietcong seit 1975 die Politik der Gleichheit unter dem Volk durchzuführen begannen. Das hieß konkret: Besitzenteignung bei den Wohlhabenden, Verstaatlichung von Betrieben und Boden, Abschaffung der alten Geldwährung. Jeder Haushalt bekam anhand der Personenzahl eine bestimmte Geldsumme zugeteilt. Freier Handel wurde sofort verboten. Nur »die guten Menschen« durften in Staatsbetrieben oder Genossenschaften arbeiten. Lebensmittel gab es nur gegen Bezugsscheine, in den meisten Fällen mussten zwei bis drei Familienmitglieder Stoff für eine Hose oder ein Hemd teilen.

Wann und warum hast Du Dich für die Flucht aus Vietnam entschieden und wie verlief Deine Flucht?

Als ich noch im Gefängnis war, führte das neue Regime die Volkszählung in ganz Südvietnam durch. Jedes Mitglied einer Familie musste identifiziert werden, danach erhielt jede Familie einen Anmeldungsnachweis. Als ich zurück nach Hause kam, stand mein Name nicht in dieser Liste. Das bedeutete, dass ich nicht zu meiner Familie gehörte und auch nicht dort wohnen durfte. Das galt für alle, die aus den Gefängnissen freigelassen wurden. Ohne diese Anmeldung konnte man aber überhaupt nichts machen, weder arbeiten, sich frei bewegen, zur Schule oder ins Krankenhaus gehen … Die kommunistische Behörde hat mich gezwungen, in der so genannten »Neuen wirtschaftliche Zone« im weit entfernten und unbewohnbaren Dschungel zu leben. Ich hatte vier Wochen Zeit um mich vorzubereiten und musste mich jede Woche am Montag bei der Lokalpolizei melden und einen Bericht schreiben, was-wie-wo ich in der vergangenen Woche getan und mit wem ich mich getroffen hatte. Ich schaffte es, mir einen falschen Ausweis mit einer falschen Identität zu besorgen, die Daten musste ich unbedingt im Gedächtnis behalten. Das half mir sehr in dieser ganzen Zeit, bevor ich aus dem Land flüchtete. Ich erfuhr, dass viele Leute von Südvietnam aus mit den winzigen Flussbooten auf die hohe See flüchteten, ohne zu wissen, wohin. Mir wurde auch erzählt, dass die meisten von ihnen im offenen, furchtbaren, südchinesischen Meer ertranken oder von den Thai-Piraten beraubt, verschleppt, vergewaltigt und ermordet wurden. Aber wie konnte ich hier in meinem eigenen Land unter starken Diskriminierungen und ohne Zukunft leben? Man sagte mir auch, dass die amerikanische Flotte immer noch im Südchinesischen Meer wäre. Egal, ich musste raus mit einer winzigen Hoffnung, irgendwo einen sicheren Hafen zu erreichen. Entweder sterben oder leben. Die mündliche Überlieferung überall im Land damals war: »Wenn die Ampeln Beine hätten, würden sie auch flüchten.« Das konnte ich sehr gut nachvollziehen. Ich habe drei Mal versucht zu flüchten: Die erste Flucht scheiterte und ich wurde verhaftet. Dank meiner gefälschten Identität wurde ich nach zwei Monaten freigelassen. Der zweite Fluchtversuch scheiterte auch, die Grenztruppen töteten drei Menschen, ich konnte rechzeitig fliehen. Meine letzte Flucht war im März 1980 mit insgesamt 46 Menschen, meist Kinder und Frauen, auf einem 3 x 11 Meter kleinen Boot. Wir kannten uns, legten das Geld zusammen und kauften ein kleines gebrauchtes Flussboot. Nur mein jüngerer Bruder und ich konnten fliehen, weil mein Vater nicht genug Geld für die ganze Familie hatte. Der Bootsführer besorgte Diesel, Trinkwasser und trockene Lebensmittel, die er Tag für Tag irgendwo am Fluss versteckte. Mein Bruder versuchte einen kleinen Kompass auf dem Schwarzmarkt zu kaufen. Wir wurden in drei kleine Gruppen aufgeteilt, die in drei Taxiboote stiegen, die nur als Transportmittel am Fluss dienten. Jeder durfte nur eine kleine Tasche mitnehmen. In der Nacht trafen wir uns alle an einem Treffpunkt, wo das Fluchtboot auf uns wartete, mit dem wir bis zu acht Stunden den Fluß entlang zum Meer fuhren. Wir tarnten uns als Fischer und Geschäftsleute am kleinen Fluss. Im Morgengrauen, kurz bevor wir das Meer erreichten, wurden wir von einem Küstenwachboot entdeckt. Sie schossen mit Maschinengewehren und mit Panzerfäusten auf uns. Wir sahen mindesten sieben große Wasserfontänen. Wir bauten schnell zwei Motoren der Taxiboote ein, die wir von den drei Taxibooten vorher herausgenommen hatten und fuhren mit Vollgas weiter. Der Bootsführer versuchte, unser Fluchtboot in die Fischerbootskolonne einzureihen. Zu dieser Jahreszeit fuhren die Fischer in die offene See hinaus um zu fischen. Wir waren drei Tage und zwei Nächte auf dem Meer. In der ersten Nacht fielen wir in die Hände der bewaffneten Thai-Piraten. Mit Messern zerschnitten sie unsere Kleidung, uns wurden alle Uhren, Ringe und Ketten abgenommen. Mit Hämmern wurden die Planken aufgebrochen, weil sie darin Gold und Geld vermuteten. Nach der Durchsuchung zwangen sie uns auf ihr Schiff, darauf waren mindestens 30 Thai-Fischer. Es war klar, dass wir mit unseren acht Männern nichts ausrichten konnten. Alle Frauen wurden vor unseren Augen vergewaltigt, auch meine 14 und 15 Jahre jungen Nichten. Das wiederholte sich dreimal bis zum Morgengrauen. Am Mittag ließen sie uns zurück in unserem zerfetzten wasserüberfüllten Boot. Bevor sie die Leinen kappten, stießen sie die Blechtonne mit unserem Trinkwasser ins Meer. Wir waren völlig erschöpft und ich dachte nur noch an meine Familie und unseren bevorstehenden Tod. Unser Boot trieb auf dem offenen Meer ohne Steuerung. Meine zwei Nichten lagen bewegungslos unten im Boot und bluteten stark. Sie schluchzten nur noch. Nach ca. drei Stunden hat der Bootsführer es geschafft, den Motor zu reparieren, aber er wusste nicht wohin, welche Richtung wir einschlagen sollten, weil die Thai-Piraten unseren kleinen Kompass weggenommen hatten. Abends um 22 Uhr begann ein heftiger Sturm. Die Wellen waren so hoch, dass viel Wasser in unser Boot schlug. Der Bootsführer stellte den Motor ab und ließ uns treiben. Gegen drei Uhr am nächsten Tag starteten wir den Motor wieder.

Am Nachmittag sahen wir plötzlich einen weißen Hubschrauber auf uns zukommen, der mit dem englischen Wort »Heli Services« beschriftet war. Ich sah den Piloten und ein paar Mitflieger an Bord. Ich dachte sofort, es müsste ein US-Hubschrauber sein, und: Wir sind gerettet! Eine halbe Stunden lang hat der Pilot uns die Richtung gezeigt und plötzlich war er verschwunden. Wir waren völlig verzweifelt. Gleichzeitig sahen wir drei Thai-Piraten-Schiffe aus drei Richtungen eilig zu uns fahren. Die Frauen und Kinder begannen wieder zu schreien und ich wusste, was nochmals mit ihnen passieren könnte. Erst nach einer halben Stunde, die sich wie eine Ewigkeit anfühlte, konnten wir den Hubschrauber erneut von weitem heran fliegen sehen. Wieder zeigte er uns die Richtung, flog dann zu den Thaischiffen, kreiste ganz dicht über ihnen. Das ging eine ganze Weile so hin und her, bis die Thaipiraten endlich abdrehten. Nach ca. zwei Stunden sahen wir ein riesiges Schiff mit schwarz-rot-gelber Flagge und dem Namen Cap Anamur auf beiden Seiten. Das war ca. 16:00 Uhr, Freitag, den 25. März 1980, an dem Tag, an dem ich zum zweiten Mal geboren wurde, aber diesmal von den Deutschen.

Warst Du nach der ersten Euphorie, gerettet und auf dem sicheren Schiff Cap Anamur zu sein, erschrocken, nach Deutschland gehen zu müssen? Sicherlich kanntest Du doch, wenn überhaupt, nur Ost-Deutschland?

Es war sehr überraschend für mich, dass es nicht ein amerikanisches Handelsschiff war, sondern ein deutsches Cargoschiff, das als ein

Rettungsschiff umgerüstet worden war. Viele haben mich immer wieder gefragt, ob es sich hier um ein ostdeutsches oder ein westdeutsches Schiff handele. Nach mehreren Gesprächen in Englisch mit der Besatzung war ich sicher, dass es ein westdeutsches Schiff war, das nur für die Rettung der vietnamesischen boat people im südchinesischen Meer eingesetzt wurde und die westdeutsche Bevölkerung die Cap Anamur-Rettungsaktionen durch ihre Spenden möglich machte. Als wir auf der »Cap Anamur« waren, gab es schon 111 Vietnamesen an Bord, die vor einigen Stunden gerettet worden waren. Die Deutschen gaben uns Tee, Bekleidung, Decken und eine medizinische Untersuchung. Die Frauen konnten kaum noch stehen und wurden besonders versorgt. Der Hubschrauber-Pilot an Bord war ein Amerikaner, der auch 1972 im Vietnam Krieg geflogen war. Er berichtete mir, dass er kaum noch Sprit hatte, als er uns entdeckte und deshalb zum Auftanken zur Cap Anamur zurückfliegen musste, während die Cap Anamur ihre Richtung änderte und uns entgegen fuhr. Wir erfuhren auch, dass die westdeutsche Regierung uns später aufnehmen werde. Ich erinnerte mich sofort an Deutschland, ein geteiltes Land genau wie Vietnam: Kommunismus und Kapitalismus, Ost und West, Nord und Süd. Konnte dort noch einmal Ähnliches geschehen wie in meiner Heimat Vietnam? Ich konnte viele besorgte Blicke bei meinen Landsleuten sehen. Aber dann verscheuchte ich alle Gedanken: Ich war am Ziel, ich war gerettet worden, noch am Leben und der Diskriminierung in meinem eigenen Land entkommen. Seit die Kommunisten 1975 Südvietnam gewaltsam erobert hatten, waren über eine Millionen Vietnamesen aus Südvietnam geflüchtet (die so genannten boat people). Noch nie in der Geschichte Vietnams hatte es eine solche Fluchtbewegung gegeben. Nach Schätzung der Vereinten Nationen kamen nur die Hälfte aller boat people irgendwo an Land an oder wurden gerettet. Das heißt, mindestens eine halbe Million von ihnen sind entweder im Meer ertrunken oder beraubt, verschleppt, vergewaltigt und ermordet worden durch die Piraten. Wir hatten Glück im Unglück gehabt. Mit traurigem Blick schaute ich auf das Meer und dachte an meine zurückgebliebene Familie und meine unglücklichen Landsleute, die ewig auf dem Grunde des Meeres liegen werden. Welch ein Schicksal unseres Volkes, meiner Familie und auch meines! Ich bat einen philippinischen Matrosen, ein kurzes Telegramm an meine Familie zu schicken, dass mein Bruder und ich noch am Leben und gerettet waren. Welch eine glückliche Botschaft für meine Familie, die darauf so sehr gehofft und zu Gott gebetet hatte. Wir wurden nach Singapur in das Flüchtlingslager gebracht. Hier arbeitete ich freiwillig mit dem UNHCR (Der Hohe Flüchtlingskommissar der Vereinten Nationen) zusammen, um unseren Landsleuten zu helfen. Drei Monate später kam ich zum ersten Mal nach Deutschland. Ich hatte sehr wenig über Deutschland gehört. In der Schule hatten wir über den Diktator Hitler und die Zeit nach dem Zweiten Weltkrieg etwas gelernt. Hier nun habe ich zum ersten Mal Schnee berührt und den furchtbaren Winter erlebt. Ich dachte, Deutschland wäre ein riesiger Kühlschrank oder besser eine Gefriertruhe. Aber die deutsche Sprache war noch furchtbarer! Was für eine Kälte und was für eine Sprache hier! Ich sagte mir, dass ich mich langsam daran gewöhnen müsse und gab mir viel Mühe beim Erlernen der Sprache. Ständig trug ich ein englisch-deutsches Wörterbuch mit mir. Ich verstehe gut, wie schwer es ist, wenn man beginnt, deutsch zu lernen ohne vorher eine fremde Sprache erlernt zu haben! Ich bekam eine erste Wohnung und einen zehnmonatigen Deutschkurs.

Sehr bald schon hast Du als Dolmetscher auf dem Rettungsschiff Cap Anamur gearbeitet. Wie erinnerst Du diese Zeit? In welcher Verfassung waren die ankommenden Flüchtlinge?

Dr. Rupert Neudeck, der Gründer des Komitees Cap Anamur hat mich überraschend angerufen und fragte mich auf Deutsch, ob ich wieder an Bord des Rettungsschiffes Cap Anamur gehen würde, als Dolmetscher und Mitarbeiter. Ich zögerte keinen Moment, dieses Angebot anzunehmen, weil ich gern mit dem Komitee Cap Anamur zusammenarbeiten wollte. Ich sehe diese ehrenamtliche Tätigkeit als eine Form des Dankes und vielleicht als eine Form der Selbsthilfe an. Ich hatte Dr. Rupert Neudeck sehr kurz in Singapur kennen gelernt, als er und der Besitzer des Schiffes Cap Anamur bei einem Besuch im Flüchtlingslager waren. Bis heute weiß ich nicht, woher er meine damalige Telefonnummer hatte und ich habe ihn auch nie gefragt. Am 10. Juli 1981 war mein erster Rettungseinsatz auf der Cap Anamur, also nur 15 Monate nach meiner Ankunft in Deutschland. Das war der 23. Rettungseinsatz der »Cap Anamur I«, die zwei Fluchtboote mit 134 boat people gerettet hat. Ich war sehr stolz darauf, dass ich eine Chance hatte, meinen eigenen Landsleuten direkt zu helfen. Ich erkannte mich in diesen Menschen wieder, vor einem Jahr war es mir genauso gegangen. Ich war sie und sie waren ich! Ich teilte mit ihnen die Freuden und die Leiden, weil ich selbst ein boat people gewesen war. Ich traf wieder die Thai-Piraten-Boote mit abgrundtiefem Hass, die die Leiden über unsere Landsleute mit vollen Händen ausstreuten und das erfüllte mich mit großem Schmerz. Die Geretteten waren sehr glücklich auf dem Schiff und ich fühlte mich noch glücklicher. Alle wussten nichts von dem Rettungsschiff Cap Anamur und einige hatten auch Angst vor dem geteilten Deutschland. Viele wussten auch nicht, wo Deutschland liegt. Sie waren beunruhigt und ängstlich über ihre ungewisse Zukunft in einem unbekannten Land. Ich erklärte, motivierte und tröstete sie. Ich versuchte, mich so viel wie möglich um ihre Lebensumstände an Bord zu kümmern. Ich erzählte ihnen so viel ich wusste von Deutschland, über die Kultur, das Wetter, den Verkehr und gab ihnen den ersten Deutschkurs. Von 1981 bis 1987 an nahm ich an ganz vielen ehrenamtlichen Rettungseinsätzen teil und war sehr glücklich, dass ich ein wenig für meine Heimat und meine Landsleute tun konnte. Darauf bin ich sehr stolz. Zwischen den Jahren 1979 und 1987 hat die Cap Anamur mit vier Schiffen rund 13.000 vietnamesische Bootsflüchtlinge aus dem südchinesischen Meer gerettet. Mit Mühe und Fleiß, mit Disziplin, Beharrlichkeit und Sparsamkeit haben wir – die Ex-boat-people – uns bis heute in Deutschland bestens integriert. Wir lernten die deutsche Kultur kennen und gleichzeitig bewahren wir unsere eigene Kultur. Wir versuchten uns in Deutschland den neuen Umständen schnell anzupassen. Deutschland ist seitdem unsere zweite Heimat und die meisten von uns, besonders in unserer zweiten und dritten Generation, haben eine ordentliche Ausbildung und viele arbeiten erfolgreich in verschiedenen Berufen. Dank der deutschen Bevölkerung! Dank der Cap Anamur und ihren Mitarbeitern! Wir bewundern sie immer noch, wie sie sich damals für die vietnamesischen Flüchtlinge eingesetzt haben.

Du hast nach Abschluss der Fahrten der Cap Anamur zusammen mit Rupert Neudeck mehrere Jahre für die so genannten boat people in Deutschland eine Zeitung herausgegeben. Welche Absicht hattet ihr dabei? Wolltet ihr die Gemeinschaft unter den Vietnamesen und die Integration fördern, wolltet ihr auf Dinge aufmerksam machen, die in Deutschland wichtig sind oder auch vor Gefahren der Propaganda warnen?

Die meisten der 13.000 Geretteten leben heute noch in Deutschland, viele durften im Laufe der Jahre Familienangehörige nachholen. Das Erlernen der deutschen Sprache und die Integration sind die erste Priorität für die Vietnamesen. Um dieses bei den Vietnamesen zu fördern, haben Dr. Rupert Neudeck und ich nach Abschluss der Fahrten der Cap Anamur eine monatliche Zeitung herausgegeben. Das Komitee hatte noch ein Informationsbüro für die Vietnamesen in Köln zur Verfügung gestellt, wo ich fast zwei Jahre gearbeitet habe. Für die Vietnamesen damals waren das Komitee Cap Anamur und Dr. Rupert Neudeck der unerlässliche Rettungsring in der fremden Welt Deutschland. Die Zeitung hatte 4 DIN A4 Seiten in zwei Sprachen – deutsch und vietnamesisch, damit konnte man deutsch lernen. Darin standen Informationen über Vietnam oder weltweite Informationen Vietnam betreffend sowie Informationen über die Kultur, die Sitten und Gewohnheiten Deutschlands. Dadurch konnten die Vietnamesen sich besser und schneller in Deutschland integrieren. Diese Zeitung galt auch als eine Kommunikationsbrücke unter allen in Deutschland lebenden Vietnamesen. Von dem Büro aus half ich unseren Landsleuten bei jeder möglichen Gelegenheit. Am Anfang arbeitete ich freiwillig mit dem Komitee Cap Anamur zusammen, heute bin ich unentgeltlich tätig für die Hilfsorganisation Grünhelme. Meine Frau, die auch von der Cap Anamur gerettet wurde, unterstützt alle diese Aktionen. Das ist genauso wie bei der Familie Neudeck. Ohne seine Frau kann Herr Neudeck das alles nicht schaffen.

Du hast mit Freunden in der»heimlichen Hauptstadt der Vietnamesen«, in Troisdorf große Treffen organisiert, zu denen tausende Vietnamesen kamen. Man hatte in der 70.000 Einwohnerstadt Troisdorf den Eindruck, man sei in Saigon. Wie war es möglich und zu schaffen, die vietnamesische Gemeinschaft so zusammen zu halten?

In Zusammenarbeit mit dem Komitee Cap Anamur organisierte ich zunächst in jedem Jahr, später dann alle fünf Jahre ein Cap Anamur-Treffen in der Stadt Troisdorf, der Zentrale des Komitees Cap Anamur, wo auch der Wohnsitz der Familie Neudeck war. Alle Vietnamesen wurden nach Troisdorf eingeladen, wo sie eine Gelegenheit hatten, sich wieder zu sehen. Bis zu 3.000 Vietnamesen kamen jedes Mal aus ganz Deutschland angereist und wurden von den 70.000 Troisdorfern so herzlich begrüßt, dass die Troisdorfer den Eindruck hatten, man wäre in Saigon, der früheren Hauptstadt Südvietnams. Unter dem Motto:»Gestern wurden wir gerettet, heute retten wir die Anderen« haben Vietnamesen bei jeder Veranstaltung viel Geld für die humanitären Aktivitäten der Cap Anamur und heute der Grünhelme gespendet.

Die vietnamesischen boat people sind dankbar für ihre Rettung, besonders den deutschen Spenderinnen und Spendern und Frau und Herrn Neudeck, viele sind der Meinung, wenn sie eines Tages wieder in Vietnam wären, würden sie eine Neudeck-Statue in der Mitte von Saigon aufstellen. Durch mehrere Jahre Arbeit an Bord der Cap Anamur und zwei Jahre Tätigkeit im Cap Anamur Informationsbüro in Köln habe ich fast alle Vietnamesen in Deutschland kennen gelernt und viel Vertrauen erfahren. Ich rief die vietnamesischen Mitbürger zum Mitarbeiten vor jeder Veranstaltung auf und sie fühlen sich geehrt.

Du lebst und arbeitest nun seit so vielen Jahren mit Deiner Familie in Deutschland. Dein 20-jähriger Sohn ist in einer politischen Partei ak-

tiv, es scheint so, dass ihr »Deutsche« geworden seid. Magst Du sagen, was Du an den Deutschen schätzt und mit welchen Eigenschaften Du Schwierigkeiten hast? Wie klang zu Beginn die deutsche Sprache für euch?

Seit fast 30 Jahren lebe ich mit meiner Familie in Deutschland. Es gibt viele gute Dinge in der deutschen Kultur, aber auch einige, die uns – den Asiaten – nicht passen. Kindererziehung ist in unsere Familie immer wichtig. Ich gehöre zu der ersten Generation der Vietnamesen in Deutschland, die die deutsche Kultur als besonders schwierig empfindet. Für die Integration brauchen wir viel guten Willen, Klugheit und Geduld. Das Wichtigste ist immer, dass man miteinander zu einer Verständigung gelangt. Ich bin nicht zu empfindlich jemandem gegenüber, der sich mir gegenüber kühl verhält, wenn ich ihn begrüße, weil er mich nicht kennt. Aber es verletzt meinen Stolz sehr, wenn jemand mit Wort und Tat neidisch auf mein gebrauchtes Auto oder ein kleines Reihenhaus ist, beides habe ich durch harte Arbeit und jahrelanges Sparen erworben. Ich erziehe unsere Kinder nicht so streng wie in unserer Kultur üblich, aber auch nicht so lax wie in der deutschen Kultur. Ich finde nicht richtig, wenn nur der Mann in der Familie sich um die Welt außerhalb der Familie kümmert, während die Frauen nur für die Angelegenheiten des Haushaltes verantwortlich sind. Aber ich kann bis heute immer noch nicht begreifen, dass es hier fast normal ist, dass deutsche Kinder ihre alten Eltern bis zu ihrem Tode allein in ihren vier einsamen Wänden zurücklassen. Ich möchte unsere Kinder und unsere nächsten Generationen nicht mehr mit Unentschlossenheit und Schwierigkeiten auf der Kreuzung der beiden Kulturen stehen lassen müssen. Meine Kinder haben zur Zeit alle einen eigenen Beruf und sie sind sehr zufrieden damit. Mein jüngster 20-jähriger Sohn ist in einer deutschen politischen Partei aktiv, er hat schon – wie auch seine Geschwister – eine eigene Wohnung und das ist gut so. Die Kinder besuchen uns zweimal in der Woche und teilen uns ihre Freuden und ihre Probleme mit. Wir sind doch eine Familie und gehören zusammen. Ich spreche zu Hause mit den Kindern vietnamesisch, aber sie beherrschen zusätzlich die deutsche Sprache längst.

In Vietnam hat sich seit Deiner Flucht Vieles positiv verändert. Was wünschst Du Dir für Dein Heimatland?

Bis Ende der 80er-Jahre regierte in Vietnam eine streng kontrollierte Planwirtschaft nach dem Vorbild der frühen Sowjetunion. Erst eine schwere Dürre und folgende Hungersnöte zwangen die Machthaber in Hanoi zum Umdenken. 1990 nahm die vietnamesische Regierung Kurs auf eine »sozialistisch orientierte Marktwirtschaft«. Dennoch ist Vietnam immer noch ein sozialistisches Land mit einer stramm kommunistischen Führung. Wo bleibt die Demokratie, die ein Land im 21. Jahrhundert braucht? Ist es eine Art der Diktatur? Wer sich für eine zaghafte Demokratisierung einsetzt, etwa kritische Journalisten, Schriftsteller, Studenten oder selbst Leute aus ihren politischen Kadern, verschwindet noch immer in den Gefängnissen. Noch immer werden ethnische und religiöse Minderheiten rigoros und gewaltsam unterdrückt. Ich lebe jetzt in einem demokratischen Land und kann es mir nicht mehr anders vorstellen. Ich frage mich, warum die soziale Kluft zwischen Arm und Reich sowie zwischen Land und Stadt in Vietnam Tag um Tag stark gewachsen ist und immer weiter auseinanderklafft. Noch immer muss die Mehrheit der rund 80 Millionen Vietnamesen mit weniger als einem US-Dollar am Tag leben. Gleichzeitig, wie immer wieder bekannt wird, gibt es die Korruption, die Verschwendung und die Bereicherungssucht überall auf allen Ebenen, besonders bei hohen Funktionären. Erheblich ist die Prostitution expandiert, ebenso die Kinderprostitution. Ich erinnere mich an Ho Chi Minh, der einmal während der Kriegzeit gesagt hat: »Es gibt nichts, was schöner und herrlicher ist als Unabhängigkeit und Freiheit.« Dem größten Teil der Vietnamesen bleibt heute nur der erste Halbsatz von diesem Traum: »Es gibt nichts ...!«. Über 30 Jahre nach der Kriegszeit hat meine Heimat immer noch keine Demokratie, keine Freiheit und 2/3 der Bevölkerung sind immer noch arm. Es ist so, dass man reich wird nur unter der roten Fahne mit gelbem Stern.

*Eine letzte Frage: Kann Deutschland für Dich »Heimat« sein? Oder
bleibt eine große Sehnsucht nach Vietnam so lange Du lebst?*

Bei mir bleibt eine große Sehnsucht nach Vietnam, so lange ich in
meiner zweiten Heimat Deutschland lebe. Aber ich möchte nicht in
meine erste Heimat zurückkehren, solange die Menschen dort immer noch unter der Herrschaft der Unfreiheit und Ungerechtigkeit
leiden müssen. Ich war ein paar Mal in Vietnam wegen der Arbeits-
aufträge aus Deutschland, mich begleiteten viele seltsame und
schwere Gefühle. Die Vietnamesen im Lande erkennen sofort, dass
ich vom Ausland zurückkehre, nicht durch meine Kleidung, sondern
durch meine Verhaltensweise und meinen vietnamesischen Akzent,
als wäre ich ein Ausländer im Land, der höhere Preise bei jedem
Einkauf bezahlen muss. Ich darf kein Auto fahren, keine unbeweg-
lichen Güter besitzen und ohne Bestechungsgelder geht gar nichts.
Wo sind meine Familie oder Verwandten? Meine ältere Generation
ist häufig schon gestorben, meine Generation ist alt geworden, sie
sind oft irgendwo in der Welt verstreut und die nächste Generation
erkennt mich nicht mehr und ich sie auch nicht. Die schöne Erinnerung an meine eigene Heimat habe ich noch in mir, aber es gibt
keine einzige Spur. Ich kam zurück in meine Heimat, fand aber weder Freunde noch Verwandte. Ich fühlte mich fremd im eigenen
Land. Wo ist meine richtige Heimat? Vietnam oder Deutschland?
Der Preis für eine gezwungene Flucht aus der eigenen Heimat ist zu
hoch! Tatsächlich bin ich überall ein Fremder. Wie und was kann
ich meinen Kindern erzählen?

Rupert Neudeck

Uganda –»The Pearl of Africa« (1981)

»Dieses Land war einmal ein Paradies. Hier konnte man um die Ecke gehen und alles einkaufen. In der Stadt Kampala konnte man abends zu einer festen Zeit den modernen Überlandbus besteigen und war sechs Stunden später in Nairobi. Die Tansanier, Leute aus Kenia, Zaire und dem Sudan kamen nach Uganda, um sich mit Lebensmitteln und den Gütern des Konsums und auch des Luxusbereiches einzudecken. Dieses Land galt als die Schweiz Afrikas, als ›The Pearl of Africa‹.«

So erzählte uns ein katholischer Bruder aus einem Orden, den wir in der Folgezeit noch kennen lernen sollten. Es waren die Verona Fathers, so nannte man sie jedenfalls in Uganda. Der kirchenoffiziellere Namen war: Comboniani oder Comboni-Missionare. Der Mann, mit dem wir so viel zu tun hatten und der uns das traurig und eher zögerlich sagte, war Bruder Luigi Cometti. Wir sprachen mit ihm auf der Terrasse des Missionshauses in Kampala oberhalb der Stadt und er zeigte auf die Stadt herunter. Früher war diese Stadt eine glänzende Metropole gewesen, auch nachts von Leben und Licht erfüllt. Sie hatte die berühmteste Universität in Afrika, die Makerere Universität. Aber vor drei Tagen am 23. April 1981 hatten Guerilla die Stromversorgung der Hauptstadt lahmgelegt, als sie einen Generator des städtischen Elektrizitätswerks zerstört hatten. Fast alle Teile Kampalas waren seitdem ohne Licht.

Wir waren hier angekommen, angetrieben durch die vielen dramatischen Nachrichten aus diesem Land, das uns als »The Pearl of Africa« oder die »Schweiz Afrikas« in Erinnerung war. Man kann sich das im Jahre 2009 gar nicht vorstellen, dass es damals so viele Nachrichten und so große Aufmerksamkeit für ein Land in Afrika gegeben hat! Franz Alt schickte seinen besten Reporter, den er beim Südwestfunk hatte, nach Uganda und der machte einen dramatischen Bericht über den Zerfall des Landes.

Es gab im Bundestag einen Abgeordneten, der Experte für Uganda war, es gab Berichte, es gab Studien. Viel trug natürlich auch der

Kalte Krieg zu dieser Aufmerksamkeit bei. Denn Ost und West konkurrierten und gierten um die Einflusszonen in einzelnen Ländern. Der einzige Vorteil damals war, dass wir wussten, wie es um Uganda stand. Heute wissen wir das viel weniger.

Uganda hatte damals eine Schreckensherrschaft hinter sich, die noch heute das Bild des Landes verdüstert. Der General Idi Amin Dada war es, der sich zur Militärherrschaft hochputschte und den gewählten ersten Präsidenten Milton Apollo Obote einfach aus dem Amt jagte, während dieser sich nichtsahnend bei einer Commonwealth Konferenz in Singapur aufhielt. Und dann begann ein archaisches Schreckensregime, das viel weniger durch eine Ideologie vorgegeben war, als vielmehr durch die Wut und die Verachtung, die Idi Amin gegenüber der weißen Welt, für ihn die Sklavenhalterwelt, empfand. Er wollte es ganz besonders richtig und gut machen, aber er verhakte sich immer in seinen eigenen Schritten. Berichten zufolge war es so, dass die explosive Brutalität und Grausamkeit exemplarisch erschütternd und verabscheuenswert war. Dennoch konnte die Mehrheit der Bewohner sich frei bewegen. Wer nicht politisch aktiv war und für Veränderungen eintrat, dem wurde nichts getan. Aber wer sich dem Usurpator in den Weg stellte, dem konnte passieren, dass er den Krokodilen zum Fraß vorgeworfen wurde.

Ebenso wie in vielen anderen Staaten in Afrika, gab es in Uganda fast noch keinen gesellschaftlichen und nationalen Zusammenhalt. Es gab eigentlich keine Ugander. Es gab die unterschiedlichen Stammesgruppen, die Bantu Stämme, die Ganda, die Nkole, die Soga, die Kigha, dann die Stammesgruppe der Niloten, eingeteilt in West-Niloten (die Lango, der Stamm Obotes), die Acholi, dann auch die Ost-Niloten, bei denen es auch die Kakua gab, einen Stamm, aus dem auch Idi Amin, der blutrünstige Diktator kam.

Es wurde schrecklich gemordet unter Idi Amin, aber auch danach. Der Diktator verschwand irgendwann, aber es kam nach zwei Übergangszeiten unter den Präsidenten Lule und Binaisa der Milton Obote wieder an die Macht, der von Idi Amin Dada abgesetzt worden war. Der versuchte zu Beginn seiner Amtszeit, die Baganda im Luwero Dreieck auszurotten. 300.000 Menschen sollen es gewesen sein.

Wir haben uns damals in dem kleinen Buschkrankenhaus mitten im Luwero Triangel mit Namen Nakaseke eingerichtet, um den ganzen langen Bürgerkrieg dort auszuharren.

Es war eine anstrengende Arbeit, die eines ganz besonders erforderte: Mut! Über die Tarif- und Versicherungsordnungen der deutschen Bundesrepublik hinaus. Dafür mussten die Not-Ärzte und Not-Mediziner des Komitees Cap Anamur bereit sein, denn sonst wäre das nicht auszuhalten gewesen.

Wir begannen im Norden des Landes, in den man schon von der Hauptstadt nur unter den abenteuerlichsten Bedingungen hineinkam. Wir bauten das Krankenhaus in Maracha auf. Und wir konnten das nur tun, weil wir solche mutigen Mitarbeiter hatten. Es war eben eine andere Zeit. Wir Deutschen, auch die deutschen Ärzte, Ingenieure, Krankenschwestern und -pfleger waren von diesen Tarif- und Standesordnungen noch weit entfernt.

Ich denke an Dr. Jutta Menke, eine der damals noch seltenen Chirurginnen aus Bremen. Oder die Ärztin Dr. Barbara Krumme, mit der wir Zeit unseres Lebens verbunden waren und sind. Eine der überhaupt mutigsten Frauen, originäre Christin, die einfach keine Angst um sich hat.

Ein Fall, an den ich mich damals erinnere: eine junge Mutter mit einem toten Kind im Bauch. Alle manuellen Bemühungen mit Anwendung von Oxytocin, einem Wehenmittel, helfen hier nicht. Es muss eine Sectio gemacht werden, sofort. Jutta, die bisher nur Kinderchirurgie gemacht und noch keinen Erwachsenen unter dem Messer gehabt hat, ist sofort bereit, diese schwierige Operation zu machen, auch dazu noch unter den schwierigsten Anästhesie- und Sterilitätsbedingungen. Die Operation dauert drei Stunden – und gelingt.

Es ist einfach nicht wahr, haben wir uns damals gesagt (und sagen es uns auch heute wieder!), dass unsere Aktivitäten ins Bodenlose fallen müssen, weil wir ja »nur« – wie der deutsche Gemeinspruch heißt – Tropfen auf den heißen Stein produzieren und alles nur in ein Fass ohne Boden fällt. Wer das ernsthaft meint, hat sich auf diesem Feld der humanitären Hilfe noch nie versucht. Hier gilt nur die Bemerkung: Es ist nicht wahr, dass alles vergeblich ist, man nichts tun kann. Nein, Hilfe hat damals geholfen.

Aber manchmal ist man der Verzweiflung nahe, wie wir es waren bei und nach dem Massaker auf dem Gelände der Ombachi Mission der Verona Fathers, am 24. Juni 1981, 10 Uhr. Soldaten mit Kalaschnikoffs stürmten auf das Gelände der Station im Nordwesten Ugandas. Es sind Guerillas, die z. T. aus der Armee des Idi Amin stammen und nichts über die ethischen Grenzen des Militärberufes wissen. Wut und Mordlust breiten sich aus während der anderthalb Stunden. Die Soldaten (Soll man sie so nennen?) sind vom Mordrausch überwältigt, zugleich aber nüchtern genug, nach erledigter Tötungsarbeit ans Plündern zu gehen, einen UN-Wagen zu konfiszieren, um das Diebesgut aus der Missionsstation wegzutransportieren. Als 55 Menschen schon ermordet sind, rennt hysterisch kreischend eine Frau mit schmerzverzerrtem Gesicht und ihrem Kind auf dem Arm herum. Man kann sehen, wie dem Kind durch einen Schuss die obere Kopfkuppe abgeschossen ist und die Gehirnmasse herausquillt, das Kind schon längst tot in den Armen der Mutter. Ein Soldat sieht sie, sagt:»She is crying, she is a guerilla«, will auf sie anlegen.

Da springt im letzten Moment der deutsche Kinderarzt Reinhard Bunjes dazwischen, gibt dem Soldaten 500 Uganda Shillinge. Der Soldat lässt ab von der Frau und sucht sich ein neues Mordopfer.

Jedenfalls begannen wir diese Arbeit mitten in einer bürgerkriegsähnlichen Gefährdungszone. Das Auswärtige Amt wusste im Zweifel zu dieser Region eher nichts zu sagen.

Da platzte das Massaker von Ombachi in unsere Planungen. Und wären wir bürgerlich-ordentlich oder vom Auswärtigen Amt alimentiert und subventioniert gewesen, hätten wir diese Arbeit sofort abgebrochen. Aber wir mussten schlicht das Krankenhaus evakuieren. Paradoxerweise ist der einzige Platz, an den wir uns zurückziehen können, im Kongo, dem der seit 1964 regierende Tyrann Mobutu den neuen Namen Zaire verpasst hat. Wir ziehen mit allem, was wir haben, auch mit den Kranken, Schwerkranken und frisch Operierten nach Arivara, in eine Missionsstation der Weißen Väter (das ist der andere große Missionsorden der katholischen Kirche in Afrika), die uns erst einmal provisorisch Aufnahme und Asyl geben.

Wir machen uns in Deutschland natürlich unglaubliche Sorgen um unsere Mitarbeiter, ich ziehe los, um sie praktisch zu suchen. Gott sei Dank finde ich sie in Arivara.

Jean Ziegler, den ich später persönlich kennen lernen sollte, fragte damals in einem Buch, das diesem Thema gewidmet ist:»Afrika nach der Kolonisation oder vor der neuen Kolonisation«. Wo sind 15 Jahre nach der Entkolonialisierung der bedeutendsten afrikanischen Staaten die Hoffnung und das Licht geblieben? Wer wagt in diesen Tagen, wer wagt heute noch den»Optimismus der antikolonialen Befreiungskämpfer« hoch- und durchzuhalten? In den meisten entkolonialisierten Staaten herrschen entweder Militärdiktaturen oder gekaufte Zivilregierungen. Die Kirchen mit ihren gut ausgerüsteten Missionshäusern und Lagerhäusern sind die letzte Hoffnung der Armen in Uganda. In dem Uganda von 1981 haben sie fast für das Überleben des Landes als Staat gesorgt. Nichts war mehr in Ordnung in diesem Land bis 1986 der Rebellenführer Yoweri Museveni mit seiner Guerilla-Streitmacht aus dem Busch herauskam und die Macht übernahm – und sie auch bis heute nicht abgegeben hat.

Die Missionen waren wirklich ganz große letzte Pfeiler von Versorgung und Infrastruktur. 1981 konnte man sich in Uganda eigentlich nur von Missionsstation zu Missionsstation bewegen. Die Bischöfe damals hatten Mut und sagten dem Volk die Wahrheit. Sie geißelten den Aberglauben, der sich in manchem Gemeinspruch à la»God has forgotten us and punished us«[2] äußerte. Das nannten die Bischöfe das Krebsgeschwür der Indifferenz, das so viele befallen habe. Man müsse sich bestimmter Fallgruben und Versuchungen bewusst werden.»Eine dieser Versuchungen besteht darin, Gott für den widrigen Zustand der Verhältnisse in unserem Land verantwortlich zu machen.« Die Bischöfe treffen den Nerv der Problematik. Allzu viele entschuldigen die katastrophalen Verhältnisse, in dem sie frühere koloniale Zustände für alles verantwortlich machen.

Nie werden wir die Arbeit an einem der gefährlichsten Orte damals vergessen: Nakaseke, mitten im Luwero Triangel. Dort tobte während mehrerer Jahre ein Bürgerkrieg.

---

2 Übersetzung: Gott hat uns vergessen und bestraft uns.

Ich hatte viel zu tun, weil ich immer wieder dorthin musste, um mich mit Staatssekretären der mörderischen Regierung zusammenzusetzen und gute Miene zu dem abscheulichen Spiel zu machen. Damals habe ich gelernt, dass man seine Seele nicht rein bewahren kann. Man muss manchmal mit einem Massenmörder Whisky trinken. Man muss manchmal Nachrichten unterdrücken. Wenn es darum geht, dieses Hospital als den letzten Hort der Armen und Verzweifelten aufrechtzuerhalten, dann muss man eine Menge krummer Dinger machen können.

Christel war zu Hause immer besorgt und hielt den Kontakt zu den Mitarbeitern, was damals nicht so einfach war wie heute, wo man mal schlicht eine Email schreiben kann.

Wir haben ganz viele Plätze in diesem Uganda als Mediziner-Komitee aufgebaut und versorgt. Das Krankenhaus Yumbe, die Klinik in Kuluva, eine Station in Soroti. Es waren ganze Generationen, die sich dort bewährt haben und denen allen mindestens ein Bundesverdienstkreuz zustehen würde. Wenn es mit rechten Dingen zugehen würde.

In Nakaseke war das Umfeld, das für den Mut der Ärztin Dr. Barbara Krumme wie geschaffen war. Ich kann den begeisternden Moment nicht vergessen, als Ende Januar 1986 der Albtraum vorbei und die im Verhältnis sehr disziplinierte Befreiungsbewegung, die NRA (Nationale Befreiungs-Armee), gesiegt hatte. Wir zogen los nach Norden die Bombo-Road entlang und kamen an den Ort, wo Barbara Krumme drei Jahre gearbeitet hatte. Sie wurde damals im Triumphzug durch den Ort getragen.

Die NRA-Bewegung, die damals die neue Regierung unter dem Präsidenten Museveni bilden musste, wollte sie eigentlich als Gesundheitsministerin haben. Barbara Krumme konnte aus privaten Gründen dem nicht folgen. Sie wäre die beste Gesundheitsministerin in ganz Afrika und die beste geworden, die Uganda je gesehen hat.

Um das Flair der persönlichen und physischen Bedrohung am Schluss zu schildern, will ich von einem unvergesslichen Erlebnis berichten: Ich war von einem der vielen Besuche, die ich damals zur Stabilisierung des Projektes machen musste, auf dem Wege von Maracha zurück, als wir merken, wir schaffen es an diesem Tag nicht vor Einbruch der Dunkelheit nach Kampala, die Hauptstadt des Landes, zu kommen. Ich hatte meinen Abflug nach Europa und Deutschland zurück für den folgenden Tag geplant. Wir bleiben in einem Vorort, 14 km vom Zentrum entfernt. Es ist 18 Uhr, der Beginn der Dämmerung. Wir werden alle von einem halb betrunkenen Soldaten der Armee an die Wand gestellt. Das ist die Situation, die wir unseren Mitarbeitern predigen, dass sie sie vermeiden sollen. Der Fahrer des Wagens, ein Baganda, Mitglied also eines Stammes, der beim gegenwärtigen Regime und den Militärs schlecht angesehen ist, wird mit dem Gewehrkolben neben mich gestoßen. Schnell werden einige Wertsachen bei uns konfisziert, zum Glück kommen andere Soldaten aus dem Haus und sorgen dafür, dass der sichtbar betrunkene Soldat mit uns nicht alles machen kann, was er will. Das Gefühl der Bedrohung wird in der Diskussion, die beginnt und die ich nicht verstehe, noch stärker. Ich sehe den Gewehrlauf noch auf mich gerichtet. Was hindert den Soldaten daran, mich hier jetzt abzuknallen? Vergleichsweise wenig!

Diese ganze gewalttätige Atmosphäre von Bedrohung und Vergewaltigung, ohne irgendein Mittel oder eine Zuflucht, eine Kaserne oder Polizeistation, in die man sich flüchten konnte, diese Atmosphäre ist lange vorbei. Es gab und gibt noch die schrecklichen Aktionen der Lord Resistance Army, die aber doch sehr regional (im Norden, West Nile und Gulu) bezogen sind. Was ich im Rückblick bedaure, ist der totale Zusammenbruch von Liberation Movements. Wir hatten in den 80er-Jahren Befreiungsbewegungen, die sich ihren Ruf wirklich erwerben mussten und sollten. Die einfach von vornherein die besseren humanitären und Menschenrechtsstandards aufwiesen in ihrer Praxis als die jeweilige Diktatur oder Regierungsarmee. Das bedeutet vor allen Dingen, dass sich eine solche Befreiungsbewegung immer um die Zivilbevölkerung kümmern, für sie sorgen, aber sie nicht drangsalieren sollte. So haben wir abends in unseren Quartieren beim Nakaseke Hospital die Nachricht des Senders der National Resistance Army gehört. Es hieß darin, ein Soldat der NRA, ein Guerillero sei drakonisch bestraft worden, weil er einem Bauern eine Ziege gestohlen hatte. Solche und ähnliche Nachrichten hörte die Bevölkerung mit größter Genugtuung, weil sie ja schon in der Praxis erfuhren, wie anders sich die geheime Guerilla-Bewegung gegenüber den Menschen im ländlichen Bereich benahm.

Dieses Krankenhaus in Nakaseke war mehr als ein Krankenhaus, es war wegen der Anwesenheit der Europäer auch eine letzte Bastion des Schutzes. Wir hatten, so besinne ich mich, in einer Nacht 300 Menschen, die wegen des Schutzes im Krankenhaus schliefen, die aber nicht krank waren. Insgesamt lagen wohl 50 Patienten in den einzelnen Stationen dieses Hospitals. Der Schutz war nicht absolut, aber man konnte sich damals jedenfalls darauf verlassen. Die Armee bekam einen einzigen Befehl, den durchzuführen den Offizieren drakonisch eingebläut wurde: Nur ja niemals einen Europäer oder Weißen antasten. Denn das wäre die Weltnachricht. Das Verröcheln von mehreren hundert Ugandern im dichten Urwald des Luwero Dickichts oder der Bombo-Road war natürlich keine Nachricht.

Wir erfuhren auch, dass man unsere Aktionen im Luwero Triangel immer mit besonderem Wohlwollen beobachtet habe und uns wenn irgend möglich auch geschützt oder von Militäraktionen ausgenommen habe. Allerdings gab es einmal einen Beschuss: Kurze Zeit, nachdem uns die deutsche Botschaft in Kampala ein Geschenk der deutschen Bundesregierung überreicht hatte, das eigentlich unserer größeren Sicherheit dienen sollte. Es war ein funkelnagelneuer weißer Mercedes Geländewagen. Wir benutzten den erst das zweite oder dritte Mal, ein Miniteam fuhr zurück aus dem Luwero Busch nach Kampala. Da passierte es: Der Wagen wurde beschossen.

Wir erfuhren erst sehr viel später, nach der Befreiung am 31.01.1986, was damals eigentlich passiert ist. Die Aktion ist deshalb so gelaufen, weil Wagen dieser Art immer den Honoratioren des Regimes zur Verfügung standen. Da wir mit einem solchen Auto bisher nie im Busch aufgetaucht waren, vermutete man bei dem militärischen Guerilla Kommando einen Agenten oder Funktionsträger des mörderischen Regimes, was für den wirklichen Völkermord im Luwero Busch zuständig war.

Es gab damals immer wieder Beispiele für moralische Haltungen, die längst verloren gegangen sind oder sich im Nahen Osten nie ergeben haben. Ein Zeitraum für solche Haltungen war der 13. bis

17. Februar 1964. In jenen Tagen versammelten sich subversiv in der Nähe des Ortes Cassaca in Guinea die über 200 Verantwortlichen der PAIG (»Parti Africain de l'Independance de la Guinee-Bissau et des Iles du Cap Vert«) unter Führung ihres legendären Führers und Gründers der Bewegung Amilcar Cabral. Die Bevölkerung, so hieß es, sollte sich melden und alle Klagen vorbringen, die sie gegen die militärischen Operationen einzuwenden hatte. Die Bauerndelegierten aller befreiten Zonen (zones liberes) waren anwesend. Sie hatten ganze Litaneien von Klagen und Vorwürfen vorzubringen. Es hatte Diebstahl, Plünderungen, kollektive Exekutionen von »nur« Verdächtigen, Filzaktionen ohne Auftrag und Grund, Brandschatzungen, Willkürakte also gegeben.

Einmal bezeichnete einer der Delegierten mit seinem Finger direkt den für eine solche Plünderaktion zuständigen Kommandanten, der in der Runde saß und den der Delegierte wiedererkannt hatte. Die Atmosphäre war angespannt, aber Amilcar Cabral wollte nun alles hören. Nach dieser Reinigung traten einige der Beschuldigten vor, stellten sich vor Cabral und erklärten:»Höre mich, Amilcar, Du glaubst, dass ich schuldig bin. Wenn das so ist, entwaffne mich. Bestimme Deine Untersuchung gegen mich!«

Cabral antwortete darauf:»Du hast Recht. Ich habe Dich angeklagt. Ich befehle nunmehr, dass man Dich entwaffnet und dass eine Untersuchung gegen Dich eröffnet wird.«

Alle angeklagten Kommandanten machten es wie jener erste, der seine Pistole vor Cabral niedergelegt hatte. Diese Untersuchungen wurden ordnungsgemäß durchgeführt, die Ehre und der befleckte Name der Befreiungsbewegung waren wiederhergestellt. Man muss es eigentlich noch schärfer formulieren: Die Bewegung wäre keine Liberation Front mehr gewesen, wenn sie nicht die Kraft zu einem solchen Akt der Selbstreinigung gefunden hätte.

Die Gemeinsamkeit zu der humanitären Arbeit wird hier deutlich. Es geht auch bei der Arbeit solcher Not-Teams nicht letztlich und schon gar nicht nur um die»efficiency«. Wenn man im humanitären Bereich arbeitet, sollte man auf die zeitaltertypischen»out-put Nachrichten« besser verzichten. Das Wort»Erfolgserlebnis« ist wohl neben dem Wort und Begriff der»Frustration« so epochentypisch, dass wir uns darin auch in späteren Generationen am schärfsten wiedererkennen werden. In beiden Begriffen schwingt ein unbewusster, schrankenloser Egoismus mit: Es geht bei den Erlebnissen um »meinen« Erfolg, bei der Frustration um die Beleidigung und Beschädigung meiner höchstpersönlichen Erwartungen. Die humanitäre Arbeit, so wie Christel und ich sie verstanden haben, hat ihren Gewinn auch ohne diese »efficiency«. Es reicht oft, dass man in solchen ausweglosen Situationen einfach da ist, präsent ist, vor Ort, wenn die Granaten heruntergehen. Dann ist es wichtig, dass man sich mit den Patienten auf den Boden drückt oder die Nacht mit ihnen verbringt, wenn etwas Furchteinflößendes passiert ist.

Deshalb bestehen wir seit 30 Jahren darauf, dass der Helfer oder der Mitarbeiter bei den Menschen in ihren Verhältnissen wohnt, lebt, isst, arbeitet. Dass wir nicht aus Flüchtlingslagern am Spätnachmittag in unser Hotel zurückgehen, sondern dass wir mit den Menschen leben. Wir brauchen deshalb immer wieder Mitarbeiter, denen es um die Frage der Gerechten von Albert Camus geht. Es ist die Frage der russischen Anarchisten von 1905, die Camus in seinem Drama wieder hat auferstehen lassen. »Mach Dir klar, dass die Organisation ihre Macht und ihren Einfluss verliert, wenn sie auch nur einen Augenblick duldet, dass Kinder von unseren Bomben zerfetzt werden.«

»An dem Tag«, sagt Stepan, der andere Contra-Protagonist dieses Dramas von Albert Camus, »da wir beschließen, keine Rücksicht auf Kinder zu nehmen, sind wir die Herren der Welt, und an dem Tag wird die Revolution siegen.«

Dora antwortet: »An dem Tag wird die Revolution von der ganzen Menschheit gehasst.«

Genauso war es mit der NRA im ugandischen Busch. Nach vier–fünf Jahren fiel ihr die Herrschaft wie eine reife Frucht zu. Sie hatten gewonnen, weil sie auf die Zivilbevölkerung gehört, sich ihr angenähert hatten, niemals Aktionen gemacht haben, die rücksichtslos die Bevölkerung treffen sollten.

Heute gehört Uganda zu den Staaten in Ost-Afrika, die sich wegen ihrer wirtschaftlichen und politischen Stabilität sehen lassen können. Der Präsident ist leider immer noch der gleiche, Yoweri Museveni.

Um noch einmal Präsident zu werden, zum vierten Mal, hat er die eigene Verfassung ändern lassen. Doch wollen wir gerecht sein, heute hat Uganda die Zeit des Albtraums hinter sich gelassen.

Christel Neudeck

Im Gespräch mit Bärbel Krumme, Ärztin aus Würzburg

Bärbel, Du hast 1980 als junge Internistin schon auf dem Rettungsschiff Cap Anamur gearbeitet. Nach Deiner Ausbildung als Tropenärztin warst Du fast pausenlos in sehr vielen afrikanischen und asiatischen Ländern tätig. Der Reichtum Deiner Erfahrung war für unsere Arbeit unbeschreiblich hilfreich. Während Deiner Zeiten in Deutschland hast Du uns beraten. Für unsere Kinder warst Du (und bist es bis heute) zusätzlich in dem nicht selten chaotischen Haushalt eine Vertrauensperson.
Heute möchte ich mich bei meinen Fragen hauptsächlich auf Uganda beziehen.

In welcher Familie bist Du aufgewachsen? Hast Du dort schon von Entwicklungsländern gehört, die damals wahrscheinlich noch nicht so hießen?

Ich bin mit Fernweh aufgewachsen. Mein Vater hatte vor dem Krieg in den USA gelebt, wo wir auch Verwandte hatten, die uns in der Nachkriegszeit Care-Pakete schickten. Der Bruder meiner Mutter war vor dem Krieg Schiffsarzt gewesen, hatte Asien und Afrika bereist und konnte sehr anschaulich über viele Erlebnisse berichten, die mich als kleines Kind fasziniert haben. Er starb, als ich 7 Jahre alt war. Im selben Jahr erlebte ich den Tod meines älteren Vetters und Patenonkels an Tuberkulose. Er war in den letzten Kriegsjahren noch als Jugendlicher eingezogen worden. In englischer Gefangenschaft brach eine Lungentuberkulose aus. Sein größter Wunsch war es gewesen, Medizin zu studieren. Medikamente zur Behandlung von Tuberkulose gab es damals schon in den USA, nicht aber im Nachkriegsdeutschland.

Warum wolltest Du Ärztin werden?

Vielleicht wollte ich als sein Patenkind seinen Wunsch verwirklichen, den er sich nicht mehr hatte erfüllen können. Allerdings wollte ich zunächst eher Krankenschwester als Ärztin werden und die Schule, die ich nicht sehr liebte, bald hinter mich bringen. Meine Eltern ließen sich jedoch nicht darauf ein: Du kannst auch mit Abitur Krankenschwester werden, sagten sie, als ich mit der mittleren Reife von der Schule abgehen wollte.

Mit 13 Jahren erlebte ich ein Orgelkonzert in der Dortmunder Reinoldikirche von Albert Schweitzer, dessen Bücher ich vorher begeistert verschlungen hatte. Nachdem mir Albert Schweitzer nach dem Konzert die Hand gegeben hatte, wollte ich, sobald ich erwachsen war, als Krankenschwester nach Lambarene/Gabun gehen.

Mein Vater, der als junger Mensch nicht hatte studieren können, hatte es sich zum Ziel gesetzt, uns vier Kindern ein Studium zu ermöglichen, selbst wenn aus finanziellen Gründen jeweils nur zwei von uns gleichzeitig studieren konnten. Als Jüngste brauchte ich dazu nach dem Abitur nicht einmal zu warten, was wahrscheinlich mit dazu beitrug, meinen Plan zu ändern und Medizin zu studieren.

Ab 1981 hast Du in Uganda gearbeitet, zunächst in Maracha. Wie erinnerst Du Eure medizinische Arbeit dort? Wie auch Eure Flucht mit Patienten über die Grenze in das damalige Zaire?

Nach Vermittlung eines meiner Münsteraner Kollegen, Michael Scharsich, durfte ich 1979 auf der Cap Anamur mitarbeiten, 1980 mit Cap Anamur/ Deutsche Notärzte nach Somalia reisen. Den Somaliaeinsatz musste ich nach kurzer Zeit Hals über Kopf wegen einer schweren Infektionskrankheit abbrechen, ohne mich von den somalischen Mitarbeitern verabschieden zu können. In den Flüchtlingslagern um die Stadt Hargeisa herum hatte ich so viel Elend erlebt, besonders unter den kleinen Kindern. Das konnte ich danach nicht wieder vergessen. Mich ließ danach das Gefühl nicht los, etwas zu Ende bringen zu müssen und den Bürgerkriegsflüchtlingen noch etwas schuldig zu sein. Leider bin ich seither nie wieder nach Somalia gekommen. Als ich dann aber von Rupert Neudeck in Stuttgart angerufen und gefragt wurde, ob ich mit nach Uganda käme, ein Land ebenfalls im Bürgerkrieg, habe ich zugesagt trotz einer gerade erst angetretenen neuen Stelle. Denn auch in Uganda hungerten die Menschen und brauchten medizinische Versorgung.

Wir gehörten zum ersten Team der Notärzte in Uganda und sollten in den Nordosten nach Karamodscha, von wo die Medien damals den größten Bedarf an Hilfe meldeten. Durch die Vermittlung der Comboni Missionare kamen wir dann aber in die West-Nil Region. Es ist das Gebiet der Lugbara-Niloten, die zu den Sudanvölkern gerechnet werden. Dort gab es außer uns keine weiteren Hilfsorganisationen bei großer Not der Bevölkerung; das bedeutete viel Arbeit für uns. Das Krankenhaus in Maracha war von tansanischen Soldaten besetzt, die Inneneinrichtung stark zerstört. Dem Team gehörten drei Ärzte, eine Krankenschwester, ein Anästhesiepfleger und ein Ingenieur an. Es war zunächst ein wunderbares Erlebnis, dass wir helfen konnten, das Krankenhaus wieder seiner Bestimmung zuzuführen und für die Patienten der gesamten Region (ca. 150 000 Menschen) da sein zu können. Trotzdem gab es auch schlimme Erlebnisse, wie eine Frau mit gerissener Gebärmutter und einem bereits abgestorbenen Kind. Sie wurde von weither von sechs Trägern zu Fuß zu uns gebracht, nachdem sich die Familienmitglieder auf ihren Bauch gesetzt hatten, um die stockende Geburt des Kindes voranzubringen.

Da es um Maracha herum keine nationale Gesundheitsstruktur mehr gab, mussten wir in dieser Zeit auch die Epidemie einer bakteriellen Hirnhautentzündung eindämmen.

Durch das Wiederaufflackern des Bürgerkrieges, die Flucht nach Zaire (heute DR Congo) mit den Menschen der Region einschließlich der schwerkranken Patienten, die wir z.T. in Schubkarren transportierten, und die erneute Zerstörung des Hospitals lernte ich dann leider hautnah, was es bedeutet, in einer komplexen Katastrophe (wie wir heute sagen) überleben zu müssen. In der DR Congo kamen uns allerdings einige Tage später die Afrikamissionare zu Hilfe, die uns versorgten und den Ugandern und uns einen Flüchtlingsausweis des UNHCR (des Flüchtlingskommissariates der Vereinten Nationen) besorgten, der uns allen etwas Sicherheit gab.

Eine solche Grenzerfahrung, wie die Flucht, bei der jeder vom anderen abhängig ist, hat ein »Wir«-Gefühl erzeugt zwischen den ugandischen Weggefährten und mir. Dabei war ich mir natürlich darüber im Klaren, dass die Ugander sehr viel mehr von der Bürgerkriegssituation betroffen waren und dass ich anschließend leicht in die dauerhafte Sicherheit meiner Heimat zurückkommen konnte, wie es dann auch geschah.

Später hast Du das Hospital in Nakaseke in einer politisch extrem unruhigen Zeit mit aufgebaut. Welche Gedanken – vielleicht auch Albträume – hast Du, wenn Du an diese Zeit denkst?

Die Verbundenheit zu Uganda war damit aber nicht zu Ende, denn der Bürgerkrieg bestand fort. So kam ich dann nach einer kurzen Pause zurück nach Uganda, wenn auch viel weiter südlich. Nakaseke ist ein ländlicher Ort mit dem größten Hospital des Luwero Districts. Dieser District war von dem Bürgerkrieg besonders betroffen und die Menschen konnten nicht über eine nahe Grenze fliehen wie in Maracha. Ich wurde Teamleiter des zweiten Teams, d. h. das Krankenhaus war bereits wieder etwas rehabilitiert und funktionsfähig. Es gab viel zu tun und wir stürzten uns in die Arbeit. Erst nach und nach erfuhren wir, wie mehr oder weniger im Verborgenen das Morden und Brandschatzen um uns herum weiter ging. Wir waren natürlich mit Zustimmung der Obote Regierung nach Nakaseke gekommen. Nun mussten wir lernen, dass unser medizinischer Einsatz für die Zivilbevölkerung von den Kämpfern im Untergrund (die Kämpfer Musevenis) sehr argwöhnisch betrachtet wurde und wir gefährdet waren, in die Feindseligkeiten hineingezogen zu werden. So gab es die Geiselnahme eines Rotkreuzteams, unter ihnen ein Schweizer, in unmittelbarer Nähe zum Hospital, die – wie wir nachher erfahren mussten – eigentlich uns gegolten hatte. Ein Teammitglied flüchtete zu uns und brachte uns damit alle in Gefahr. Erst ein Treffen zwischen Rupert Neudeck und Repräsentanten der Rebellen in Nairobi brachte etwas mehr Sicherheit. Wie zerbrechlich diese Sicherheit allerdings war, zeigte dann ein schrecklicher Überfall auf unser neues Fahrzeug, in dem ich morgens nach Entebbe gebracht worden war, sodass es frühzeitiger als gewohnt nach Nakaseke zurückfuhr. Es wurde wahrscheinlich mit dem Fahrzeug eines Politikers gleichen Typs verwechselt und kurz vor dem Hospital mit Kugeln durchsiebt. Ein kleiner Junge starb sofort. Eine deutsche Krankenschwester und ein Pfleger kamen wie durch ein Wunder mit dem Leben davon. Der Zwischenfall beendete erst einmal für ein Jahr alle Aktivitäten der deutschen Notärzte in Nakaseke.

Anfang der 80er-Jahre wurde die Immunschwäche-Erkrankung AIDS bekannt. Viele Länder verleugneten das Problem. Wie ging Uganda damit um?

Ein Jahr nach dem Überfall auf unser Fahrzeug – Museveni hatte inzwischen Uganda erobert- konnten wir ›Notärzte‹ nach Nakaseke zurückkehren. Die Menschen warteten bereits auf uns und hatten das von den marodierenden Soldaten geplünderte Krankenhaus gründlich gesäubert. Eine Hebamme hatte Instrumente in Sicherheit gebracht und sich auch während unserer Abwesenheit in ihrer Hütte weiter um die jungen Frauen gekümmert.

Es gab viel Unterernährung und auch Tuberkulose. Beides deuteten wir zunächst ausschließlich als Kriegsfolge. Nun hatte ich zwischenzeitlich in Deutschland, im Bernhard-Nocht – Institut in Hamburg, erste AIDSkranke gesehen, den Krankheitsverlauf und die Symptome kennengelernt. Es gab Berichte von AIDS aus der Hauptstadt Kampala. Mit Unterstützung der Virologischen Abteilung des Hamburger Tropeninstituts und einem Fluoreszenzmikroskop war es uns möglich, als 2. Hospital in Uganda, unsere Blutspender auf HIV Antikörper zu testen. Die Zahl von Blutspendern mit positivem Antikörpertest öffnete uns in erschreckendem Maße die Augen. In Nakaseke waren damals (1984) mehr als 10% der Blutspender infiziert.

Infizierte waren Opfer von Stigmatisierung. Wir erlebten dies bei einem Röntgenassistenten, der aus der Hauptstadt Kampala zurück in das ländliche Nakaseke zog, um zu sterben. Seine Familie musste anschließend Nakaseke wieder verlassen, weil sie von der Bevölkerung gemieden wurde. Dieses Ereignis war Anlass für uns, mit Aufklärung zu beginnen.

Damals entwickelte UNICEF ein sehr gutes Aufklärungspaket für Schulen, das in Uganda bei der flächendeckenden Aufklärung von Lehrern und Schülern und später auch in vielen benachbarten Ländern effektiv eingesetzt wurde. Die Regierung ging offen mit der Infektion und Erkrankung um.

Norine Kaleba, die Witwe eines AIDSkranken und selbst Physiotherapeutin, hatte in England Selbsthilfeorganisationen kennen gelernt und gründete nach dem Tod ihres Mannes in Uganda TASO, eine der ersten Selbsthilfeorganisationen in Afrika. TASO kämpfte erfolgreich gegen Diskriminierung und für Hilfe von an AIDS Erkrankten. Die Notärzte arbeiteten zeitweilig eng mit TASO zusammen.

Ein weiteres erfolgreiches Programm war die Eindämmung der Geschlechtskrankheiten, die während des Bürgerkrieges z. T. durch systematische sexuelle Übergriffe der Soldaten auf junge Mädchen und Frauen aus der besetzten Bevölkerung stark zugenommen hatten. Die kostenfreie Behandlung der sexuell übertragenen Krankheiten nach dem Bürgerkrieg und der Rückgang von Vergewaltigungen führte schließlich zu einem Rückgang von Neuinfektionen, und damit auch von Neuinfektionen mit HIV.

Viele Länder, die durchaus eine Chance gehabt hätten, frühzeitig AIDS-Aufklärung zu betreiben, weil die Bevölkerung damals noch kaum infiziert war, haben dies versäumt, weil sie den Rat von außen nicht anzunehmen bereit waren. Ich denke da besonders an das südliche Afrika, das heute die größte Bürde der Epidemie zu tragen hat.

Wie bist Du in gefährlichen Situationen mit Angst umgegangen?

Meine Erfahrung war, dass ich keine Angst hatte, solange ich etwas tun konnte. Ich konnte beobachten, dass vor allem die Menschen in meiner Umgebung voller Angst waren, die in gefährlichen Situationen zur Untätigkeit verdammt waren. Glücklicherweise hatte ich sowohl bei der Flucht von Uganda nach Zaire als auch in kritischen Situationen in Nakaseke oder während der Kampfhandlungen in Kampala, bevor Museveni die Stadt in seine Gewalt bringen konnte, nicht nur Verantwortung für mich sondern auch für andere. Weil ich 1986 noch nicht nach Nakaseke zurück konnte, arbeitete ich damals in Kampala im St. Francis Hospital im Operationssaal und meine einzige Sorge war, dass ich der physischen Belastung der operativen Versorgung so vieler Verletzter nicht gewachsen sein würde. Denn wir arbeiteten damals an vier Operationstischen gleichzeitig vom frühen Morgen bis zum späten Abend bis wir todmüde auf unsere Matratzen fielen. Geholfen hat natürlich auch die Tatasche, dass ich in gefährlichen Situationen nicht allein war.

Wie ist Dein Gesamteindruck von Afrika, falls man so allgemein davon sprechen kann? Ist Afrika ein Kontinent ohne Hoffnung?

Ich komme gerade aus dem krisengeschüttelten Zimbabwe, in dem sich der selbstherrliche Präsident Mugabe in keiner Weise um die Not seiner Bevölkerung schert. Die demokratische Opposition wird mit allen Mitteln bekämpft, auch mit Gewalt und Mord. Im Osten der DR Congo brechen gerade die Feindseligkeiten zwischen verschiedenen Volksstämmen erneut aus und die früheren Verbündeten mischen sich durch Entsendung von Soldaten wieder in diesen Konflikt ein und weiten ihn damit aus. In Somalia kann man nicht mehr von einem Staat sprechen. In Darfur, im Sudan und im benachbarten Tschad leben viele Menschen selbst in Flüchtlingslagern in Angst vor Übergriffen. Auch im Norden von Uganda ist noch keine dauerhafte Ruhe eingekehrt. Selbst Kenia erlebte Anfang dieses Jahres ethnische Konflikte mit Ausbruch unerwarteter Gewalt.

Ich verstehe deshalb Deine Frage, obwohl ich sie nicht mag. Die angeführten Schlaglichter allein zeichnen ein sehr selektives, einseitiges Bild von Afrika. Trotzdem, viele Menschen in Afrika haben z.Z. und in absehbarer Zukunft keine Hoffnung auf eine sichere Heimat. Sie müssen sogar befürchten, dass ihr Land für ihre Kinder noch kein sicherer Ort werden wird, in dem sie die Schule besuchen, eine Ausbildung bekommen, ihre Felder regelmäßig bestellen und abernten können. Allerdings habe ich gerade von diesen betroffenen Menschen gelernt, nicht zu resignieren und aufzugeben. Wie können wir verzagen im Angesicht der Leidensfähigkeit vieler afrikanischer Frauen und Männer, ihrer Kraft zum Durchhalten und ihres Lebenswillens? Menschen, die unter eigener Bedrohung in Krisenregionen Afrikas noch ihren Nachbarn helfen oder afrikanische Großmütter, die nach dem Tod ihrer Kinder unermüdlich für ihre Enkelkinder sorgen, stellen ihre Stärke täglich unter Beweis. Wie können wir angesichts dieser Erfahrung an der Zukunft Afrikas zweifeln?

Rupert Neudeck

Tschad – Mitternachtsoperationen
mit drei Taschenlampen (1983)

Es war die erste ganz große Herausforderung in einem Land ohne
Strom und Wasser, ohne die kleinen Errungenschaften der Technik
und des Verkehrs, die das Leben so selbstverständlich leicht machen.

In unserem Krankenhaus im Tschad wurde seit Beginn der Arbeit
im Januar 1983 auf Hochtouren hauptsächlich von Deutschen gearbeitet, weil es nur sehr wenige Ärzte gab, über die das Land verfügte.

Im Sommer herrschen hier Temperaturen bei trockener Hitze von
bis zu 42 Grad am Tag. In der Nacht können die Ärzte und Krankenschwestern, die Pfleger und Techniker nur an Schlaf denken,
wenn sie unter freiem Himmel ihr Nachtlager aufschlagen. Das ist
eine der unangenehmsten Folgen für den blassen und nicht immer
physisch gestählten Europäer.

Die medizinischen und chirurgischen Fälle waren für den deutschen Chirurgen und Arzt immer wie in einer Expedition, wo man
auf alles verzichten musste. Die Patienten auf andere Stationen ver-
legen ging nicht, ausfliegen ging nicht, verweisen an einen Kollegen
ging nicht. Deshalb müssen sie immer sofort anpacken in der Wüste
des Ost-Tschad.

Im August 1984 kommt es zu einem Ansturm der Patienten, den
der Chirurg Heinz Wertzel nur mit Mühe bewältigen kann. Ich zitiere aus seinem dramatischen Bericht, den wir damals mit dem
Titel *Tschad: Mitternachtsoperationen mit drei Taschenlampen* an die
Öffentlichkeit brachten:

»Als wir gerade mit einer schweren Operation fertig waren (per-
forierter Appendix) kam um 21 Uhr eine hochschwangere Frau, die
seit drei Tagen Wehen hatte. Die Herztöne des Kindes waren nicht
hörbar.« Das Kind war, wie sich bei der anschließenden Sectio herausstellte, schon längere Zeit tot. Als diese Operation gegen 23.00 Uhr

zu Ende war und »wir die Frau vom OP Tisch in die Gondel heben wollten, bemerkten wir, dass die Frau massiv aus der Vagina blutete. Wir warteten eine Weile, in der Hoffnung, dass sich die Blutung wieder geben würde.« Aber trotz intensiven Auffüllens wurde der Blutdruck immer schlechter. Da entschloss sich der Chirurg, den Bauch noch mal aufzuschneiden. Da die Frau nun schon soviel Blut verloren hatte und ganz sichtbar weiter verlor, versuchten die beiden anwesenden Krankenschwestern Astrid Maack und Brigitte Gose Blut von den Angehörigen zu bekommen. Heinz Wertzel, der Chirurg, lag währenddessen auf dem Unterleib der Frau, um die Blutung zu stillen. »Während dieser Aktionen passierte dann das, was hier jede Nacht um 24.00 Uhr passiert. Der Strom wird abgeschaltet. Alle Petroleum- und Taschenlampen wurden zusammengesucht und in den OP gebracht. Mit dem Schein von drei Taschenlampen wurde der Bauch dann nochmals aufgeschnitten und der Frau der Uterus entfernt. Um 3.00 Uhr morgens war auch der zweite Eingriff beendet«. Und das Ergebnis für die Ärzte, die sonst nur hypertroph dokumentierte, hygienisch einwandfreie und im Schnitt auch durchorganisierte Abläufe ohne jede Improvisation kennen, war sehr überraschend: »Die Frau genas.«

Zusammenarbeit war vor Ort immer selbstverständlich. Das musste nicht eine Koordinationsagentur, teuer bezahlt in einem eigenen Gebäude, organisieren. An einem Abend im August 84 wurde Mitarbeitern der französischen Organisation »Ärzte ohne Grenzen« aus Adre (das ist eine größere Stadt in der Nähe der Sudangrenze) ein Mann gebracht mit eingeklemmter Hernie – im Grunde ein Routinefall für Chirurgen in solchen Gegenden. Der Mann war aber in einem erbärmlichen Zustand, denn er war zwei Tage auf einem Kamel gesessen und gewankt, um nach Adre zu kommen. Da es dort aber nur eine Gesundheitsstation gab, brachten die Leute von »Ärzte ohne Grenzen« ihn zu uns. Durch diesen über 50 Stunden dauernden Krankentransport – den man sich in Mitteleuropa nicht mal vorstellen konnte, war die Hernie eingeklemmt. Der kranke Mann kam in allerletzter Minute. Der Darm war perforiert und »die Scheiße schwamm schon«. 20 cm des Darmes mussten herausgeschnitten werden. Nach dreieinhalb Stunden Operation umgeben von Wüste und einer Wüstenzivilisation ohne Wasser, Strom und normaler Hygiene konnte man den Kranken ins Bett legen. Und das medizinische Wunder geschah: Nach vier Wochen wurde er entlassen. Wir hatten ein Krankenhaus übernommen, das 1974 von der EU gebaut worden war. Der erste Arzt (Dr. Reinhard Bunjes, der für den Aufbau dieser Projekte von überragender Bedeutung war) trat hier seinen Dienst als Ausländer im Januar 1983 an. Technisch war in dem Krankenhaus alles zu reparieren, nichts mehr von dem ursprünglichen Hospital war so gepflegt und gewartet, dass man es weiter benutzen konnte. Es wurde 1974 nach völlig überzogenen europäischen Maßstäben hier in die Abeche-Wüste gebaut oder gleichsam aus der Luft abgeworfen. Die EU hat sich dann auch nicht mehr gekümmert. Wir hatten uns wegen der hohen Kosten, die auf uns als Organisation ohne jede Eigenleistung der Tschader Behörden zukamen, sogar entschlossen, bei der EU einen Antrag auf Unterstützung zu stellen. Das wurde nur sehr zögerlich und geradezu nörgelnd gewährt. Durchgekommen ist der Antrag damals nur, weil wir die damalige MdEP und spätere EU-Kommissarin Katharina Focke einschalten konnten.

Auch im Tschad mussten wir immer wieder aufpassen, dass in der bettelarmen Gegend nicht alles aus dem Krankenhaus herausgeholt wurde. Von den 300 gelieferten Matratzen waren ein Jahr später noch gerade 60 da. Was wir damals noch nicht ahnten: Das Bewusstsein von Gemeineigentum scheint an die Sicherheit eines Staates, einer staatlichen Verwaltung, einer Polizei und einer funktionierenden Justiz gebunden zu sein. Fehlen diese vier Faktoren, kann man schwerlich ein Gemeinbesitz-Bewusstsein bei den Halbnomaden und Bauern erwarten.

Wie so oft bei staatlich finanzierten Häusern hatten wir das Problem, dass es 87 Angestellte gab, die auf der Gehaltsliste des Hospitals standen, davon aber nur die Hälfte sich physisch sehen ließ. Und auch von dieser Hälfte war leider nur ungefähr ein Drittel als Arbeitskräfte kalkulierbar. Wir haben damals im Halbjahresrhythmus je einen Chirurgen, zwei weitere Ärzte (davon möglichst immer einen Pädiater), zweimal je drei Krankenschwestern nach Abeche geschickt.

Gekommen waren wir in den Tschad, weil wir uns damals auf eine erlebnisreiche Hilfsaktion der deutschen Bundesregierung einließen. Kurze Zeit nachdem die Unruhen zwischen Goukouni Weddeye, Hissène Habré und dem General Félix Malloum sich ein wenig gegeben hatten und Hissène Habré das Heft in der Hand zu halten schien, waren wir auf dem Wege nach N'Djamena. Selten habe ich in meinem Leben eine quälendere und zugleich komischere Erfahrung gemacht: Wir – der deutsche Diplomat Kurt W. Ziefer und ich – saßen in N'Djamena, der Hauptstadt des Tschad, zusammen in einer Kneipe des Flughafens und schauten immer in die Luft. Es war im August 1983. Wir warteten auf ein Flugzeug, das uns zurück nach Basel fliegen würde. Den Tag kann ich noch rekonstruieren, weil es kurz nach dem Misstrauensvotum gegen den Bundeskanzler Helmut Schmidt gewesen sein muss. Ich erinnere mich, dass uns in Basel beim Herausgehen aus dem Flughafen ein Zollbeamter ganz vorwurfsvoll und sehr schweizerisch sagte: ›Wir Deutschen wüssten ja wohl nicht was wir tun, wenn wir so einen hervorragenden Kanzler gehen oder geradezu fallen ließen‹.

Der Beginn unserer Arbeit im Tschad hängt zusammen mit einer Entscheidung des Auswärtigen Amtes, mit zwei Flugzeugen Büromaterial von Basel nach N'Djamena zu fliegen. Ich wurde von dem damaligen Zuständigen im Auswärtigen Amt Kurt W. Ziefer informiert und gefragt, ob ich mitkommen würde, um dort eventuell ein Projekt mit den deutschen Not-Ärzten zu beginnen, die sich schon in Somalia, in Uganda und im Libanon bewährt hatten. Es gab gerade eine Pause in der Arbeit für die Bootsflüchtlinge, denn wir mussten erst einen ausländischen Partner für ein neues gemeinsames Schiff finden. Die Bedingung – die so genannte Lex Cap Anamur – lautete ja nach der Rückkehr des ersten Schiffes: Es dürfe eine neue Rettungsaktion nur durchgeführt werden, wenn sie »international abgestimmt« wäre.

Deshalb begann die Arbeit im Tschad. Wir haben damals diese erste Situation wahrgenommen, ich bin dort in N'Djamena gewesen. Der Diplomat Ziefer hatte allerdings die Aufgabe, den Fall eines deutschen Arztes und Psychologen wenn nicht aufzuklären, so doch zu erwähnen. Es gab im April des Jahres 1974 eine Entführung des deutschen Arztes Dr. Christoph Staewen, der von der Befreiungsbewegung FAN (= Bewaffnete Kräfte des Nordens; Forces Armees du Nord) des Hissène Habré und seinen Leuten im Tibesti-Gebirge geplant und durchgeführt wurde. Auf dem Höhepunkt der afrikanischen Arbeiten der Entwicklungspolitik hatte die Universität einen Beobachtungsposten im Tibesti eingerichtet und den Arzt Dr. Christoph Staewen dort stationiert.

Bei der Entführung am 21. April 1974 kam es zu einem Handgemenge, es löste sich bei den Befreiungskämpfern ein Schuss, der die Frau von Christoph, Elfriede Staewen tödlich traf. Christoph Staewen kam in Geiselhaft, ähnlich wie später die französische Ethnologin Madame Claustre, die ebenfalls im Tibesti verhaftet und entführt wurde. Es war noch die Zeit, in der die afrikanischen Länder so unglaublich wichtig waren im weltweiten Kampf zwischen – wie Konrad Adenauer sagte – »Freiheit und Sklaverei«, also zwischen Moskau und Washington. Jedenfalls kam es zu einer großen Krise der Beziehungen zwischen Deutschland und dem Tschad, die diplomatischen Beziehungen wurden abgebrochen, weil die deutsche Bundesregierung damals ganz schnell auf die Forderungen der Entführer eingegangen war. Die Deutsche Welle wurde sogar gezwungen, den Aufruf der Befreiungsbewegung von Hissène Habré zu senden und zu publizieren. Gleichzeitig wurde ein Bote des Auswärtigen Amtes mit einem Koffer Geld über Libyen in den Nord-Tschad geschickt, in das völlig unwegsame Tibesti-Gebirge. Jedenfalls kam Dr. Christoph Staewen frei, während die berühmte Ethnologin Madame Claustre mehr als ein ganzes Jahr in Geiselhaft blieb. Für Frankreich war der Tschad natürlich ein Gebiet, das zu der alten kolonialen Ecke West- und Zentralafrikas gehörte, in dem Frankreich etwas zu sagen hatte. Die französische Regierung wollte damals die guten Beziehungen zu dem Regime Tombalbaye nicht gefährden.

Es kam zu einem ersten Gespräch mit dem Präsidenten in dessen Palast in N'Djamena. Hissène Habré machte es Ziefer sehr leicht. Er fragte ihn und mich, als er von der Ankunft der deutschen Minidelegation gehört hatte: »Comment va-t il mon vieux ami le Docteur Staewen?«[3] Er sprach tatsächlich von »meinem alten Freund Dr. Staewen«! Später haben wir von Christoph Staewen, den wir sehr gut

---

3 Übersetzung: Wie geht es meinem alten Freund Dr. Staewen?

kennen lernen sollten, erfahren, dass diese Bezeichnung nicht nur taktisch und opportunistisch war, sondern ein Stück der nachträglichen Bewunderung des Präsidenten für den deutschen Arzt ausdrückte. Besonders gern hatte Staewen sich mit Habré unterhalten über die Zeit, wenn er Präsident werden würde. Er hatte ihm prophezeit, dass er genauso repressiv und diktatorisch regieren würde wie Präsident Tombalbaye, gegen den er gerade jetzt seine Befreiungsattacken gerichtet habe. Das hatte Habré damals mit den stärksten Tönen des Protestes abgelehnt, aber es traf dann leider exakt zu. Habré, um das vorwegzunehmen, wird jetzt in seinem Exil im Senegal mit einer Klage wegen Menschheitsverbrechen, Folter und Unterdrückung politischer Gefangener gesucht. Er könnte der erste afrikanische Staatschef werden, der nach Den Haag zum Internationalen Menschenrechtstribunal ausgeliefert werden wird.

Das Land war eine durch Wüste und Steppe geprägte Unendlichkeit, heiß und schwül, Afrika pur. Kein Vergleich mit Ländern wie Äthiopien oder Ruanda, wo die Temperaturen und Lebensverhältnisse für den Europäer sehr viel leichter und angenehmer waren. Auf 1.284.000 km², einer Fläche, in die die Deutsche Bundesrepublik mehrmals hinein passt, lebten aber nur geschätzt 6,5 Mio. Einwohner. 1960 in die Unabhängigkeit entlassen, wurde es ein ziemlich künstliches Gebilde, das sich aus ehemaligen Königreichen zusammensetzte, die an der Strecke der Salzkarawane aus Richtung Süden, aber auch an der Strecke der Sklavenkarawane nach Norden lagen. Es gab immer mal wieder eine Ahnung, dass es eine nationale Einheit »Tschad« geben könnte, persönlich hatten wir aber eher die Vorstellung, dass sich der Norden nach Libyen orientieren würde, der Osten zum Sudan, der Westen nach Kamerun.

Die deutschen Not-Arzte hatten mit einem Projekt in Abeche, der zweitgrößten Achsenstadt im Osten des Landes, begonnen. Wir wollten uns an die Rehabilitation des großen Zentralhospitals in der Stadt machen. 1984-1988 haben wir dort gearbeitet, aber es eigentlich nicht richtig verstanden, die eigenen Kräfte der medizinischen Versorgung und auch der Kameralistik so zu verstärken, dass sie selbständig in der Lage gewesen wären, das Hospital auf dem besseren Niveau zu halten. Es war doch immer auf die Unterstützung und die Subventionen aus den Ländern und Organisationen Europas angewiesen. Das hing damit zusammen, dass es im Tschad weder eine gute Regierung noch einen Staat gegeben hat. Paul Collier hat uns in seinem eindringlichen Buch über »The Bottom Billion« (deutsch: Die unterste Milliarde) ein Beispiel für die Korruption gegeben: 2004 habe man untersucht, wo die Gelder geblieben waren, die »das Finanzministerium des Tschads Krankenhäusern auf dem Land zugewiesen hatte. Die Untersuchung hatte das bescheidende Ziel herauszufinden, wie viel Geld tatsächlich bei den Krankenhäusern angekommen war«. Erstaunlicherweise – so unterrichtet der Oxforder Ökonom die Öffentlichkeit – kamen weniger als 1 Prozent der Gelder in dem Krankenhaus Abeche an. 99 Prozent versickerten unterwegs.

Wir reden immer von einer guten Regierung, die die Voraussetzung für eine Entwicklungszusammenarbeit sein soll. Manchmal fehlt allerdings schon der Staat in unserem Verständnis. Ich habe das in Abeche immer erlebt: Die Frage an die tschadischen Verantwortlichen, wie hoch das Budget sei, das der Staat für das größte Krankenhaus in einem Gebiet der Größe der ehemaligen DDR ausgäbe, fiel auf taube Ohren. Man wusste das nicht. Man musste sich vor Ort selbst durchschlagen.

Wir haben damals viel in die Infrastruktur des Krankenhauses und der medizinischen Versorgung investiert. Ganz sicher wurde die ärztliche Behandlung schlicht besser, hygienischer, medizinisch professioneller. Was uns damals und bis heute nicht gelungen ist – nicht nur im Tschad – ist die Zusammenarbeit zwischen den lokalen Heilern und Pharmazeuten und den naturwissenschaftlich modern ausgebildeten Ärzten. Das wurde uns damals im Tschad besonders deutlich, weil wir ganze Bücher von den Jesuiten in N'Djamena bekamen, die sich der Kräutermedizin gewidmet hatten. Die Jesuiten hatten Lehrbücher über Pflanzenmedizin herausgegeben.

Wir haben das Krankenhaus bestimmt vier Jahre intensiv betreut. Wir hatten allerdings in Deutschland albtraumartige Schwierigkeiten, immer die richtigen Ärztinnen und Ärzte zu finden. Denn im Tschad musste jemand, der in Abeche arbeiten wollte, unbedingt auch französisch sprechen können. Es ist nun leider eine Tatsache, dass Französisch immer weniger gelernt wird.

Wir haben auch sehr große Fehler gemacht, an die ich mich gut erinnere. Ein Fehler war zum Beispiel der Bau der Toiletten, die richtig markant nach der Fertigstellung im Gelände standen. Aber: Es ging keiner auf diese WCs. Warum? Ich bekam das schnell heraus. »Wenn ihr so blöd seid, und baut die Toiletten in Richtung Mekka, dann dürft ihr euch nicht wundern, dass da keiner raufgeht!« Ein weiterer Fehler war, wir haben von Anfang an nicht klar gemacht, dass wir hier nur auf Zeit sind. Und haben uns auch um die latente Korruption nicht gekümmert. Das Unglück der meisten dieser staatlichen Hospitäler lag darin, dass die Patienten nicht bezahlen mussten. Deshalb war der Finanzdirektor des Hospitals auf andere Einnahmen angewiesen. Er suchte – das ist der leichteste Weg – nach einer Organisation, die die Kosten des Hospitals, des medizinischen Personals, der Medikamente, des medizinischen Equipments usw. bezahlt. Wir hatten uns nicht ausdrücklich klargemacht, dass wir nach drei bis vier Jahren gehen werden und nicht nach anderen Einnahmequellen für das Krankenhaus geschaut.

Das Land hatte seit einiger Zeit nach einem großen Freund in Europa gesucht. Seit 1983 bettelte der Tschad nach einer privilegierten Partnerschaft mit dem neuen Deutschland.

1983 schickte Hissène Habré einen für die Deutschen sehr interessanten Botschafter nach Bonn: Dr. Hissan Kahyar, der Historiker und mit einer Deutschen verheiratet war. Aber man wollte mehr, das ist das alte Lied der Entwicklungspartnerschaft, die von den meisten Ländern Europas mit allen neuen Ländern aufgenommen wurde. Die deutsche Politik war noch grundsätzlicher in diesem Versuch, weil sie im Gefolge der Hallstein-Doktrin mit dem Mittel der Entwicklungshilfe ein eigensüchtiges politisches Ziel verfolgte: Sie musste verhindern, dass einer dieser 50 souveränen Staaten in Afrika die DDR anerkennen würde. Und sie musste bestrafen, wenn es die Staaten wirklich taten. Belohnen musste sie mit Geldern der Entwicklungshilfe, wenn sich ein Land besonders in der Vernachlässigung oder gar der Verachtung der Deutschen Demokratischen Republik auszeichnete. Aber die Bundesrepublik war damals wie später nicht in der Lage, einem Land Afrikas die Wünsche nach einer besonderen Beziehung zu erfüllen. Im Grunde waren sie alle »pays négligeables«[4].

Der Tschad hatte das Unglück, dass auf seinem Boden tatsächlich Erdöl exploriert wurde. Weil aber die Weltbank ahnte, was aus diesem Land werden würde, hatte sie einen Vertrag mit dem Tschad gemacht.

Der Hauptinvestor für die Exploration des Erdöls im Tschad und der Hauptfinanzier für die Tschad-Kamerun-Pipeline, Exxon, hatte die Weltbank gebeten, das Projekt fachkundig und möglichst gewinnbringend für die Bevölkerung des Tschad mitzugestalten. Deshalb wurde ein Gesetz ausgehandelt, das vorsah, den größten Teil der aus dem Erdöl kommenden Einnahmen für die Armutsbekämpfung zu verwenden.

Im Dezember 2005 machte die Regierung Débys im Tschad eine Kehrtwendung um 180 Grad. Sie änderte einseitig das Gesetz. Nunmehr sollte auch Geld aus diesen Milliardeneinnahmen für Waffeneinkäufe verbraucht werden. Die Weltbank wirkte damals erst ganz klar und sicher. Sie fror die Zusammenarbeit und die Auslandskonten ein, wo die Öleinnahmen verwaltet wurden. Das war, wie Experten sagten, eine klare und einwandfreie Entscheidung. Vier Monate später nur gab die Weltbank jedoch nach. Der Grund, der zu dieser Entscheidung führte: Tschads Staatspräsident Idriss Déby drohte damit, die Tschad-Kamerun-Pipeline ganz zu schließen. Die dahinter stehenden geopolitischen Überlegungen sind nachvollziehbar: Immerhin war die Regierung Déby bedroht von den vom Sudan unterstützten Rebellen. Aber die Folgen einer solchen Entscheidung sind dennoch katastrophal. Der Ex-Weltbank Spezialist Robert Calderisi schrieb damals: Direkte Militärhilfe wäre besser gewesen als der Regierung freie Hand über die Verwendung der Öleinnahme zu lassen.

Wir haben uns damals engagiert und einen Agenten im Land gelassen: Peter Benz, der heute Peter Abdouleye heißt. Er war einer

---

4 Übersetzung: zu vernachlässigende Länder.

der sorgfältigsten, pünktlichsten und korrektesten Schweizer, die ich in meinem Leben je erlebt habe. Peter ist in Abeche und im Hospital hängengeblieben. Er hat eine Tschaderin zur Frau genommen. Er hat den Übertritt zum Islam vollzogen und lebt ein glückliches Gott-und-Allah-verbundenes Leben mit mittlerweile drei Kindern.

Christel Neudeck

Im Gespräch mit Elisabeth Franken,
Lehrerin aus Much

Elisabeth, wenn Du von Deinen Erfahrungen in Afrika sprichst, spüre ich Deinen Respekt und Deine Liebe für die Menschen dort. Du hast mich neugierig gemacht auf Dein Leben in Afrika. Wie lange warst Du dort, wo und in welcher Tätigkeit?

Ausgereist bin ich 1964 als Lehrerin nach Dire Dawa in Äthiopien. Dieser Aufenthalt dauerte zwei Jahre. Dort lernte ich meinen späteren Ehemann Paul kennen, mit dem ich ab 1968 für 2½ Jahre in Burkina Faso lebte, wo unsere Tochter geboren wurde. Verantwortlich war ich für die Landfrauen in einem landwirtschaftlichen Zentrum, lehrte Hauswirtschaft im weitesten Sinne. Danach lebten wir 7½ Jahre in Algerien, wo Paul eine Anstellung im Baubereich hatte. Dort kam unser jüngster Sohn auf die Welt. Nach einer Zeit in Deutschland lebten wir vier Jahre in Togo, dort habe ich in der Ecole Professionelle die Damenschneiderei eingeführt.

In Togo waren unsere zwei Söhne dabei, die Tochter wollte in Deutschland bleiben. Der Ältere ging auf ein Gymnasium und wäre am liebsten dort geblieben. Der Jüngere wurde dort eingeschult. 2007 gehörten wir zum ersten Team der Grünhelme in Ruanda.

Wie wurden die Kinder in der Schule in Togo erzogen?

Die Prügelstrafe war ein Teil der Schulerziehung. Ich kannte diese Methode auch von der Berufsschule. Am Morgen nach dem feierlichen Fahnenaufzug und dem Singen der Nationalhymne wurden unter der Fahne die Strafen vollzogen. Es gab täglich Fälle von Missetätern, die sich nicht benommen und die Leistungen nicht erbracht hatten. Sie bekamen ein oder zwei Schläge oder mussten sich in schlimmen Fällen auf eine Bank legen und wurden geschlagen.

Ich hielt das nicht aus und konnte dafür sorgen, dass die Mädchen nicht geschlagen wurden. Schon die Vorstellung, dass die jungen Mädchen vor den jungen Männern, die zum Teil schon Väter waren, geschlagen wurden, fand ich unmöglich. Aber die Prügelstrafe generell konnte ich nicht abschaffen. Ich ging bis zum Ministerium und der Minister sagte mir: Bei uns ist das so. Wir wollen nicht solche Menschen wie ihr sie in Europa habt, unsere sollen wissen, wo es langgeht, Respekt haben. Unsere Söhne wurden nicht geschlagen, weil wir das nicht akzeptierten. Sie mussten dann dem Direktor die Kartoffeln ausmachen, Tische tragen. Sie empfanden die Schläge als große Ungerechtigkeit, weil es ja auch darum ging, dass jemand sein Heft vergessen oder ein kleiner Bruder ins Heft gekritzelt hatte.

Du hast zwei Kinder in Afrika geboren. Wie war das für Dich?

Beim ersten Kind musste ich zwei Monate vor der Geburt 360 km weit mit einem Lastwagen über eine Huckelpiste nach Niamey in den Niger fahren, wo europäische Ärzte waren. Ich war allein und fand das schon beängstigend. Nach der Geburt habe ich Telegramme verschickt, Paul hat seines bis heute nicht bekommen. Er kam einige Tage nach der Geburt aus Burkina an und wusste nicht, dass er schon Vater war. Als ich wegen des Alleinseins einmal heulte, kam eine weiße Schwester herein und glaubte, ich hätte keinen Mann. Sie hielt mir eine Predigt, man müsse sich eben benehmen und vorher überlegen, was man tue. Zu der Zeit flog man wegen einer Geburt nicht nach Deutschland zurück.

Wegen einer plötzlich auftretenden Fehlgeburt war ich in einer afrikanischen Klinik in Niamey. Da waren die hygienischen Verhältnisse ganz anders. Auch hatte ich niemanden, der für mich kochte, was ja dort üblich ist. Auf meinem Zimmer lag eine Sozialarbeiterin, die mich versorgte. Ihre Verwandten schauten, weil ich kein Kind hatte. Ich bekam auch mit, dass die afrikanischen Frauen nicht begleitet wurden. Wenn das Kind wie gewünscht ist, ist die Freude groß, sonst ist die Frau allein.

Wie ist die Beziehung zwischen Männern und Frauen? Ist Kinderlosigkeit ein Problem? Wie steht es mit der Treue zwischen den Partnern? Gibt es unverheiratete Frauen?

Das sind schwierige Fragen, es ist unterschiedlich. Das schlimmste Erlebnis hatte ich in Togo. Es handelte sich um die Schwägerin des Bischofs, um eine gebildete Frau. Sie drang wegen der Kinderlosigkeit auf eine Untersuchung des Mannes, aber das kam nicht in Frage, obwohl bei ihr medizinisch nichts festgestellt wurde. Er besuchte sie und ich spürte diese Autorität, diese Kälte. Sie hat sich von ihm getrennt und es stellte sich heraus, dass es an ihm lag. Dieses Nichtzugeben können, die Frau als nicht vollwertig hinstellen, das war schlimm. Oft habe ich beobachtet, dass sich auch die Frau für total wertlos hält, wenn sie kinderlos ist.

Eine ganz unverheiratete Frau fällt mir nicht ein. Es gibt Frauen, die verheiratet waren und sich trennten und für sich und ihr Kind selbst sorgen können.

War die Frage der Beschneidung tabu?

Die war total tabu. Ich war Jahre später sehr erstaunt als ich erfuhr, dass es keine Frage des Islam oder des Christentums ist. Das geht bis zu den Pharaonen zurück. In Dire Dawa habe ich erlebt, dass eine ganz junge Frau starb, weil sie nicht gebären konnte, alles war zugenäht und verkrustet. Damals war ich der Meinung, nur die nomadischen Somalinnen seien beschnitten. Viel später kam ich darauf, dass auch die koptischen Frauen es waren. Damals sprach niemand darüber, auch nicht in Togo. Ich denke, das hat sich geändert. Aber nur die afrikanischen Frauen selbst können das ändern. Sie müssen den Mut haben, die Töchter trotz des gesellschaftlichen Drucks unbeschnitten zu lassen.

Wie ist das Verhältnis zum Glauben? Sind die Geister gegenwärtig? Versteht ein Afrikaner, dass man Atheist sein kann?

Über Religion spricht man öffentlich eigentlich auch nicht. In Togo wurden wir zu allen Feiern eingeladen, aber nicht zu den sehr wichtigen Totenfeiern. Die Geister sind eng verknüpft mit den Verstorbenen. Sie sind da, man hat Respekt vor ihnen. Sie haben Gesten, den ersten Schluck spuckt man für die Verstorbenen auf den Boden. Angst habe ich nicht beobachtet. Als wir in Togo einen Staudamm bauten, gab es einen heiligen Baum, in dem sich die Geister aufhielten. Es musste eine Zeremonie abgehalten werden, damit sie umziehen. Für die Animisten sind die Geister in der Natur, in den Bäumen. Ein lustiges Beispiel haben wir mit der Bekehrung unseres Hausboys erlebt. Eines Morgens sagte er mir, er sei Animist und überlege zum Islam oder zum Christentum überzutreten. Beim Islam könne er mehrere Frauen haben, das sei so eine Geschichte, weil die so laut streiten würden. Als Christ könne er trinken soviel er wolle, aber nur eine Frau haben. Dann hat er sich mit der Begründung für den Islam entschieden, dass man viel mehr Lärm und dümmere Sachen machen würde, wenn man besoffen sei. Manchmal haben wir Bewerbungen bekommen, in denen stand: Ich bin im Moment evangelisch, würde auch katholisch werden.

Warum verschulden sich viele Familien für die Beerdigungsfeier? Ist das ein Gruppenzwang?

Unsere Angestellte erzählte mir einmal, dass ihr Schwiegervater im Hospital sei und Geld fehle. Dann sagte sie mir, jetzt rüsten sie schon für dieses Fest und geben das Geld aus, was er jetzt noch zum Leben brauchen würde. Das sagte mir die Afrikanerin, eine junge Frau, die kein gutes Leben hatte. Sie mochte ihren Schwiegervater, der sie wohl auch schützte. Man spricht über den Tod, feiert das auch. Es ist schwer, hinter die Gründe zu kommen.

Wird von dem in der Großfamilie, der Geld verdient, erwartet, dass er die Arbeitslosen ernährt?

Das ist das Schwierige bei den Afrikanern. Es heißt immer: Mon frère. Es hat sich darüber niemand beklagt. Man steigert so auch sein Ansehen. Man bezahlt für einen Neffen das Studium, der wiederum muss es nach erfolgreichem Studium für andere zahlen. So ist die Tradition, das ist man der Familie schuldig.

Warum ist die Entwicklungshilfe so erfolglos? Ist vielleicht ein Grund, dass wir glauben zu wissen, was sie brauchen und sie brauchen es überhaupt nicht? Übertragen wir unsere Bedürfnisse?

Das habe ich mich auch immer gefragt. Als ich jetzt nach Ruanda kam und sah, dass die Frauen mit ihren rot entzündeten Augen immer noch vor dem Rauch hockten, hat mir das schon einen Stich gegeben. Es wird ja nicht nur wertvolles Holz verbrannt, sondern es ist seit langem erwiesen, dass viele Augenkrankheiten bis zur Blindheit hierdurch begründet sind. Wir hatten so herrliche Projekte, waren so begeistert. Wir merken einfach nicht, ob das ankommt oder nicht. Es müsste von den Frauen selbst kommen, die sagen, wir setzen uns nicht mehr vor den Rauch, wir wollen eine Lösung, wir streiken. Das Bewusstsein muss verändert werden.

Einer Frau aus Togo haben wir eine Form aus Ton geschenkt, in die sie die Töpfe geben konnte. Sie sagte, ich habe dank dieser Form weniger Geld für Holz ausgegeben, das hat sie überzeugt. Sie hat hingeschaut.

Mit den Wasserfiltern war es auch so. Oft haben sie es eine Zeit lang gemacht. Ich habe dann gemerkt, sie machen es mir zuliebe, sie wollen mir eine Freude machen. Sie müssen verstehen, warum das Wasser sauber sein muss. Oft geht es nur darum eine Wasserstelle einzufassen, um kleine Dinge, die für uns selbstverständlich sind. Es geht um das feste Wollen etwas zu verändern und um das Begreifen der Zusammenhänge. In Burkina habe ich mit den Landfrauen gekocht und gearbeitet. Viele Kinder sterben bei dem Übergang vom Stillen zur festen Nahrung an Durchfall. Es gibt soviel Traditionelles. Mit der Zeit habe ich gelernt, dass wir viele Dinge nicht wissen und deshalb darüber hinweggehen. Sie sind ja so nett und freundlich, sie widersprechen nicht. Sie denken sich, was wir da wieder für Dinge machen und lachen.

Wie ist das Verhältnis »der Afrikaner« zu Zahlen und zu der Zeit? Du hast aus Ruanda Beispiele von 2007 berichtet, das hat mich überrascht.

Bei Zahlen muss es etwas zum Anfassen und zum Sehen geben: groß, klein, schwer. Wir hier leben ganz schnell in den Zahlen, ein Kleinkind beginnt schon zu zählen. Wenn ich auf dem Markt in Kigali der Verkäuferin sagte, ich brauche den ganzen Sack Kartoffeln, dann legte sie kleine Häufchen, um sichtbar zu machen, wie viel das ist. Sie sagt nicht, weil Du soviel willst, bekommst Du es preiswerter, nein, ich kann mir soviel leisten, dann soll ich es auch bezahlen. Wenn ich eine große Flasche im Gegensatz zu zwei kleinen ansehe, ist die große Flasche mehr. Eine große Packung Tee war teurer als drei kleine Packungen. Das hat mit dem Sehen, dem Greifen im Sinne von Be-greifen zu tun. Das Abstrakte hat keine Bilder, das können sie sich nicht vorstellen.

Und die Zeit, die hat man. In erster Linie lebt man, Gott sei Dank. Und das ist schön. Was zu tun ist, tut man. Ich muss dahin, das Ziel steht fest, ich werde das schon schaffen. Das Tun wird nicht eingeschränkt in eine Zeitspanne. Oft habe ich gespürt: Hauptsache, ich lebe! Man weiß ja nie, wie lange es einem so gut geht. Man lebt, dafür ist man dankbar.

Lachen Afrikaner lieber als Europäer?

Im Grunde sind sie freundliche und liebenswerte Menschen. Ob ihnen immer zum Lachen zumute ist? Aber sie muten dem anderen das griesgrämige Gesicht nicht zu. Das habe ich auch oft bei den Schülern erlebt. Es ist eine andere Art der Begegnung als bei uns. In erster Linie geht es um den anderen, der nicht merken soll, dass man nicht auf der Höhe ist. Die Begegnung soll fröhlich sein.

Wie ist es mit der Autorität? Darf man den Chef kritisieren? Geht man davon aus, dass er es gut machen wird?

Wenn z. B. der Direktor der Schule in Togo etwas sagte, dann war das eben so. Sie waren damit nicht einverstanden, aber man widerspricht nicht. Sie haben es nur nach außen akzeptiert. In den Familien hat, glaube ich, der Chef das Sagen. Man arrangiert sich, aber an der Autorität halten sie fest. Sie haben das Gefühl, dass uns das in Europa fehlt und wir deshalb Probleme mit Jugendlichen haben. Ich hatte es da gut, ich war mit knapp 50 Jahren eine alte Frau, vor der man Respekt hatte. Da konnte ich mir einiges erlauben. Das war entscheidend, nicht meine weiße Hautfarbe. Wenn ich da war, wurden die Mädchen nicht geschlagen. Wenn ich nach Lome fuhr, hat der Direktor das ausgenutzt. Als ich das erfuhr, habe ich es umgehend diskutiert.

Wie ist das Gemeinwohl im Verhältnis zur Familie zu werten? Warum tut man z. B. nichts für das Krankenhaus, was doch jeder braucht?

Da muss man differenzieren. In Togo war die Großfamilie ein Gemeinwesen für sich. In Äthiopien bei den Kopten war es die Familie mit einer Frau, auch in Ruanda. In Togo gab es Privatschulen, die Krankenhäuser waren staatlich. Ich habe immer wieder erlebt, dass Leute abgewiesen wurden, weil sie das Geld für die Behandlung nicht aufbringen konnten. Dann mussten sie mit dem Todkranken auf der Bahre wieder gehen. Da ist nicht das Bewusstsein wie bei uns: Das steht mir zu. Es gibt eine Schulpflicht, aber niemand schaut genau, ob alle zur Schule gehen. Sie brauchen eine Uniform, Schulgeld, Hefte, das übersteigt oft das Budget der Familie. Sie haben kaum Bargeld. Was sie zum Leben brauchen, wird auf den Feldern, mit den Tieren erarbeitet. Nur wenige haben eine Anstellung.

Wie steht es mit der Korruption? Dauernd muss man etwas bezahlen. Wenn man im Zusammenhang mit der Entwicklungshilfe über Afrika nachdenkt, fällt einem sehr viel Negatives ein, auch im Verhältnis zu Asien. Dennoch seid Ihr beide nicht die einzigen, die von Afrika immer wieder begeistert sind. Ich treffe immer wieder Leute die sagen: Es ist alles ganz furchtbar in Afrika, aber es ist faszinierend. Was ist das, nur ein Gefühl?

Ich habe mich unglaublich wohl gefühlt, als ich jetzt wieder in Äthiopien war. Es stimmt ja nicht, dass sich nichts entwickelt hat. Die kleine Schule, in der ich gearbeitet habe, hatte 300 bis 400 Schüler, heute sind es über 1.000, sie haben ein tolles neues Schulgebäude, alles funktioniert, diese Disziplin, unglaublich. Was fasziniert uns so? Vielleicht gerade die Tatsache, dass sich nicht alles so verfestigt hat, es ist offen. Ich bin auch gespannt, wohin es sich entwickelt. Die Kolonisation liegt ja immer weiter zurück, vielleicht wurde diese Zeit gebraucht, um für die Afrikaner dieses Bewusstsein wachsen zu lassen, wer sie wirklich sind, unabhängig von allem, was man ihnen angehängt hat. Dieses Gefühl zu finden: Wer sind wir und was brauchen wir? Wie wollen wir leben und das gestalten? Wir kennen auch bekannte Afrikaner, die sagen: Unsere Zeit kommt. Die Menschheit hat in Afrika begonnen. Es kann nicht sein, dass das alles so elendig bleibt. Eure Zeit habt ihr jetzt und habt sie dann gehabt, unsere Zeit kommt.

Das hoffe ich, das wünsche ich ihnen.

Rupert Neudeck

Äthiopien –»Dass ich mir nicht erlauben wollte, ein Sklave zu sein« (1985)

Als ich Jahre später, fast ein ganzes Jahrzehnt später den damaligen Premierminister am 11. 07. 1995 im Palast der Regierung fragte: »Herr Präsident, Sie waren einmal ein Rebell, ein Freedom Fighter, ein Guerillero. Was bedeutete für Sie das Rebellendasein in der Zeit des Befreiungskampfes?«, da antwortete er mir stolz: »Der Rebell, das war für mich, dass ich mir nicht erlauben wollte, ein Sklave zu sein.« Und er wiederholte im nächsten Satz den gleichen Gedanken: »Das bedeutete für mich die Weigerung, ein Sklave zu sein.«

Wenn ich aber jetzt noch mal zehn Jahre später zurückschaue, so sind alle revolutionären Blütenträume nicht in Erfüllung gegangen. Dennoch haben wir mit diesem Land so viel Herzblut als Deutsche und Europäer vergossen, wie kaum mit einem anderen in Afrika. Wenn wir unsere Mitbürger fragen würden, welches Land ihnen innerhalb der großen vielgestaltigen Landmasse unter 50 Staaten bekannt ist, wäre die Antwort eindeutig: Äthiopien oder früher Abessinien.

Die Bewegung, die in den 80er-Jahren entstand, und die vielleicht sogar zu so etwas geführt hat wie zu einem verantwortlichen Afrika-Bewusstsein, bildete sich durch den Ausbruch der ersten über das Fernsehen bekannt gewordenen Hunger- und Dürrekatastrophe in einem Land Afrikas. Es ist ganz wichtig, sich klar zu machen, wie groß der Unterschied zwischen einer Hungerkatastrophe mit dem Fernsehmedium und den vielen in der Vergangenheit ohne TV, ohne Bildmedium gewesen ist. Zum ersten Mal in der Menschheitsgeschichte waren es die über Millionen Zuschauer gehenden Emotionen, die sich als ein uneingeschränkt gutes Gefühl über die deutschen Lande ausbreitete. Es kam noch erschwerend hinzu, dass wir in der Bundesrepublik Deutschland damals noch kein Privatfernsehen hatten und deshalb die Wucht der Bilder noch totaler war, als wir uns das heute bei einem Angebot von mehr als 100 Programmen überhaupt noch vorstellen können.

Ganz wichtige, große, Politik belehrende Inhalte und Aufklärungsprozesse sind in einem Großteil der Bevölkerung möglich geworden durch das Gebührenfernsehen, das vergemeinschaftet war, also nicht mehr dem Staat und nicht dem Kommerz gehörte, sondern im Gemeinbesitz, sozialisiert war. Dieses dem Publikum wieder zu nehmen wäre an den Vorgang einer Enteignung herangekommen.

Christel und ich haben damals auch Herzblut vergossen, weil wir die allerbesten Mitarbeiter nach Äthiopien geschickt hatten, junge Menschen, oft übrigens ganz starke Frauen, die sich durch nichts in ihrem Engagement für diese Menschen aufhalten ließen. Ganz am Anfang waren wir auch noch bewegt und bis in die innersten Herzwurzeln und Seelenfalten von einer total unschuldigen Dürrekatastrophe überzeugt, also einer Hungerkatastrophe, die Millionen Menschen hinwegraffen würde. Gerade weil es diese ganz unschuldige Naturkatastrophe zu sein schien, war die Wucht unserer Forderungen ungebremst: mehr Geld, mehr Helfer, weniger Waffen und Sprengstoff.

In der geradezu historisch gewordenen Fernsehsendung vom 12.07.1983, die ganz gewiss die Hälfte der westdeutschen und vielleicht mehr als die Hälfte der ostdeutschen DDR-Bürger damals gesehen haben, hat Franz Alt auf die Blasphemie hingewiesen, die »Gotteslästerung«, die darin besteht, dass wir – das heißt die Menschen während der 45 Minuten der Südwestfunk Sendung »Report Baden Baden« – weltweit 150 Mio. DM für Rüstung ausgeben und dass in eben diesen 45 Minuten 1200 Kinder sterben werden. »Das ist wohl die größte Sünde am Wettrüsten«, sagte Franz Alt, einer der größten und wirksamsten Fernsehmacher der Nachkriegsgeschichte in Deutschland. Ein Fernsehmann und Journalist, der sich nicht scheute, das unterscheidend Spezifische des neuen Mediums, die Emotionalisierung mit Hilfe von laufenden Bildern ganz bewusst und ganz verantwortlich einzusetzen.

Aber es war auch Aufklärung pur, die damals einsetzte. Franz Alt sagte es bei seiner Moderation – und er bewegte damit Millionen von Menschen: »Nicht nur Krieg, auch Rüstung tötet. Es gibt heute pro Kopf der Weltbevölkerung mindestens 20 Tonnen Sprengstoff,

20 Tonnen Sprengstoff für jeden von uns. Das ist mehr Sprengstoff als Nahrungsmittel pro Kopf der Weltbevölkerung.«

Am Schluss eines bis in die Haarwurzeln bewegenden Filmberichtes seiner Reporterin Hannelore Gadatsch sagte Franz Alt: »Wahrscheinlich hätten sich viele von uns Zuschauern während dieses Films vorstellen wollen, was eine Mutter fühlen muss, wenn sie ihr sterbendes Baby an ihre ausgetrocknete Brust drückt. Es gibt Bilder, die vergisst man sein Leben lang wohl nicht«.

Doch war auch ein kleiner Wermutstropfen an politischer Aufklärung mit in diesen unglaublich bewegenden Film über eine ganze Armee von Hungerflüchtlingen aus den Bergen von Tigray mit eingebaut. Franz Alt gab nämlich am Schluss das bekannt, worauf die Hilfsorganisationen immer wieder bauen: die Kontonummern. Vier Organisationen nannte er, darunter auch die des Komitees Cap Anamur. Und er meinte erwähnen zu müssen: Das seien vier Hilfsorganisationen, welche die Verteilung der Hilfsgüter vor Ort überwachen, so dass gewährleistet sei, dass die Spenden nicht beim äthiopischen Militär landen, sondern wirklich den Hungernden und Verhungernden zugute kommen. Das war eine kleine Andeutung, wie schwer es die humanitäre- und Entwicklungspolitik in den folgenden dreißig Jahren gehabt hat, von solchen Vermutungen wegzukommen.

Wir waren damals so begeistert, weil es eine geballte Menschheitsaktion zu sein schien. Das Sterben von hunderttausenden Menschen vereinte sogar Ost und West. Es gab damals tatsächlich eine gemeinsame westdeutsche-ostdeutsche Hilfsaktion mit Militärflugzeugen, die beide auf dem gleichen Flughafen in Dire Dawa stationiert wurden.

Lange war uns nicht bewusst, vielleicht bis heute nicht ganz, dass natürlich die Hilfe nicht wie ein Abonnement aussehen darf. Die Regierungen müssen anfangen, für ihre Bevölkerung so zu arbeiten, wie das die Hilfsorganisationen vormachen. Sie müssen nach Ende der Katastrophe Nahrungsreserven anlegen, sie müssen Wasserdämme bauen lassen, ein gutes Vermarktungssystem für die Kleinbauern einführen. Die Regierungen dürfen für sich selbst und ihre Armee nicht alles zurückhalten und zum Beispiel in Äthiopien 1984 eine große Siegesfeier für den Sturz des Kaisers geben und dazu eine ganze Schiffsladung mit Whisky und sonstigen leckeren Luxussachen einkaufen.

Als uns der bewegende Brief der Krankenschwester Maria Altstidl aus Lalibela erreichte, kamen uns die Tränen. Sie schrieb uns, die wir in Deutschland im Trockenen saßen und uns bisher um die Quantität von Nahrungsmitteln, die nach Äthiopien über das WFP und andere UN-Töchter hineinkamen, nicht kümmern mussten, dass es jetzt erkennbar wäre: Es gibt dort noch immer nicht genügend Nahrungsmittel. Maria Altstidl war so völlig verzweifelt, weil sie wegen der Knappheit der Nahrungsmittel für das Zusatzernährungsprogramm unter den Kindern diejenigen aussuchen musste, die sichtbar noch eine Lebenschance hatten. Sie bat uns in diesem handgeschriebenen Brief darum, doch auch noch mal zu überlegen, ob wir als Komitee Deutsche Not-Ärzte nicht selbst Nahrungsmittel besorgen und nach Assab oder nach Djibuti oder nach Massawa schicken könnten, damit das Verhungern vor ihren Augen aufhöre. Ob nicht auch Militärflugzeuge eingesetzt werden könnten, um schneller Nahrungsmittel zu bringen.

Wir wollten den Brief unserem besten Freund und Berater Heinrich Böll geben, um zu fragen: Was können/sollen wir tun? Ich fuhr nach Bornheim Merten in seine Wohnung und zeigte ihm den Brief. Böll war erschüttert. Und ich hatte gleichzeitig den Auftrag, ihn zu fragen, ob er morgen bei seinem Interviewtermin mit Heribert Schwan beim Deutschlandfunk etwas darüber sagen könnte. Er stimmte zu. Es wurde eines der spannendsten und eindringlichsten Interviews im Radio, die das Publikum je gehört hatte. Böll wurde gefragt, ob man denn auch Militärflugzeuge dafür einsetzen könne, wenn es keine andere schnelle Lösung gäbe.

Er sagte:»Wenn man solche Flugzeuge in Bereitschaft vom Militär zur Verfügung hat, muss man diese natürlich benutzen, um das Sterben und Verhungern zu verhindern. Alles andere wäre Blasphemie.«

Heribert Schwan:»Was ist Blasphemie?«

Heinrich Böll:»Blasphemie ist Gotteslästerung.«

Solch ein Dialog war damals im Radio möglich. Aber wir haben danach gemerkt, wie aus politischen Motiven dieser Hunger in Kauf genommen wurde. Es war damals die Hochzeit der Auseinandersetzung zwischen Westen und Osten, zwischen Moskau und Washington. Und es kämpften das von Moskau unterstützte wissenschaftlich-sozialistische Regime des Mengistu Haile Mariam gegen die Befreiungsbewegungen im Norden, die EPLF und die TPLF, also die Eritrean People's Liberation Front, und die Tigray People's Liberation Front. Ursprünglich waren auch das vom Osten, von China oder Moskau unterstützte militärische Bewegungen, mit denen wir in Lalibela in Kontakt kamen. 1985 wurden drei Mitglieder unseres Helferteams, die zufällig alle Frauen waren, von der Befreiungsbewegung, der TPLF, gekidnappt. Das heißt, das war eigentlich ein hässliches Wort, das mit der Realität vor Ort wenig zu tun hatte. Die Helferinnen fühlten sich überhaupt nicht in Gefangenschaft. Im Gegenteil, sie wurden gleich von den sehr engagierten und um das Wohl der Bevölkerung besorgten Kämpfern für die medizinische Betreuung der verwundeten äthiopischen Soldaten eingeteilt. Sie wurden gar nicht bedroht oder auch nur bei der Ausübung ihres Berufes behindert.

In Deutschland tobte natürlich die offizielle Berichterstattung, die eher auf Seiten der Regierung stand, als auf der der Befreiungsorganisationen. Die Bundesregierung wurde heftig aufgefordert, alles zu tun, damit die drei Deutschen aus den Händen der Befreiungskräfte wieder entlassen würden. Aber sie fühlten sich nicht in Geiselhaft. Sie baten uns über eine Kassiber-Nachricht, nicht mit zu viel Nachdruck ihre Freilassung zu fordern, weil sie das Gefühl hätten, sie könnten mehr auf dieser Seite der Front tun als auf der Regierungsseite.

Ich war damals gerade unterwegs, kam über Frankfurt und war auf dem Weiterflug nach Kopenhagen. Da rief mich Christel an und erzählte mir die Hauptnachricht. Unsere drei wären in Geiselhaft bei der misstrauisch beäugten Befreiungsfront. Aber Christel hatte auch schon von unserem Team mitbekommen, dass die gar nicht freigekämpft werden wollten, weil sie sich unter dem Dach der TPLF sehr gut fühlten und gut für die Bevölkerung arbeiten konnten.

Die drei Mitarbeiterinnen Dr. Veronika Diez, Gitta Vogel und Maria Altstidl haben dann ihren Entschluss wahrgemacht: Sie sind etwas später auf die ›andere Seite‹ gezogen. Auf die Seite der Befreiungsbewegung, der Tigray Liberation Front. Das war ein mühseliger Weg, der in der Hauptstadt des Sudan, Khartoum begann, wo die beiden großen Befreiungsbewegungen ihre Stützpunkte mit Genehmigung der dortigen Regierung haben durften. Sie zogen dann bei Kassala über die Grenze, kamen durch ein Gebiet der damals noch befreundeten Eriträischen Volksbefreiungs-Front und zogen bis nach Axum, wo wir den Leuten von dem Humanitären Zweig der militärischen Front versprochen hatten, das Krankenhaus zu rehabilitieren und dort zu arbeiten. Man muss sich das immer vorstellen, weil das heute ganz schwer fällt, wo man überall auf der Welt die Möglichkeit von Kommunikation hat, entweder über ein Satellitentelefon oder über einen Laptop-Computer. Damals schickten wir diese unsere Mediziner los mit der klaren Maßgabe, dass wir vier Monate nichts von ihnen hören würden. Die drei haben das damals mit einem ungeheuren Mut durchgestanden. Unvergesslich, wie sie uns später erzählten, dass ihnen an einem Tag das ganze Geld durch einen plötzlichen Regenguss nass wurde. Es waren Birr, also die äthiopische Währung, die für uns von einem Eriträer in Djedda getauscht wurde. Sie haben dann am nächsten Morgen diese Scheine alle auf einem Hügel bei Sonne und Windstille getrocknet.

Später erzählte mir Abdi Zenon, der dann Minister wurde, nachdem Mengistu nach dem Mauerfall gestürzt wurde, weshalb unsere Teams und Mediziner in Axum so beliebt waren. Sie hatten kein Auto, im Unterschied zu anderen Hilfsorganisationen. Damit waren sie der Bevölkerung ganz nah, denn die hatte auch kein Auto. Als mir der Abdi Zenon das erzählte, spürte ich, wie glücklich ich war. Das hatten wir ja immer erreichen wollen. Das die uns anvertrauten Einheimischen uns auch im Wohlstand und Benehmen und der Art, wie wir uns bewegten, nah waren.

Im Gespräch mit Edith Fischnaller, Ärztin aus Bonn

Edith, wir kennen uns seit gut 20 Jahren. In dieser langen Zeit habe ich nie erlebt, dass Deine Energie und Tatkraft nachließ. In nicht wenigen Situationen hast Du nicht Leichtsinn, wohl aber Mut bewiesen. Heute möchte ich besser verstehen, woher Deine Kraft und der unbedingte Wille kommen, Dinge positiv zu verändern. Wo wurdest Du in welche Familie geboren?

Ich wurde in Brixen (Italien/Südtirol) als drittes von vier Kindern geboren.

Hast Du Dich als Tirolerin in Deutschland manchmal als Außenseiterin gefühlt und musstest Du Dich als Kind durchsetzen?

Ich hatte in meiner weiterführenden Schule große Probleme als Gastarbeiterkind und wurde von den meisten Mitschülern deswegen gemobbt. Erst in der 9./10. Klasse wurde es besser.

Du wurdest Krankenschwester. Woher kam Dein Wunsch, in der so genannten 3. Welt zu arbeiten und Dich beim Komitee Cap Anamur zu bewerben?

Ich hatte schon immer den Wunsch in Entwicklungsländern für die Ärmsten der Armen zu arbeiten. Ursprünglich wollte ich Medizin oder Theologie studieren. Aber meine hart arbeitenden Eltern sahen keinen Sinn in einem langen Studium. Da ich kein Abitur hatte, wurde ich Krankenschwester. Zunächst arbeitete ich im Bundeswehrkrankenhaus Ulm auf der Neurologie und der Psychiatrie. Ich habe mich sehr für die Arbeit und die Verhältnisse in den Entwicklungsländern interessiert. Nachdem ich das Buch von Winnie Mandela »Ein Stück meiner Seele ging mit ihm« gelesen hatte, wusste ich, dass ich in Südafrika arbeiten wollte. Also recherchierte ich, wer dort tätig war, um der damaligen Apartheitsregierung etwas entgegenzusetzen. Die geplante Zusatzausbildung als Fachschwester für Psychiatrie wollte ich später nachholen. Leider brauchte das Komitee Cap Anamur/Deutsche Not-Ärzte e.V. keine Krankenschwester in ihrem Projekt dort, sondern eine in Uganda. So kam es, dass mein erster Einsatz in Uganda stattfand.

In welchen Ländern hast Du wann gearbeitet?

Im Frühjahr 1987 fand ich mich mit drei anderen Ausreisenden auf dem Flughafen in Frankfurt ein und arbeitete in der Folge sieben Monate in Uganda. Zurück in Deutschland, wollte ich meine Arbeit wieder aufnehmen. Mit einer Freundin hatte ich gemeinsam eine Wohnung gemietet. Nach kurzer Zeit jedoch wollte ich zurück nach Uganda, um mit den dort gewonnenen Freunden das medizinische Projekt in Yumbe weiter zu führen. Da Cap Anamur eine Krankenschwester für Afghanistan suchte, fand ich mich nach einigem Zögern bereit, 1988 dort tätig zu werden. Nach drei Monaten mussten wir fliehen, weil die Lage zu gefährlich war. Kurz danach ging ich nach einem Portugiesisch-Kurs bei der Stiftung für Internationale Entwicklung in Bad Honnef für zwei Jahre nach Mosambik, dann für weitere sechs Monate in den Südsudan. Ich hatte nun beschlossen, Medizin zu studieren, also besuchte ich zwei Jahre lang eine Ganztagsschule, um zunächst das Abitur nachzuholen. In den Sommerferien arbeitete ich in Äthiopien. Nach meiner Abiturprüfung arbeitete ich zwei Jahre in Angola. Das war mein vorerst letzter längerer Einsatz. Während des Studiums war ich kurzfristig wegen einer Überschwemmungskatastrophe in Mosambik.

Kannst Du etwas über das Projekt in Uganda sagen? Wie siehst Du diese Zeit im Nachhinein?

Als ich nach Uganda kam, waren schon sehr viele Mitarbeiter dort, die lange in Afrika, auch in Uganda gearbeitet hatten. Die ganz schlimme Zeit war damals vorbei. Zu Beginn war ich damit beschäftigt, die Sprache so weit zu erlernen, dass ich mich verständigen konnte. Wir waren ein sehr gutes und meist harmonisches Team, was die Arbeit wesentlich erleichterte. Wir betreuen ein großes Krankenhaus und halfen bei der Rückkehr der Flüchtlinge aus dem Südsudan, die oft mit der gefürchteten Schlafkrankheit zurück nach Uganda kamen. Das Krankenhaus hatte alle Abteilungen, es gab sehr viele unterernährte Kinder, wir haben viele Nächte lang operiert, ohne uns wäre keine Hilfe in dieser Region möglich gewesen. Die Gefahrenlage hielten wir für annehmbar. Man wusste, dass eine Fahrt in die Hauptstadt Kampala gefährlich war, die Polizei war noch nervös, das Militär ziemlich schwierig, man hatte Verletzte, Tote; aber wir empfanden die Situation als für uns nicht gefährlich. Das Elend in Mosambik war wesentlich größer.

In Mosambik hast Du in einer Zeit gearbeitet, als die RENAMO[5] brutal aktiv war. Wie konntet ihr da arbeiten? Wie habt ihr die Rebellen wahrgenommen? Woher wusstet ihr, wann ihr gehen oder bleiben konntet?

Wir hatten ein 100-Betten-Krankenhaus mit vielen ambulanten Patienten. Außerdem versorgten wir zwei Flüchtlingslager und übernahmen die Verantwortung für viele Waisenkinder. Arbeiten konnten wir, weil es so viele Kranke, Verletzte und Unterernährte gab, vor allem Kinder, so dass es gar nicht in Frage kam, nicht zu arbeiten. Wir hatten einen sehr guten medizinischen Assistenten. Den Arzt stellten wir, war keiner da, dann mussten wir ohne auskommen. Man nimmt sich selbst in solchen Zeiten nicht wichtig. Jedes einzelne gerettete Menschenleben oder jedes Kind, das wir wieder in eine Familie geben konnten, waren Motivation genug.

Die Rebellen habe ich in sehr schlechter Erinnerung. Sie wurden ja auch in Mosambik »Bandidos armados« genannt. Sie haben wirklich gemordet und entführt, wie ich es nie erlebt habe. In vielen Ländern konnte ich nicht genau sagen, wer gut oder wer böse war; aber in diesem Fall waren das die Bösen. Wir flogen einmal kurz in

---

5 RENAMO ist die Abkürzung für Resistência Nacional Moçambicana, portugiesisch für Nationaler Widerstand Mosambik.

ein Rebellengebiet, um dort zu sehen, ob wir in den Flüchtlingslagern, die keinerlei Unterstützung hatten, etwas tun konnten. Wir hätten nicht wieder zurückfliegen sollen, waren aber der Meinung, wir müssten zunächst einmal Lebensmittel und Material organisieren. Vor unserem nächsten Besuch wurde das Lager von der REN-AMO überfallen und die Menschen sind zu Fuß nach Marromeu geflohen. Es gab da eine Bahnlinie, an der sie sich orientiert haben. Es sind sehr viele beim Überfall und noch viel mehr auf der Flucht gestorben. Die Soldaten der Regierung haben so weit es ihnen möglich war versucht, die Leute zu retten, und wir haben Flüchtlingslager um Marromeu eröffnet. Oft haben uns die Soldaten Kinder und Babies gebracht, die neben ihren toten Eltern gefunden wurden oder allein waren. Aber auch die Umgebung von Marromeu war von den Überfällen der RENAMO nicht verschont. Oft haben sie Kinder, Frauen oder ganze Familien mitgenommen, die für sie arbeiten mussten oder als Kindersoldaten ausgebildet wurden. Nach einem solchen Überfall habe ich oft die Verletzten unter Beschuss aus den Gebieten ins Krankenhaus geholt. Dann haben wir sie operiert, oft erst, nachdem wir eigenes Blut gespendet hatten.

Wir verließen uns bezüglich der Sicherheitslage immer auf einen Teil der Leute. Wenn diese sagten, jetzt müssen wir gehen oder wir können bleiben, dann war das so. Entweder blieb man oder ging man gemeinsam. Zumindest in dieser Zeit schaute auch das Militär, dass einem nichts passierte, obwohl es natürlich keine Garantie gab.

Ihr hattet Waisenkinder auf dem Krankenhausgelände aufgenommen. Warum und wie habt ihr das organisiert?

Sie wurden uns von den Soldaten einfach gebracht. Da wir auch in der Stadt immer wieder beschossen wurden, Überfälle immer wieder angesagt waren, und wir auch öfter auf gepackten Taschen saßen, um mit der Bevölkerung und dem Krankenhauspersonal fliehen zu können, haben wir die Waisenkinder im Krankenhaus untergebracht. In den Nächten der Überfälle haben wir sie mit zu uns nach Hause genommen, damit wir gemeinsam fliehen konnten. Im Krankenhaus hatten wir den Patienten, die an der Extension lagen (nach

Oberschenkelfrakturen, die nicht anders versorgt werden konnten, wurde das Bein gestreckt und der Bruch damit gerade oder auseinander gezogen, die Streckung wurde über den Draht, der im Knochen fixiert war, erreicht), diese entfernt, damit die Angehörigen mit den Patienten im Notfall fliehen konnten. Einmal mussten wir während des Überfalls eine Schwangere hinter einem defekten Auto entbinden, wir konnten es in dem Moment nicht wagen ins Krankenhaus zu gehen. Ich konnte nicht schlafen, wenn die Kinder in diesen Nächten nicht bei uns waren.

In Angola hast Du in der »Wildnis« gelebt und eine medizinische Versorgung dort sicher gestellt. Wie sah das genau aus?

Wildnis ist nicht das richtige Wort, da wir immer Wasser, ein Haus und andere wesentliche Annehmlichkeiten hatten. Angola, vor allem das Projekt in Oncocua, ist auch heute noch von aller medizinischen Versorgung abgeschnitten, wenn wir nicht da sind. Es leben sehr traditionsbewusste und stolze Nomaden und Halbnomaden dort. Das Krankenhaus musste zumindest eine kleine Chirurgie aufweisen und gemeinsam mit den traditionellen Medizinern und Hebammen eine von allen akzeptierte Medizin betreiben. Ich hatte eine traditionelle Hebamme und einen Heiler im Krankenhaus angestellt, damit die schwerkranken Patienten nicht immer durch die europäische medizinische Behandlung der traditionellen Heilung entzogen wurden. Oft haben die Patienten eine Nacht unter dem Baum verbracht, aber wir durften dann die notwendigen Antibiotika z. B. bei einer Meningitis applizieren. Wir haben sehr viel geimpft und Gesundheitsposten im gesamten Gebiet aufgebaut, damit viele Kranke rechtzeitig behandelt werden konnten und nicht wie so oft zu spät ins Krankenhaus gebracht wurden.

Du hattest dort Kontakt zur Bevölkerung wie kaum ein Europäer. Wie lebte eine Großfamilie dort mit mehreren Frauen und Kindern?

Ganz unterschiedlich. In Angola haben die Männer neben der Hauptfrau sehr viele außereheliche Beziehungen. In den Nomadenstämmen ist das etwas klarer geregelt, aber da gibt es unter den verschiedenen Stämmen auch große Unterschiede. Frauen, die arbeiten, haben auch mehrere Männer und Kinder von verschiedenen Männern. Für die Kinder haben die Männer das Sorgerecht, außereheliche Kinder werden nach dem Abstillen oft auf die Farm der Hauptfrau gegeben, die dann alle Kinder aufziehen muss, auch die von den anderen Frauen. Das eigentliche Kümmern übernehmen die größeren Geschwister, da gibt es diese Eifersucht nicht. Wenn die Nebenfrau keinen Job hat und nicht weiß, wie sie ihr Kind ernähren soll, ist sie oft froh, es abgeben zu können. Viele Menschen, vor allem wenn sie reicher oder gebildet sind, haben in Angola ganz normale Familien, wie wir es hier auch gewohnt sind.

Du warst immer wieder in Angola. Die Situation dort hat sich sehr gebessert. Erreicht der Reichtum des Landes auch die Dorfbevölkerung? Wenn nicht, revoltiert die Bevölkerung?

Die Situation für die arme Bevölkerung hat sich in unseren Gebieten überhaupt nicht verbessert. Die Reichen werden reicher, ein paar Krümel fallen für andere ab, durch den Straßenbau und den Aufbau gibt es auch mehr Arbeit; aber das kommt z. B. in Oncocua nie an. Jetzt gibt es Mineralien, die gefunden wurden. Wenn es für einen kommerziellen Abbau reicht, wird auch Oncocua davon profitieren. Eine Armutsbekämpfung findet noch in keiner Weise statt.

Die Menschen revoltieren nicht, weil sie einfach mit dem Überleben beschäftigt sind. Es ist ihnen nicht klar, dass ihr reiches Land verpflichtet wäre, eine Armutsbekämpfung zu betreiben. Sie wissen gar nicht, dass ihr Land so reich ist. Es gibt keine freie Presse, es ist alles gefiltert. Kaum jemand hat überhaupt ein Radio oder eine Zeitung.

Gibt es eine Schulpflicht und einen freien Zugang zur Medizin?

Auf dem Papier gibt es eine Schulpflicht, die Lehrer werden bezahlt; aber die Kinder kommen nicht regelmäßig zur Schule. Die staatlichen Schulen sind nicht so gut, die Lehrer oft nicht gut ausgebildet. Die Eltern nehmen die Kinder häufig mit auf die Felder. Es gibt einen großen Unterschied zwischen Stadt und Land. In Städten wie Lubango haben die Familien oft bis drei Kinder und schicken diese auf gute Internate oder Missionsschulen. In Kahama z. B. holt die Regierung Ärzte aus Kuba oder Russland und bezahlt sie, wenn sie keine eigenen Ärzte hat. Sie führen auch ein System der Bezahlung ein, um zu Geld zu kommen und Medikamente kaufen zu können. Es gibt immer Sozialfälle, die versorgt werden müssen. Wenn sie kein Geld haben um das Röntgengerät zu reparieren, dann ist keines da. Die Regierung hätte Geld, das aber nicht ankommt. Das ist das Problem der Korruption.

Gerade in westafrikanischen Ländern werden Todkranke weggeschickt und sterben vor der Tür, wenn sie nicht bezahlen können. In Ländern wie dem reichen Angola zahlt keiner etwas. Dennoch hat es lange nicht funktioniert.

Wie hast Du mit den einheimischen medizinischen Kräften jeweils zusammen gearbeitet? Waren sie zuverlässig? Waren sie gut ausgebildet? Konntest Du manchmal sogar von ihnen lernen? Wie wurden sie bezahlt?

Sie waren so zuverlässig wie hier in Deutschland. Da gibt es die gleichen Unterschiede. Dass sie nicht immer zur Arbeit erscheinen, wenn monatelang kein Gehalt oder zu wenig kommt, dann ist das nicht unverständlich. Ich hatte tolle und engagierte Kollegen und Mitarbeiter, von denen ich auch viel gelernt habe. Die Ausbildung war unterschiedlich. Die Krankenpfleger und -pflegerinnen sind oft vielfältig ausgebildet, nicht mit soviel Detailwissen, aber sie können entbinden, Zähne ziehen und viele ärztliche Tätigkeiten übernehmen. Einige Ärzte wurden im Ausland ausgebildet und können oft mehr als europäische Ärzte. Aber da gibt es hier wie dort immer große Unterschiede.

Häufig hast Du als Krankenschwester ärztliche Aufgaben wahrgenommen, z. B. in einer Notsituation einen Kaiserschnitt durchgeführt. Woher nahmst Du den Mut hierzu?

Ich habe z. B. einen Kaiserschnitt gemacht, wenn anders Mutter und Kind keine Chance hatten, wenn es um Leben oder Tod ging. Ich habe nie experimentiert. Ich habe mit der Ärztin Luitgard Wiest zusammengearbeitet und gelernt, was man verantwortlich tun kann. In Deutschland würde ich nie einen Kaiserschnitt machen, da geht es um die Frage, ob die Narbe schön genug ist. Es gibt Gynäkologen hier, die alles können, sich aber nicht trauen, weil sie sagen, da könnte doch das oder jenes passieren. Manchmal denke ich, dass auch ich durch das Studium und das größere Hintergrundwissen unsicherer geworden bin, ein größeres Sicherheitsdenken habe.

Heute bist Du die 1. Vorsitzende des Komitees Cap Anamur. Kannst Du Dir vorstellen, morgen Mitarbeiter in solche Krisenregionen zu schicken wie die, in denen Du gearbeitet hast? Die Menschen dort brauchen ganz dringend Hilfe, aber würde man die Aussendung wagen?

Es ist nicht mehr so einfach. Das was ich mir zumute und zugemutet habe, kann ich nicht von anderen verlangen. Das geht nur, wenn sie genau wissen, auf was sie sich einlassen und Erfahrung haben. Den Schutz als humanitärer Arbeiter, den wir damals meinten zu haben, der ist leider schon lange keine Selbstverständlichkeit mehr, obwohl es auch schon immer sehr schwierig war und gefährliche Situationen gab.

Wie hast Du nach dieser völlig selbständigen Tätigkeit nach Deiner Rückkehr die Arbeit im deutschen Krankenhaus empfunden?

Als Krankenschwester war ich schon nach meinem ersten Einsatz unterfordert und wollte nicht mehr einsehen, jemanden fragen zu müssen, ob ich jetzt eine Schmerztablette geben darf oder nicht. Nach meinem Medizinstudium habe ich die Arbeit dann meistens so tun können, wie ich das auch verantworten konnte. Mit einer normalen Hierarchiestruktur eines stationären Betriebes im Krankenhaus tue ich mich allerdings heute noch schwer.

Du musstest Dir alles selbst erarbeiten, hattest keinen reichen Papa, der regelmäßig einen Scheck schickte. Dennoch hast Du das Abitur nachgeholt, Medizin studiert und promoviert. Warum?

Als Krankenschwester kam ich mit der Weiterbildung in Richtung Entwicklungshilfe an meine Grenzen. Für den Master of Public Health musste ich studiert haben, ich hatte nicht einmal das Abitur. Also machte ich zuerst einmal das Abitur, um dann Medizin zu studieren, um dann den Master of Public Health zu machen. Jetzt habe ich sogar den entsprechenden Facharzt dazu. Da ich schwanger aus Angola kam, konnte ich nicht mehr einfach so wie früher in die Projekte reisen. Meine Tochter hat mich praktisch diszipliniert und ich habe in möglichst kurzer Zeit das Medizinstudium absolviert. Da ich sofort nach meiner Rückkehr aus Angola die Logistik für die Medizintransporte für Cap Anamur übernahm, hatte ich immer das Gefühl diese Arbeit fortzuführen.

Neben Deiner Tätigkeit heute im Hygiene-Institut in Bonn und dem Vorsitz der humanitären Organisation bist Du alleinerziehende Mutter mit einem eigenen und einem adoptierten Kind. Da wird einem ein wenig unheimlich. Ich habe jedoch nie den Eindruck gehabt, dass Du überfordert bist. Warum übernimmst Du soviel Verantwortung? Woher nimmst Du die Kraft dafür?

Das ist das Problem mit dem nicht Nein sagen können und: Ich übernehme gern Verantwortung. Mit den beiden Kindern bin ich schon manchmal überfordert, das wird, je älter sie werden, nicht unbedingt leichter. Woher ich die Kraft nehme, das kann ich nicht beantworten.

Hattest Du irgendwann Todesangst?

Nicht während eines Einsatzes, da hatte ich nie wirklich Angst, es war einfach notwendig, sich in bestimmten Situationen adäquat zu verhalten. Nach einem Einsatz in Afghanistan, als wir dort überfallen wurden, geflohen sind und dann auf der Flucht geschnappt und in die Berge entführt wurden, habe ich zur »Entspannung« gemeint, mit einem Freund Wildwasserrafting und –surfing machen zu müssen. Da wäre ich beinahe ertrunken und dachte: Das war's. Danach habe ich mir vorgenommen, mich nur noch in wirkliche Gefahr zu begeben, wenn ich dadurch Menschen helfen kann. Aber Todesangst hatte ich noch nie. Ich habe keine Angst vor einem schnellen Tod, nur vor Qualen, Hilflosigkeit und Pflegebedürftigkeit.

Rupert Neudeck

Irak –»Ich dachte, Wolfgang Borchert wäre ein Iraker« (2003)

Shishan. Das war ein Ortsname der uns Grünhelmen vertraut wurde, obwohl wir am Anfang gar nicht wussten, was der Name bedeutet. Ich hatte den Platz bei meinem letzten Besuch in Bagdad aus Anlass des bevorstehenden Krieges im Irak besucht. Ein Ort am nordöstlichen Rand von Bagdad, gleich hinter Saddam City, das jetzt überall Sadr City genannt wird. Es leben dort etwa 20.000 Menschen unter Lebensbedingungen, die mit ärmlich unzureichend beschrieben sind. Fließendes Wasser gibt es hier ab und zu, aber in keiner zufrieden stellenden Qualität. Strom war auch nur sporadisch da. Und man brauchte hier Strom, weniger wegen des Lichtes, viel mehr wegen der Deckenventilatoren, denn die Hitze stieg tagsüber auf über 50 Grad Celsius.

Kanalisation ist nicht nur keine Glücksache, sie ist einfach nicht da. Die Fäkalien fließen über die offenen Rinnen die so genannten Strassen entlang, wenn die Rinnen denn nicht versperrt sind und sich die ganze Soße über die gesamte Breite des Weges staut. Lecker, kann man da nur sagen. Oft blieb einem der Bissen im Hals stecken. Der Müll wird – wie man in Deutschland so schön sagt – entsorgt, indem er vor die Tür gekippt wird. Ent-Sorge? Oder End-Sorge? Alles in allem ein regelrechtes Drecksnest.

So war es auch in großen Teilen von Saddam City oder jetzt Sadr City, denn während der jahrzehntelangen Führung des Diktators Saddam Hussein ließ man die Schiiten-Stadtteile von Bagdad absichtlich vergammeln und herunterkommen.

Die Grünhelme haben sofort Quartier in einer der Hütten in der ersten Dorfstraße genommen. Wir haben die Hütte von einem Dorfbewohner gemietet. Das gehört zu unserer Arbeitsweise: Leben inmitten der Menschen unter den ortsüblichen Bedingungen, damit wir 24 Stunden eingebunden sind in die Lebensverhältnisse der Menschen. Außerdem erhöht das die Akzeptanz durch die Bevölkerung, erhöht auch die Effektivität der Arbeit. Wir erfuhren von einer Organisation, die die Ambulanz in Shishan übernommen hatte, die nur 500 Meter von unserer Baustelle entfernt lag. Die Mitarbeiter mussten sich aus dem Nobelviertel von Bagdad erst zwei Stunden und mehr durch das entsetzliche Verkehrsgewühl von Bagdad quälen, kommen zwischen 9.00 und 10.00 Uhr an, und mussten wegen der gefährlichen Lage in Bagdad und in dem Nobelviertel auch um 15.00 Uhr wieder abfahren. Die denken aber nicht daran, dass sie etwa in dem Drecksnest Quartier nehmen. Nein, der Entwicklungshelferadel verpflichtet. Es muss immer eine Nobelunterkunft sein. Unter solchen Zeitverlusten kann man von Effizienz der Arbeit nicht mehr sprechen. Weil bei uns Grünhelmen manche Arbeitsschritte wie z. B. das Betonieren der Decken in der großen Schule von Shishan nachts erfolgen muss – die sengende Hitze verbietet die Arbeit am Tage – haben wir den Vorteil, auch diese Arbeit überwachen zu können. Würden wir in einem Hotel der Stadt wohnen, fände sich kein Taxichauffeur, der uns nachts durch Sadr City bis hier nach Shishan fahren würde. Für uns selbst wäre es äußerst riskant, die stockdunkle mit Schlaglöchern aufgerissene Straße nachts zu befahren. Zumal auch noch unbeleuchtete Geisterfahrer jede nächtliche Fahrt zu einem Himmelfahrtskommando machen.

Wir hatten es übernommen, eine große Schule für die Schülerinnen und Schüler von Shishan zu bauen. Nachdem George W. Bush auf dem US Navy Schiff seine großkotzige und betrügerische Botschaft »Mission accomplished« an die US-Bevölkerung weitergegeben hatte, fuhren Josef Grundner und ich in den Irak. Wir kamen am 27. April in Bagdad an nach einer rasenden Fahrt mit einem Auto, das eine halbe Nacht und einen halben Tag durch die Wüste fuhr. Zwischendurch mussten wir den Chauffeur mit einer Zigarette aufputschen, weil der bedrohlich übermüdet war.

Wir hatten uns als »Stützpunkt« die quirlige 2,5 Mio. Einwohner-Schiitenstadt Sadr City ausgesucht und uns am Rande von Sadr City, noch jenseits des qualmenden Müllberges, genauer der Müllkippe von Nord-Bagdad, in Shishan niedergelassen. Hier, so spürten wir, war jede ordentliche Welt zu Ende, der Ort bestand aus Hütten, die an einem Weg lagen, durch die sich der gesamte Unrat und die Fäkalien ergossen.

Shishan – das hatten wir von dem Mullah erfahren – war einfach die arabische Bezeichnung für Tschetschenien. Die Gläubigen sollten immer an ihre Glaubensbrüder und Schwestern in dem von der russischen Armee eingeschlossenen und besetzten Tschetschenien denken.

Der Mullah vermittelte uns auch sehr geschickt, man brauche eine große Schule in Shishan. Wir fragten dann einen Dorfrepräsentanten nach der Zahl der schulpflichtigen Kinder und erfuhren, dass es 2.130 Schüler, darunter 949 Mädchen im schulpflichtigen Alter gäbe.

Wir stellten unsere drei »Grünhelme-Bedingungen«, wie wir das später in Mauretanien, in Sumatra und in Afghanistan auch tun würden: Erstens musste uns Shishan einen Raum oder eine Hütte mitten im Dorf gehen. Dort sollten die Grünhelme-Mitarbeiter leben und schlafen. Zweitens sollte uns die Gemeinde schriftlich versichern, dass die Gemeinde genügend Lehrer habe, drittens müssen wir schriftlich bestätigt bekommen, dass nach der Fertigstellung der Schule der Staat und nicht die Grünhelme die Bezahlung der Lehrer übernehmen würde.

Mit der Arbeit konnte eigentlich gleich begonnen werden, weil wir die Baumaterialien überall in Saddam City einkaufen konnten. Wir durften das nur nicht als »deutsche Bleichgesichter« tun, sondern mussten unsere einheimischen Mitarbeiter beim Einkauf voranschicken.

Der Westler gilt immer als der reiche Onkel aus Europa, den man besser mit einem dreimal so hohen Preis betrügen kann, der sich meist auch betrügen lässt.

Josef Grundner begann mit der Bauzeichnung. Er hatte viel Erfahrung, denn er hatte schon einmal eine ehrgeizige zweistöckige Schule in Dashte Kalar in Nordafghanistan aufgebaut. Diese größere Sekundarschule in Sishan sollte auch zweistöckig gebaut werden. Als ich das erste Mal mit Josef Grundner, dem Mullah und den Dorfhonoratioren zusammen saß und wir erklärten, wir würden in den nächsten Tagen ein Team schicken, sagte uns der Mullah, dass niemand daran glauben würde, weil schon mehrere Delegationen hier vorbeigekommen wären. Niemand wäre hierher an diesen vernachlässigten Drecksort zurückgekehrt.

Wir hatten schon das erste Team vor Ort mit Thies Brüsehoff und Jörg Ehmke und die fühlten sich bei dieser Arbeit sehr wohl. Sie kamen nämlich gut voran.

Es sei nicht wirklich gefährlich hier, schrieben sie uns, aber dass eine Kalaschnikow doch zur Grundausstattung eines jeden Haushalts gehöre und bei zu vielen Gelegenheiten davon Gebrauch gemacht werde. Nachts bewege man sich doch besser nicht durch das Dorf – man könnte irrtümlich für einen Amerikaner gehalten werden. »Wir haben bereits am eigenen Leibe erfahren müssen«, schrieben sie im Oktober 2003, »wie sich die Besatzungsmacht hier in Bagdad aufführt und wir können den Unmut der Leute durchaus nachvollziehen. Im Straßenverkehr beobachten wir immer wieder, wie sich die Humwees[6] der Amerikaner ohne Rücksicht auf Verluste durch das Gewühl kämpfen und angerichteten Schaden an anderen Autos schlichtweg ignorieren. Wir selbst sind einem Zusammenstoß mit einem solchen Straßencowboy nur knapp entgangen.« Man hatte in unserem Team von mehreren Bekannten gehört, dass ihre Windschutzscheiben von möglicherweise verirrten amerikanischen Gewehrkugeln durchsiebt wurden. Wir wussten alle, dass wir am sichersten waren, wenn wir uns möglichst von den Amerikanern fernhielten, da sie täglich Objekt und Ziel von Anschlägen waren oder ganz schnell in Kämpfe und Scharmützel verwickelt wurden.

Wir waren bei der Bevölkerung in Shishan sehr beliebt, da wir auch als Arbeitgeber fungierten. Die Kinder mochten uns ganz besonders. Immer gab es einen lautstarken Empfang.

Wir wurden von ihnen, wenn wir die so genannte Dorfstraße entlangfuhren, immer schon von weitem lautstark empfangen. Den älteren Bewohnern, so berichteten die ersten Mitarbeiter, ist das Anliegen, hier eine Schule zu bauen, nicht so einleuchtend. Die meisten von ihnen haben selbst höchstens vier Jahre eine Schule besucht – wenn überhaupt. Lieber wollen sie, dass ihre Kinder, von denen oh-

---

6 gepanzertes Militärfahrzeug

nehin nur die Jungen etwas zählen, schnell arbeiten und Geld verdienen. Probleme mit der mangelhaften Ausbildung zeigen sich auch bei den Handwerksarbeiten. Viele der jungen Handwerker haben bei ihren Vätern gelernt und besitzen somit nur die Fertigkeiten zu einer bestimmten Arbeit. Es sei beispielsweise unmöglich, von einem Gipsputzer zu erwarten, dass er auch Zementputzarbeiten erledigt. Die Bereitschaft zum Umdenken und zum Dazulernen ist bei den meisten Irakern, die wir zu den Bauarbeiten verpflichtet haben, nur schwach ausgeprägt. Dennoch kam bei uns Optimismus und Freude auf, denn bei allen riskanten Bedingungen, die uns der Krieg der Amerikaner und das totale Chaos danach bescherten, war es doch eine Arbeit, die für 2130 Schülerinnen und Schüler hervorragend war.

Im Verhältnis zu dem Nobelviertel, in dem die Mehrzahl der Journalisten untergekommen war, war das Leben in unserem Schmuddelort Shishan erfreulich. Dort sind die Leute zwar von Hause aus arm, dennoch sehen sie eine unglaubliche Chance darin, dass jetzt die Deutschen da sind. Denn die Deutschen sind ja wirklich vor Ort und das rund um die Uhr. Keines von unseren Teams hat in einem Hotel oder einem bewachten UN-Gebäude übernachtet. Nein, sie stecken alle im selben Drecksloch wie die Menschen, für die die Schule gebaut wird. Uns wurde gesagt, dass so mancher Taxifahrer nicht für 100 $ extra in diesen Ort fahren würde, weil er Angst vor den Habenichtsen dieses Ortes hätte. Wir selbst haben das am eigenen Leib erfahren und sind dann eben zu Fuß hinein marschiert.

Wir erlebten die Menschen in diesem Ort seit Beginn der Bauarbeiten aber nicht als gefährlich. Sie tun wirklich alles dafür, dass wir sicher dort leben und uns auch einigermaßen wohlfühlen können – trotz des Drecks. Vor allem haben die Nachbarskinder seit Wochen nichts Wichtigeres zu tun, als einige Brocken Deutsch-Bayerisch zu lernen wie z. B.: »Habe die Ehre« oder: »Wat is dat denn?«

Die Schule wuchs und wuchs von Besuch zu Besuch. Das Erdgeschoss wurde erst aufgemauert, die Decke eingeschalt, Fenster und Türen bestellt. Es ging dann mit dem nächsten Stockwerk weiter, bis die ganze Schule fertig war. Wir haben immer wieder dafür gesorgt, dass die Hilfskräfte für den Bau ausschließlich aus dem Dorf kommen. Unsere Leute sorgen dafür, dass die Hilfskräfte auch immer durchgewechselt werden, dass jeder der vielen arbeitslosen Männer mal die Möglichkeit hat, ein kleines bisschen Geld zu verdienen. Wir hatten mit den Mitarbeitern Glück.

Wir waren einmal ganz furchtbar um unser Team besorgt. Das war am 19. August 2003. Wir saßen in Troisdorf dort, wo am frühen Morgen oder späten Abend ein Mitteleuropäer, der nicht altmodisch genannt werden will, immer sitzt, vor dem Computer. Wir erhielten an diesem Tag drei Mails, eine von Thies Brüsehoff, die zweite von Jörg Ehmke, sowie von unserem deutschen Iraker Falah Hussein. Die Mails, so wussten wir, werden immer aus dem Hauptquartier der UNO im »Canal Hotel« gesendet, weil die UNO ein fantastisches Internetcafe in ihrem Gebäude hatte. Manchmal sind wir auch aus Hygienegründen und Nostalgie dorthin gegangen, um einmal wieder auf einer Toilette zu sitzen, die einigermaßen unseren Vorstellungen entspricht.

An diesem 19. August war alles ganz anders. Drei Stunden, nachdem wir die Mails von unseren Mitarbeitern über die Arbeiten an der Grünhelme-Schule erhalten hatten, knallte die Nachricht von dem Bombenattentat auf das UNO-Hauptquartier in Bagdad bei uns ein. Christel und ich wurden panisch. Könnten unsere Leute unter den Toten sein? Wir sahen die Bilder im Fernsehen, die Trümmer des UNO-Gebäudes, die abgerissenen Gliedmaßen der Mitarbeiter, zerbeulte Armaturen und eingekeilte Menschen, Tote und Verletzte. Wir fingen wie hektisch an alles anzurufen, was uns einen kleinen Strohhalm geben würde der Gewissheit, dass unsere Leute nicht mehr in dem Gebäude waren. Beim Thuraya-Satellitentelefon unserer Leute ging andauernd der Anrufbeantworter: »The subscriber is not available. Please call later!« Christel versuchte diese Nummer, auch die Nummer des ZDF Korrespondenten, auch die des deutschen Botschafters Claude Robert Ellner. Aber es gab keine Antwort. Erst um 20.30 Uhr hatten wir die Gewissheit, dass unsere Leute lebten. Sie erfuhren auch erst von uns, dass das UNO-Gebäude in die Luft gejagt wurde. Es war das erste Mal in der Geschichte der

UNO, dass es einen frontalen Zerstörungsangriff auf die Mitarbeiter gab. 17 Mitarbeiter starben. Darunter auch der Irak Sonderbeauftragte des Generalsekretärs Sergio Viera de Mello, der mit 55 Jahren im besten Alter war und als einer der wenigen herausragenden Diplomaten in der Hierarchie der UNO galt.

Die erste Arbeit der Grünhelme war getan. Wir konnten diese Schule am 15. Oktober 2003 der irakischen Stadtbehörde übergeben. Wir hatten übrigens zum Vorteil unseres Projektes nie etwas mit der US-amerikanischen Okkupationsverwaltung zu tun.

Wir zogen in den Norden des Landes, es gelang mir sogar einmal über die Türkei in den Norden des Irak zu kommen. Es war nicht einfach, die Türkei stand als Staat der neuen Wirklichkeit einer quasi autonomen Staatlichkeit der irakischen Kurden mit abgrundtiefer Skepsis gegenüber. Die Kurden waren eher froh, dass die US-Amerikaner den Terror des Saddam Hussein gegen sie beendet hatten.

In Sulaimanyah treffen wir einen veritablen Minister. Auf seiner Visitenkarte steht: für Menschenrechte, Deportierte und Anfal[7]. Sein Name ist Salah Rashid. Rashid spricht so gut deutsch, weil er in Berlin am Otto-Suhr-Institut Politikwissenschaften studiert hat und einige Jahre das Büro einer der beiden kurdischen Parteien in Berlin geleitet hat. Es gab und gibt immer zwei Parteien in dem irakischen Kurdistan. In der Realität vermischen sich dabei ethnische, triviale, kulturelle und schlicht polit-ideologische Motive. Am ehesten kann man sich das als Deutscher klarmachen, wenn man sich der Wirklichkeit der eigenen CSU-Enklave innerhalb der mächtigen CDU bewusst wird.

Ja, es ist gut, sich an das Wort Anfal und seine Realität als Deutscher zurückzuerinnern. Al Anfal war der Schreckensname, der nach 1987 über den irakischen Kurden hing, wie ein Damoklesschwert. Al Anfal war der Name für die Vernichtungsoperation der irakischen Armee, die damals geleitet wurde von dem Ali Hassan al-Majid, der in die moderne Zeitgeschichte mit seinem unrühmlichen Kriegsnamen »Chemical Ali« eingehen wird. Er gab am 15. März 1988 den Befehl zu dem Giftgasangriff auf die kurdische Stadt Halabja, die nur

---

7 Übersetzung: Beute

70 km von Sulaimanyah entfernt liegt. In diesem anachronistischen Grauen der Ermordung von ganzen Stadtbevölkerungen starben 5.000 Kurden in den Häusern und auf den Straßen der Stadt innerhalb von Minuten. Giftgas war der Schrecken, der den Soldaten des Ersten Weltkriegs noch in den Ohren und Augen gellte, den man aber als Menschheit geglaubt hatte, als Waffentechnik überlebt und überwunden zu haben.

Damals allerdings – so müssen wir uns an diesem Ort klarmachen – war der Westen noch ganz auf der Seite von Saddam Hussein, weshalb es damals leider – zu unserer Schande sei es gesagt – nicht zu einem weltweiten Aufschrei der Empörung über diesen Diktator und seinen Giftgasangriff kam. Während der gesamten Al Anfal Kampagne wurden wohl an die 200.000 Kurden umgebracht und 1,5 Mio. Menschen wurden gewaltsam in Camps innerhalb oder an den Rändern der Städte umgesiedelt.

Kurden in den beiden Ellipsenzentren Erbil und Sulaimanyah sind nun zum ersten Mal dabei, einen Staat aufzubauen. Die beiden Fraktionen haben sich vernünftig zusammengetan. Ich war sowohl in Erbil als auch in Sulaimanyah noch ein Jahr vor dem Angriff auf Saddam Hussein gewesen. Damals waren wir mit dem französischen Senator Ayneri de Montesquiou unterwegs. Da der Weg über die Türkei verbaut war, benutzten wir die syrische Geheimpipeline, ermöglicht durch einen Vertrag zwischen dem syrischen Militär und der Barzani-Partei in Erbil. Es war eine ziemlich primitive Pipeline, die aus einem Buch, sozusagen einem Gästebuch, im militärischen Stützpunkt an der Grenze zum Irak bestand. Entweder die Barzani-Partei hatte gut gearbeitet, dann stand man handschriftlich in diesem großen Journalbuch, oder nicht, dann wurde man erbarmungslos zurückgeschickt.

Dem französischen Senator gelang es damals sogar, eine französische Fernsehequipe von TF1, dem ersten französischen Fernsehsender mitzunehmen. Das war 2002.

Wir Grünhelme wollten noch einmal etwas tun in der sicheren Region des Landes, wie es uns damals vorkommt. Wir hatten vor, eines der Dörfer in dem Hochland unterhalb von Erbil wieder bewohnbar zu machen, damit die total überfüllten Städte etwas entlastet würden. Es schien möglich, nach dem ersten Augenschein. In Khalo Baziani haben wir erleben können, mit welcher Begeisterung und welcher Kraft die irakischen Kurden wieder in ihre seit über zwölf Jahren zerstörten ländlichen Regionen und Dörfer zurückkommen.

Wir sitzen in dem Zelt des Kurden Tahir Muhammad, der mit seinen acht Kindern hierher zurückgekommen ist. Alles in dem Zelt ist fein säuberlich aufgeräumt, es wird Tee gekocht, acht weitere Kurden kommen hinzu und setzen sich auf den Boden. Ich frage sie, wie viel von den ehemals 500 Familien denn nach Khalo Baziani zurückkommen würden. Die Anwesenden sagen: fast alle. Es gäbe eine heilige Verbindung zu dem Platz der Geburt, zu dem Boden, auf dem die Familie gewohnt und gearbeitet hätte.

Während wir da sitzen, rattern zwei US-Hubschrauber über den benachbarten Bergen an uns vorbei. Einer der Kurden sagt:»Das ist das erste Mal, dass die Kurden hier vor einem Helikopter keine kreatürliche Angst haben müssen und nicht wegrennen müssen.«

Es war wirklich auch eine Befreiung, das rechtfertigt nicht den Krieg und die furchtbar arrogant imperialistische Weise, wie er geführt wurde. Für die überwiegende Mehrheit der Kurden war es eine Befreiung, und nicht nur für sie. Aber das Land war trotzdem in gewisser Weise kaputt. Es war gespalten. Die Kurden hätten am liebsten ihren eigenen Staat gegründet. Aber die soziale Zusammensetzung der Gesellschaft war nicht mehr die, die an den Dörfern und an einer wirklichen Rückkehr in die Dörfer interessiert war. Wir haben uns noch ein Dorf angesehen und ein Team dorthin geschickt. Aber eigentlich wollten die Kurden nur noch mal absahnen und wollten die Häuschen in dem Dorf eher als Wochenendhäuschen haben, aber nicht als wirkliche Lebensmittelpunkte. Wir wollten das Dorf Zurnaj gemeinsam mit den Rückkehrern fertig bauen, sodass man wieder von einer lebendigen ländlich-bäuerlichen Gemeinde reden könnte. Wir haben auch 59 von 60 Häusern bis Mitte 2004 dort fertig gestellt. Überall auf den Häusern war jetzt ein Dach. 26 Familien haben im Dorf gewohnt, das war nach Einschätzung unseres Mitarbeiters, des Zimmermanns Klaus Winkenjohann der feste und harte Kern. Die haben weiter an ihren Häusern gearbeitet. Es sind im Juni

2004 noch mal einige Familien nachgekommen, weil das Gerücht herumging, dass es eine Hilfsagentur gäbe, die wieder in Zurnaj etwas verteilt. Deshalb waren unsere Leute der Meinung, dass es keinen Sinn hat, hier weiter zu arbeiten.»Denn diese Leute«, so Klaus,»werden hier verschwinden, wenn es etwas gegeben hat.«

Wir haben uns dann entschlossen, hier nur noch zwei Schulen zu bauen, eine für Zurnaj und eine für Qaraj. Das eine Dorf ist ein kurdisches, das andere ein arabisches. Es wäre schon für unser Projekt viel gewonnen, wenn wir uns aus der Gegend verabschieden würden und es herrschen einigermaßen verträgliche und versöhnliche Bedingungen.

Die Fundamentsohle wurde im kurdischen Dorf Zurnaj gegossen, einen Tag später im arabischen Dorf. Anfangs wollte bei den Kurden niemand mit der Hand arbeiten, ein Bagger solle angebracht werden, obwohl der Mukhtar versichert hatte, dass das Dorf die Arbeiten umsonst übernimmt. Bei den Kurden haben schließlich die Araber aus einem Nachbardorf gegen Bezahlung gegraben und im arabischen Dorf Zorna schien man nicht glücklich über den vereinbarten Preis.

Wir haben uns um diese Schulen gekümmert, dann noch um die Wasserversorgung für diese Dörfer. Aber dann haben wir dem Irak den Rücken gekehrt. Das ist nicht das Land, in dem man zu lange bleiben sollte. Es kam so weit, dass sich die Situation in Bagdad wegen der totalen Unfähigkeit der US-Besatzer so verschlechterte, dass man sich eigentlich aus dem Land nur verabschieden konnte.

Die Entscheidungen der US-Besatzung stoßen immer noch auf befremdliche Reaktionen bei uns Deutschen, denn schließlich haben wir die amerikanischen Besatzungstruppen nach 1945 in einer ganz anderen Erinnerung: mit einem richtigen Plan zum Wiederaufbau, einer klaren Vorstellung, dass das politische, bürgerliche und demokratische Leben erst vier Jahre danach beginnen kann und vorher die Wirtschaft und das soziale Leben auf Zwangsbewirtschaftung ausgerichtet bleibt.

Wir trafen in Bagdad auch einen wunderbaren jungen Iraker, der Germanistikstudent war, Emad Mubarak. Wir hatten ihn bei einer befreundeten Organisation kennengelernt, den »architects without borders«. Dort leistete er Übersetzerdienste. Er gefiel mir gleich, weil er ein wunderbares Deutsch sprach. Er entpuppte sich als Liebhaber der deutschen Sprache. Als ich ihm erzählte, dass ich Heinrich Böll gut gekannt habe, leibhaftig, war er ganz aus dem Häuschen. Ich musste ihm versprechen, einiges an Werken von Böll mitzubringen nach Bagdad bei meinem nächsten Besuch. Und ich tat das. Zum ersten Mal in meinem Leben war das eine Erste-Hilfe-Sendung, die ich eigenhändig in meinem dicken Koffer mitbrachte: Bücher, zweimal Bölls »Gesammelte Werke«. Einmal hatte ich die Böll-Ausgabe dem Leiter des germanistischen Instituts der Universität Bagdad versprochen. Die andere Latte mit den Böll-Werken ging an Emad Mubarak. Ich bekam das alles vom Verlag Kiepenheuer & Witsch, der auch davon fasziniert war, dass in dem Land, das vom sozialen, intellektuellen und professionellen Standard ja dem unseren entsprach, Bücher von Heinrich Böll die erste Entwicklungshilfe waren.

Emad Mubarak hatte gerade mit seinem Germanistik Kollegen begonnen, den Roman »Das Brot der frühen Jahre« von Heinrich Böll zu übersetzen. Für einen Augenblick hatte ich das Gefühl, dass ich »den großen Hein« mit den zwei jungen irakischen Germanisten sprechen sah.

Emad Mubarak hatte mir in einem der kleinen Cafes, in die wir uns bei unseren ersten Gesprächen zurückgezogen hatten, die Geschichte von seiner ersten Begegnung mit Wolfgang Borchert erzählt. Noch vor Ende seines ersten Studienjahrs habe er zufällig an einem kleinen Theater in Bagdad eine schriftliche Tafel gelesen. Auf dieser Tafel wurde in einem kleinen Zimmertheater das Stück »Draußen vor der Tür« des deutschen Schriftstellers Wolfgang Borchert angekündigt. Das Wort »deutsch« in der Ankündigung hatte ihn damals angezogen, denn er war zwar schon ein Student der Germanistik, aber er konnte damals noch nicht behaupten, dass er deutsch könne. Dann habe er sich eine Karte gekauft und sich das Stück angesehen. Mit bewegten Worten erzählt Mubarak, wie ihn wenige Jahre nach dem furchtbaren achtjährigen Krieg zwischen dem Irak und dem Iran dieses Theaterstück aufgewühlt habe. Emad Mubarak sagte mir: »Borchert hat beschrieben, woran wir leiden, was wir sagen wollen. Wie ist der Mensch im Krieg? Wie ist er unmittelbar danach? Damals waren wir in unserer irakischen Nachkriegszeit. Er hat alles ganz präzise beschrieben. Manchmal habe ich mich während des Theaterabends gefragt: Ist Wolfgang Borchert ein Iraker? Es wirkte auf mich, als sei Borchert im Krieg zwischen Irak und Iran dabei gewesen.«

Und er erzählt von seinem Lieblingsgedicht »Der Asra«. Es ist ein deutsches Gedicht von Heinrich Heine. Die Asra sind ein arabischer Volksstamm im Jemen. Die Mitglieder des Stammes sind große Liebhaber. Das Gedicht erzählt von einem Sklaven, der sich in eine Prinzessin verliebt hat. Er sieht sie vormittags und nachmittags im Garten und am Strom. In der zweiten Strophe sagt die Prinzessin: »Wer bist Du? Wie ist Dein Name?«

Und in der zweiten Strophe antwortet der Sklave und es wirkt wie eine Verheißung für das, was wir seit 30 Jahren versuchen, um den Menschen in Not ein bisschen zu assistieren:

»Und der Sklave sprach: ich heiße
Mohamet, ich bin aus Yemmen,
Und mein Stamm sind jene Asra,
Welche sterben, wenn sie lieben.«

Rupert Neudeck

Afghanistan und die Wunderkerzen (2004)

Ja, das war eine ziemliche Aufregung an unserem Flughafen hier in Köln-Bonn. Ich bin immer froh, wenn ich vor der Kontrollschranke endlich alles Metall aus den Hosentaschen herausgenommen habe, auch aus der kleinen Tasche links im Hemd. Wenn ich dann noch meinen Gürtel wegen der metallischen Schnalle abgelegt, die Uhr abgemacht und aufgepasst habe, dass nicht mehr die Brille auf der Nase sitzt – und dann durch diesen uns freie Bürger verfremdenden Sicherheits-Detektor schreite, dann habe ich Sekundenbruchteile das klare Gefühl: Das ist nicht gut, dass wir Menschen uns ein ganzes Leben damit herumschlagen, nur weil es in den 60er- und 70er-Jahren ein paar verrückte Araber gegeben hat, die meinten, es sei Widerstand, andere Leute in der Luft explodieren zu lassen.

Es piepste nichts dieses Mal am 5. Dezember 2004. Ich hatte gut lachen. Ich errege manchmal Aufsehen bei den sehr ernsthaften Wächterinnen und Wächtern, die nur zu unserer Sicherheit uns auch noch bis auf die Schuhe und Hosenbeine und unter den Achselhöhlen abtasten, wenn ich die frage:»Soll ich die Hose auch noch ausziehen?« Leider sind sie meist nicht zu einem Scherz aufgelegt, und wahrscheinlich steht das auch in ihren Arbeitsverträgen der Sicherheitsfirmen: Keine Fraternisierung mit den potentiellen Terroristen, die wir ja nun mal alle auf dieser Welt sind.

Neben der Kirche, in die ich am Sonntag gern gehe, weil ich da nicht nur die verlorene Zeit zum Beten wiederfinde, sondern auch dieses gute und wichtige Erlebnis habe, dass wir vor dem Herrgott alle ratzekahl gleich sind, ganz gleich, was wir für Gehälter, für Aktien, für einen Status haben oder eine so genannte »celebrity« darstellen. Die Sicherheitskontrolle am Flughafen ist wie ein Nebengottesdienst, auch hier sind alle gleich. Niemand kann anders durch als durch dieselbe Pforte.

So atmete ich auf, als ich mir demonstrativ langsam wieder den Gürtel um die Hose band, damit sie mir wieder eng um die Taille saß, mein Handy wieder in die Tasche steckte, den Rucksack über die Schulter warf. Dieses Gefühl bei einem Flug, dass man eine ganze Menge tun muss, ehe man in so ein Flugzeug einsteigen darf, für das man aber dennoch nicht bezahlt wird – für diese Anstrengungen vorher – sondern noch zahlen muss. Da fällt mein Blick auf eine Warntafel: Rupert Neudeck solle sich sofort wegen des Gepäcks melden und denke mir: Na, das kann ja heute noch heiter werden. Der Flug wird sicher nicht auf mich warten …

Also frage ich einen der Sicherheitsagenten, wohin ich mich denn begeben muss. Das ist auch interessant: Zwei Etagen tiefer werden alle diese Koffer, die man einfach nur auf dieses Förderband schmeißt und die dann mit großem Getöse in ein Loch fallen, die werden in den Eingeweiden des Flughafens regelrecht durchleuchtet, die Atmosphäre ist klinisch rein. Also stehe ich armer Sünder wie in Kafkas »Der Prozeß« vor den Türstehern, den Hütern des Zugangs zu dem Flugzeug der Iran Air – und man will mich nicht hineinlassen.

»Was haben Sie da im Koffer?«, fragte der Beamte. Mein prall gefüllter dicker Koffer steht schon in den Gepäckkatakomben auf dem Kontrolltisch. »In mehreren Ecken des Koffers wären verbotene Sachen herauszuholen«, sagte mir triumphierend die Aufsichtsdame. (Das kommt ja schließlich zur Aufheiterung der drögen Routinetätigkeiten nur einmal am Tag vor, wenn überhaupt.)

»Aber was?«, frage ich mich und die Aufsichtsleute.

»Haben Sie Wunderkerzen dabei?«

Ja, Christel Neudeck hatte für alle Mitarbeiter ein kleines Päckchen geschnürt, für Weihnachten in der afghanischen Wüste. Dahinein kamen einige Süßigkeiten, aber eben auch Wunderkerzen. Diese musste ich jetzt alle aus den einzelnen Tüten herausholen und in einen Abfallcontainer schmeißen. Ohne Kompensation. Der Fluggast ist potenziell so schuldig, dass ihm nichts ersetzt wird von dem, was er da objektiv schuldig, subjektiv aber unschuldig mitgenommen hat.

Es ist diese Situation, wie ich sie bei meinen Reisen in die Projektländer immer spüre, die Lage, die Franz Kafka in »Der Prozeß« als die Bedingung des modernen Menschen in der säkularen gottlosen Welt beschrieben hat: Jemand musste mich verleumdet haben, denn ohne das ich mir einer Schuld bewusst gewesen wäre, wurde ich vor den Kadi hier gezerrt. Es klappte zum Glück doch noch mit dem Airbus nach Teheran. Die Reise nach Afghanistan war und blieb immer schwierig. Die Internationale Staatengemeinschaft hatte sich wieder nur auf die Bedürfnisse von den Helfern, den wenigen Soldaten, den Diplomaten, den vielen Abgeordneten eingelassen und eine Bundeswehr-Airline eingerichtet. Das war natürlich das bequemste, was man sich denken konnte: Das Einzige was ein Journalist, ein Diplomat, ein Abgeordneter im Bund oder Land, ein so genannter Helfer oder Berater machen muss? Nichts! Er muss sich nur an einem bestimmten Tag zu einer bestimmten Zeit am Militärflughafen in Köln-Wahn einfinden, dort wird alles für ihn erledigt, steht alles für ihn bereit. Von dort fliegt er erst nach Termes in Usbekistan, von Termes dann am gleichen oder am nächsten Tag weiter nach Mazar i Sharif oder nach Kunduz oder nach Kabul.

Man sorgte für Flughäfen für die Militärs, aber nicht für die Afghanen, die zu Zehntausenden gern mal für einige Wochen in ihr Heimatland zurückgeflogen wären. Deshalb kam die Weltgemeinschaft nicht darauf, dass man mit den 4,9 Milliarden, die in Tokio oder den Milliarden, die dann in London und dann in Paris zusammenkamen, auch einen der Flughäfen so zurechtmachen könnte, dass Afghanen ihr Land bereisen und besuchen könnten. Nein, die Einreise wurde nur erleichtert für die Besucher aus unseren Ländern, die Journalisten, die jetzt wieder täglich berichten aus Kunduz und Kabul, obwohl Soldaten da eigentlich nichts tun dürfen. Nur 20 Prozent der Soldaten dürfen in den drei Monaten da überhaupt aus der Kaserne und der Festung heraus. Einer, mit dem ich beinahe in einen engen Kontakt gekommen wäre, sagte mir traurig, weil er sich eigentlich aufregen wollte:

»Gerade diese Ohnmacht – helfen wollen, aber nicht können – und das damit oft einhergehende Gefühl der Sinnlosigkeit machten mir zu schaffen.« Aber, sagte er auch nach seinen vier Monaten, Sie wissen ja, als Soldat sei er »trotz der freiheitlich-demokratischen Grundordnung« in seiner Meinungsäußerung stark eingeschränkt.

»Ich kann wohl behaupten, dass meine Erwartungen nicht erfüllt wurden«. Und diese Erwartungen der einfachen Soldaten sind weiter gespannt als es die deutsche Tarifordnung und die Generalstaatsanwaltschaft Potsdam erlauben würden. Deshalb ist ein Denkmal für in Afghanistan ermordete und einfach gestorbene Soldaten so absurd. Für den Soldaten gehört das sich Einsetzen mit möglicher tödlicher Folge zum Berufsbild, wie für den Polizisten. Das Denkmal müsste eigentlich gebaut werden – wenn überhaupt eines gebaut werden sollte, wir meinen eher nein – für die 4 MSF Mediziner die in der Provinz Bagdis abgeschlachtet wurden und die 20 anderen Humanitären, denen das nicht im Berufsbild prophezeit wurde.

Deshalb mussten wir fünf Jahre (bis Ende 2008 keine Änderung) immer mit großem Aufwand an Bürokratie und Papieren, an Visa und mehreren Zwischenstopps nach Herat fliegen. Wir – ich war dieses Mal mit dem herrlich jungen Architekten Karl-Heinz Sachsenmaier zusammen – mussten in Teheran am großen Flughafen heraus, das Gepäck vom Fließband nehmen, 100 Euro umtauschen, dann mit unserem Gepäck gemütlich eine lange Straße von etwa einem Kilometer zu Fuß gehen, um vom International zum National Airport zu gelangen, dort erneut einchecken und dann warten, dass der Flug auch »on time« losgeht. Ein Inlandsflug nach Mashad. Dort sind wir meist um Mitternacht oder auch nach Mitternacht angekommen: Dann fuhren wir für ein paar Stunden in ein kleines Hotel in der Nähe des Busterminals, weil wir am nächsten Morgen dann zwischen 7.00 und 8.00 Uhr ein Sammeltaxi suchen mussten, bei dem wir mit 7.000 Toman (iranische Währung) dabei waren.

Für diese eine Nacht im Iran brauchen wir ein Transitvisum vom Generalkonsulat in Frankfurt, das für diese wenigen Stunden 60 Euro kostet.

Am Morgen ging es weiter an den Grenzkontrollpunkt, 300 km mit dem Auto, bis nach Dhogaroon, was auf der anderen, der afghanischen Seite Eslamghale heißt. Bis heute, nach so vielen Jahren nicht ermüdender Tätigkeit für Afghanistan und die Afghanen, hat es die zuständige Behörde in Deutschland, die Botschaft, immer noch nicht geschafft, mir ein Visum auf Lebenszeit oder zumindest eines für ein Jahr auszustellen. Nein, ich muss meistens persönlich zum Generalkonsulat nach Bonn fahren, nachdem ich vorher Geld bar eingezahlt habe, weil das Konsulat das so verlangt, um mir das Visum für die nächsten zwei Monate abzuholen. Es gibt bei den Behörden keinerlei Dankbarkeit für diese Arbeit.

Der erste Weg von der Grenze in Eslamghale bis zu unserem Projektquartier in dem Dorf Qara Bagh war eine Abenteuerfahrt, weil der Sand, der Wind und die Dünen in den letzten Tagen nach einem Sandsturm die Wege unerkennbar und fast unpassierbar gemacht hatten. Am nächsten Tag ging es nach Siad Kamarak. Dort sollte eine neue Schule für 780 Schülerinnen und Schüler von den Grünhelmen eröffnet werden.

Ich hatte in Siad Kamarak den jungen agilen Mullah gefragt, ob die Ortschaft etwas dagegen hätte, wenn wir einem Unterstützer dieser Schulbauten in Afghanistan hier die Ehre mit einem größeren Metallschild geben würden? Immerhin hatte der Menschenfreund Horst Engelhardt aus Mannheim uns das Geld für die ganze Schule gegeben.

Die Afghanen und zumal der junge Mullah waren einverstanden. Die Menschen hier waren sehr froh darüber, dass die Grünhelme die ganze Zeit vor Ort waren. Der Bauhandwerker und Uhrmacher Hans Wörle hatte in unserem Grünhelme-Quartier mitten im Dorf gewohnt und gelebt, als sei er ein Bürger dieses Ortes. Dieser Hans Wörle hatte vor über 30 Jahren in Afghanistan einmal zwei Jahre verbracht und hier gearbeitet. Er verfügte aus dieser Zeit noch über Spurenelemente der einheimischen Sprache, des Dari. Wir hatten gedacht, nach so langer Pause wäre diese Sprache und die Fähigkeit, sie zu sprechen, verschüttet. Aber siehe da, der Deutsche sprach mit den Bewohnern, die stolz darauf waren, dass jemand aus dem großen Alemania hierherkam und ihre Sprache nicht nur radebrechte, sondern sprach.

Wir hatten wieder eine wunderbare Eröffnung der Schule. Wir brachten das Schild mit dem Namen der Stiftung hier an (Horst und Eva Engelhardt Stiftung), es gab Gesänge, es gab Reden, es gab wie immer bei solchen Gelegenheiten ein großes herrliches Essen, das in großen metallischen Platten auf die Teppiche in dieser berauschenden Landschaft gestellt wurde. Dann aßen wir nach afghanischer Sitte mit der Hand Reis mit Hühnerfleisch.

Es war hier in Siad Kamarak, als ich 2003 zum ersten Mal mit den Dorfhonoratioren zusammen saß und wir uns über die Bedingungen der Grünhelme für eine Schule einigten. Das eine Quartier wollten sie uns gleich geben und freimachen, eine eigene Toilette für uns bauen. Sie bestätigten uns schriftlich, dass genügend Lehrer vorhanden sind und dass wir formell oder juristisch nach der Fertigstellung der Schule keine Verpflichtungen mehr für diese Schule hätten. Außer wir würden uns selbst dazu verpflichten, hier noch etwas zu organisieren, wie den Unterricht in Englisch oder die Abendschule für die erwachsenen Männer und die Morgenschule für die erwachsenen Frauen.

Damals bei dem Mittagessen im Haus des Mullahs saßen wir bei dem zweistündigen Ritual – eine Essenseinladung kann man nicht eben so annehmen, ohne sich klarzumachen, dass man dann einem schönen Ritual von mindestens zwei Stunden unterworfen ist – auch viele aus dem Dorf, ältere, jüngere, aber – wie immer noch in Afghanistan – nur Männer. Ich kam darauf, sie etwas zu fragen, weil wir wieder mal darüber sprachen, dass doch die Deutschen ganz anders sind, als die Russen oder Sowjets, die hier mit Helikoptern in der Gegend gewesen wären und Menschen hier herausgeholt hätten und auch etwas gegen die Religion, den Islam hätten. Da dachte ich, es wäre möglich, die Einwohner dieses Dorfes am Ende der Welt zu fragen, ob Sie denn überhaupt einen Deutschen kennen würden. Natürlich hatte ich erwartet, dass jemand von den Schulgebildeten den berühmten Johann Wolfgang von Goethe wegen des West-östlichen Divan, den es übersetzt im Afghanistan der früheren Jahrzehnte gegeben hatte, kennen würde. Oder den ersten Bundeskanzler Konrad Adenauer, der zum ersten Mal noch vor der Begründung des Ministeriums für Entwicklungshilfe rheinische Polizisten für die Ausbildung afghanischer Polizisten nach Kabul in den 50er-Jahren geschickt hatte. Oder Hindenburg, der im großen Wagen, der Präsidentenlimousine seinerzeit 1929, mit dem afghanischen König Amanullah durch die Prachtstraße Unter den Linden fuhr, um sich und der Welt die außergewöhnliche und privilegierte Freundschaft der Afghanen und der Deutschen zu demonstrieren. Oder eben Willy Brandt als den Bundeskanzler, der wohl mit der bekannteste deutsche Politiker der Nachkriegszeit in der ganzen Welt wurde.

Nein, es meldete sich irgendwie niemand auf diese Frage hin, die unser kluger Dolmetscher in die Runde auf Dari geworfen hatte. Doch dann sprang ein junger Kerl, ein Schüler, auf und sagte zwei Worte:»Oliver Kahn«!

Als ich Oliver Kahn am 2. September 2008 bei seinem Abschiedsspiel durch das Stadion ziehen sah, als ihm 80.000 Menschen in Münchens Olympiastadion mit stehenden Ovationen zujubelten, dachte ich mir: Schade, dass man Oliver Kahn nicht vermitteln kann, dass wir mit ihm zusammen noch eine Menge in Afghanistan tun könnten, gesetzt den Fall, er würde mal die Summe von 40.000 Euro spenden und dann mitgehen, damit wir dann in der Provinz Herat eine neue Schule eröffnen könnten, mit dem Namen»Oliver Kahn Schule«!

Wir hatten eine wunderbare Arbeit zu tun, von der wir immer schon überzeugt waren, dass sie für die Menschen mehr bringt als Schulen, das Ende der Analphabeten: Unterricht für Mädchen und Jungen. Es bringt viel mehr Zusammenhalt in die kleinen Dorfgemeinden. Zusammen mit der Zunahme der Infrastruktur kann man wirklich von einer Öffnung der Welt sprechen.

In Haustsche z. B. war das mit Händen zu greifen, der Ort war noch hinter dem Ende der Welt. Wir hatten immer, wenn wir die lange schwierig Piste bis nach Qara Bagh gefahren sind den Eindruck, hinter Qara Bagh oder Siad Kamarak oder Chenge Djan sei eigentlich nichts mehr. Dann aber holten uns ein paar Leute ab, eine Delegation der Dorfbewohner von einem Ort namens Haustsche. Ich war nervös, wir hatten viel zu tun. Am nächsten Tag machte ich mich auf den Weg, um diese Ortschaft zu erkunden. Hinter dem Ende der Welt ging es dann noch einmal in eine tiefe Schlucht und zwei Bergrücken und dann sahen wir wie in einer Malerei von Caspar David Friedrich vor einer Bergkulisse eine wunderbare Ortschaft pastoral-harmonisch vor uns liegen. Der mutmaßlich schönste Platz in Afghanistan.

Wir hatten das Geld für diese Schule von insgesamt 23 Troisdorfer Schulen bekommen, die in vielfältigen Aktionen, Läufen, Happenings, Informationsveranstaltungen Geld dafür gesammelt hatten. Gesammelt, getan, aufs Konto gegeben, und schon begannen wir die TROISDORF-Schule in Haustsche zu bauen.

Es herrschte noch immer große Aufbruchstimmung in Afghanistan nach dem Albtraum der Herrschaft der Sowjets und dann dem Albtraum der Taliban Schreckensherrschaft. Trotzdem konnte man hier erleben, dass etwa 100 Menschen mit Pickel und Schaufel die Straße zum Dorf einfach befahrbarer machten, damit die LKWs die Baumaterialien anliefern konnten. Auch der Niveauunterschied des Baugeländes von 1,6 Metern wird – wie das Fundament des Gebäudes – mit der Hand, mit Pickel und Schubkarre ausgeglichen. Materialbeschaffung ist hier das Hauptproblem. Für das Schnurgerüst suchten wir eine ganze Stunde, um 16 geeignete Bretter zu finden. Konrad Lampart berichtet von dem Bauplatz Haustsche: Werkzeuge und Zement müssen im fernen Herat eingekauft werden. Wir haben bei unseren bisher 27 Schulen immer Handlanger aus den Dörfern und so genannte »Spezialisten«. Spezialisten sind sie meist erst im Iran geworden, wo man schon in weiten Landstrichen die Lehmbauweise aufgegeben hat. Hunderttausende von Menschen, die aus dem Westen Afghanistans in den benachbarten Iran gegangen sind, haben dort auch das Mauern gelernt, das man bei der einfachen Lehmbauweise kaum braucht.

Klaudia Wilke ist die Chefin der Baustelle. Das geht gut, es geht mit Frauen, die von außen kommen gut, die Männer lassen sich von einer deutschen Fachfrau einfach was sagen. Sie ist während dieser Zeit der Boss der Baustelle.

Ein Problem, mit dem die globale Weltwirtschaft zu kämpfen hat und das sich fast in den Dax Indizes niederschlägt: Zu Beginn des Ramadan, des islamischen Fastenmonats, gehen die Leistungen der einzelnen in den Keller. So hatten das auch unsere beiden Mitarbeiter gemerkt: Es wird eben nicht so klar durchgearbeitet wie in normalen Monaten. Die einzige große Mahlzeit findet nach Sonnenuntergang statt, das bedeutet, das geht dann die ganze Nacht durch, manchmal wird einfach noch einmal am frühen Morgen gegessen.

Die Menschen sind in der gesamten ländlichen Umgebung von Herat sehr arm. Wir haben einen bezahlten Dienst eingeführt, weil wir die ehrenamtliche Arbeit nicht zulassen durften. Der Lohn von 2 Euro pro Tag für die Mitarbeit an der Baustelle bedeutet eine willkommene Einnahme. Für die wöchentlichen Lohnzahlungen am Donnerstag müssen wir eine ganze Tüte kleiner afghanischen Geldscheine bereithalten. Die Afghanen haben alle unsere Mitarbeiter als ein unerhört fleißiges und genügsames Volk erlebt, sie arbeiten an sechs Tagen in der Woche je acht Stunden auf der Baustelle. Und auch am Freitag, also dem islamischen Sonntag, sieht man viele arbeiten.

Wir Grünhelme haben diese Arbeit immer als mehr empfunden als das Hochziehen von Schulen (Afghanistan), den Aufbau von Dörfern (Sumatra, Aceh), den Bau einer Berufsschule (Ruanda), das Installieren einer Solaranlage (Palästina). Wir haben das immer auch als einen Beitrag zum besseren Verständnis der Völker gesehen.

Das Leben für die Mitarbeiter in den Dörfern der Provinz Herat, die etwa 40 km von der Grenze zum Iran und 100 km von der Grenze zu Turkmenistan entfernt ist, ist für die meisten fremd und spannend. Nomaden mit ihren Kamel-, Esel- und Rinder-Herden wohnen an den Rändern der meisten Dörfer, man kann sie von weitem erkennen an den großen weitausladenden schwarzen Zelten, in denen sie weiter wohnen und schlafen. Im Sommer ist es in diesen Breiten oft sehr heiß, aber nur am Tage, in den Nächten und am Morgen ist es sehr frisch. Gegen 10.00 Uhr beginnt ein kräftiger Wind zu wehen. Die Temperaturen sind also auch für einen Europäer günstig. Esel und Kamel sind für die meisten Bauern die wichtigsten Transportmittel, wenige, etwas Begüterte haben auch schon einen Traktor. Aber die überwiegende Mehrzahl der Böden Afghanistans wird mit einem stumpfen und bewunderungswürdigen Fleiß mit der Hand bearbeitet.

Der kleine Wohlstand begann mit den kleinen iranischen Motorrädern und den chinesischen Fahrrädern. In den Städten mit den Toyota Corollas, unverwüstliche Fahrzeuge, die auch in diesem Gelände nur zu bewundern sind.

Es gibt ein Problem, das bisher aufgrund des einzigen Problems, mit dem Afghanistan identifiziert wird, immer untergegangen ist:

Das einzige privilegierte Problem während der letzten sechs Jahre war die Frage der Sicherheit, die Frage des Aufbaus einer Polizei, die Durchsetzung des Landes mit ausländischen Nato Einheiten. Aber was darüber vergessen wurde, auch weil sich das Sicherheitsleben eben in wenigen Garnisonsquartieren abspielte und die überwiegende Mehrheit der Militärs Afghanistan eher aus der Luft kennt: Das Land ver-wüstet im Wortsinn.

Wenn man von der Grenze in Eslamghale nach Herat und dann weiter bis Karoq fährt, nutzt man die Tarmac Straße, die vom Iran damals im Zuge des Wiederaufbaus realisiert wurde. Diese Straße ist jedoch meist von Sanddünen überweht und kaum noch sichtbar. Neben dem Wiederaufbau der Wirtschaft wäre eine riesige nationale Anstrengung zur Wiederaufforstung des Landes eine der ganz großen Aufgaben für die Afghanen und für die Regierung Afghanistans. Dazu müsste die Regierung jedoch endlich Verantwortung übernehmen und die Korruption beenden.

Wir haben in Afghanistan sehr schöne Beispiele von Freundlichkeit und Gastfreundschaft erlebt, die uns dröge, sture Mitteleuropäer eher beschämt haben. Wir wurden andauernd zum Essen eingeladen, die, die länger im Lande blieben auch mal zu einer Hochzeit. Die Hochzeit ist ein großes gesellschaftliches Ereignis, ebenso wie der Brautpreis. Ohne den Brautpreis geht es nicht und auch nicht ohne eine große Feier im Dorf, wenn jemand verheiratet wird. Da werden manchmal bis zu 2000 Gäste eingeladen, man hatte bei einer dieser Hochzeiten in Qara Bagh tatsächlich 27 Säcke Reis gekocht. Frauen und Männer feierten natürlich immer getrennt. Die Geschlechtertrennung ist etwas, woran sich der Europäer gewöhnen muss und das wiederum nie kann. Die Frauen treten in der Öffentlichkeit so gut wie nie auf und wenn dann verschleiert. Das ist wirklich für den einen oder anderen von uns schwer auszuhalten.

Einmal grundsätzlich. Man kann es drehen und wenden wie man will: In der katholischen Kirche entscheidet sich die Modernisierung dadurch, ob sie in der Lage sein wird, die andere Hälfte der Menschheit gleich zu werten und zu behandeln. An der Frage, wie weit Frauen gleichgestellte Bürger und Menschen sind, wird sich auch die Aufklärung des Islam und die Zukunft der islamischen Republiken entscheiden. Aber wir können im Laufe unseres Lebens an der unterschiedlichen Behandlung von Frauen und Männern nichts ändern und sollen das auch nicht. In der Praxis ist das manchmal schwierig. Alle Formen der Galanterie, der Zuvorkommenheit und der Hilfe müssen ignoriert werden, dürfen nicht stattfinden. Einer unserer Bauingenieure bekam einen kleinen Koller, weil er immer, wenn er z. B. eine Frau sah, die irgendetwas Schweres trug, er dieser Frau helfen wollte. Aber die verstand das nicht und die Gesellschaft auch noch nicht.

In Qara Bagh, dem Hauptort des ersten Distrikts Golram, gab es einen Gemeindegenerator, der täglich drei Stunden am Abend das Dorf mit Strom versorgte. In den meisten kleineren Dörfern gab es diesen Luxus nicht. Wir Grünhelme kauften für jedes Miniteam einen kleinen Generator, mit dem man am Abend ein wenig Licht haben konnte, zusätzlich zu dem Licht aus der neuen wunderbaren Solarlampe.

Für manche von uns überraschend erfrischend und ein Erlebnis von unwiederbringlicher Schönheit: der Sternenhimmel, der so strahlend hell und klar ist, wie er es in den Ballungsgebieten Deutschlands nie wieder werden kann. Geschmälert nur von den beißenden Flöhen im Schlafsack. Gegen Morgen wird man von Hähnen, Eseln und Hunden geweckt. Man schläft in diesen Projekten meist mehr und lebt gesünder, weil alles wegfällt, was den organischen Rhythmus der Natur unterbricht. Um 9.00 Uhr sind viele immer schon dabei zu schnarchen oder zu schlafen, um 6.00 Uhr mit der beginnenden Helligkeit wacht man auf.

27 Schulen sind es Ende 2008, die wir Grünhelme fertig gestellt haben, in zwei Distrikten. Zunächst hatten wir 13 Schulen und eine regelgerechte Entbindungsklinik im Distrikt Golram fertig gebaut. Dann sind wir nach Karoq gegangen, wo der amtierende Außenminister Dr. Rangin Dadfar-Spanta geboren ist. Dort haben wir erneut 14 Schulen gebaut, immer in Dörfern, die die Bedingungen der Grünhelme erfüllt haben. Wenn ich sage »wir«, dann ist das für die erste Hälfte der Zeit genau richtig, weil es in der Tat eine ganze Reihe von Bauhandwerkern gab, die wir nach Afghanistan geschickt hatten. Wir fühlten uns sicher und gut behütet in den Dörfern, auch

wegen des traditionellen Gastrechtes der Afghanen. Doch dann geschah etwas am 29. Oktober 2005, was wir unseren Mitarbeitern künftig nicht mehr zumuten durften.

Wir arbeiteten seit nunmehr zweieinhalb Jahren sehr erfolgreich in Afghanistan, wir hatten insgesamt an die 20 Fachleute an verschiedenen Baustellen in der Provinz Herat, die überall diese wunderbaren Dorfschulen bauten. Wir warben dafür, auch weil bekannt wurde, dass man eine neue, stabile Schule, die meist das erste feste Gebäude aus Stein, Fundament und Armaturen in dem Dorf wurde, für 45.000 Euro fertig stellen konnte. Wir haben es danach sogar geschafft, den Preis noch zu vermindern und auf 40.000 Euro zu reduzieren.

Anfang Oktober 2005 wurde wieder ein Miniteam nach Boson geschickt. Wir waren den lebhaften Bitten der Stammesältesten des Dorfes nachgekommen und hatten einen Vertrag vereinbart, in dem bestätigt wurde, dass Boson genügend Lehrer hatte und bereit war, nach Fertigstellung der Schule diese auch weiter zu unterhalten. Dies sollte in Zusammenarbeit mit dem Schulministerium in Herat geschehen, das etwa dem Kultusministerium in einem deutschen Bundesland entspricht. Das Fundament war an diesem Tag fertig gestellt worden, so dass man am 1. November mit dem Mauern hätte beginnen können.

29. Oktober 2005

Aus dem Bericht von Ralph Foerke:»Wir gingen so gegen 22.00 Uhr zu Bett. Gegen 23.00 Uhr wurde ich durch ein Geräusch wach. Richard Erschbaumer sagte später, dass da wohl jemand an der Tür geklopft habe. Aber Sekunden später wurde etwas in den Raum geworfen, was gegen die gegenüberliegende Wand prallte und mit einem ohrenbetäubenden Knall explodierte. Wie wir später erfuhren, war das eine Handgranate gewesen.«

Richard war durch die in den Raum hineingeworfene Granate schwer, Ralph Foerke leicht verletzt. Alles war in dieser Situation von dem leicht Verletzten abhängig, weil der sich noch bewegen konnte. Ralph traute sich aufzustehen und sich aus dem Schlafsack zu wickeln, was aber sehr schwierig war. Ihm schien es zu nass zu sein in seinem Schlafsack. In Wirklichkeit war das sein Blut. Er hatte seine Stirnlampe griffbereit und konnte sein Bein mit zwei T-Shirts abbinden. Danach wollte er den Übersetzer Kamal rufen. Doch der Übersetzer war nirgends zu sehen.

Ralph zerrte den schreienden und immer noch unter Schock stehenden Richard aus dem Schlafzimmer in die Küche, in der der Qualm nicht so heftig war. Richard, so konnte er jetzt sehen, hatte eine stark blutende Kopfverletzung, die er aber schnell unter Kontrolle hatte. Problematischer waren die vielen kleinen Wunden im rechten Bein und am Rücken. Nachdem Ralph Richard notdürftig verbunden hatte, begann er Krach zu schlagen. Mit einem großen Blechtablett schlug er fünf Minuten gegen das Fenstergitter, um auf die Lage aufmerksam zu machen, vielleicht auch, um die Angreifer zu vertreiben. Ralph machte die Tür auf, humpelte zu dem Aggregat und warf den Generator an. Sofort war das Wohnhaus gegenüber der Schulbaustelle hell erleuchtet. Jetzt gab Ralph Richard erst mal eine hohe Dosis Schmerzmittel und versuchte die Klinik der Grünhelme in Qara Bagh anzurufen, wo sich die deutsche Krankenschwester Döne mit ihrem afghanischen Mann Faisal befand. Aber ohne Erfolg. Dann rief Ralph in Troisdorf bei uns zu Hause an, Christel war am Apparat und ich hörte sie im Flur ein bisschen hysterisch schreien, ahnte, dass da etwas Schlimmes passiert ist.

Wir waren nun in Troisdorf (über 6000 km von dem Ort des Anschlags entfernt) bemüht, die richtige Nummer von Faisal herauszubekommen, der ja bei Cap Anamur unter Vertrag war. Als wir ihn erreicht hatten, machte sich Faisal sofort auf den Weg. Das Auto vom Krankenhaus kam so gegen 0.30 am nächsten Morgen an. Sehr bewegt hat Ralph uns später erzählt, dass er dafür gebetet habe, dass Richard nicht unterwegs verbluten möge. Döne hatte im OP mittlerweile alles vorbereitet, konnte Richard aber nur notdürftig versorgen. So beschloss man um 5.00 Uhr morgens mit einer Ambulanz und einer Polizeieskorte in die Klinik nach Herat zu fahren. Dort wurden beide Mitarbeiter geröntgt und es wurden in ihren Körpern Metallsplitter entdeckt. Die alle irgendwann heraus mussten. Eine OP war für die Deutschen im Krankenhaus von Herat wegen der Infektionsgefahr nicht zu empfehlen. Man kam auf die Idee, die

ISAF[8] in Herat anzusprechen, die zufällig hier italienisch war. Und da Richard italienischer Staatsbürger war, wurde er in die ISAF Klinik aufgenommen.

Für uns war klar, wir durften bis zur Klärung des Überfalls in Boson keine Mitarbeiter mehr in den Distrikt schicken und mussten uns auch demonstrativ zurückziehen. Richard Erschbaumer ist mit der italienischen ISAF Luftbrücke herausgekommen, Ralph Foerke mit einem Linienflug. Wir haben bis heute keinen polizeilichen Bericht über das, was sich in Boson zugetragen hat. Das Schlimme ist die Ungewissheit darüber, was Ursache des Anschlags gewesen ist und die Ansammlung von Hypothesen:

• Es kann ein Überfall des rivalisierenden Paschtu Dorfes von nebenan gewesen sein, die neidisch waren auf den Ort, weil er eine Schule bekam.

• Es kann sich gegen die Besitzer des Hauses gerichtet haben, eine alte offene Rechnung zwischen zwei Familien.

• Es kann ein Angriff auf die ungläubigen Ausländer gewesen sein, die man aus dem Ort herausekeln wollte.

Ein Anschlag wie dieser war nur deshalb möglich, weil der Albtraum der hintereinander gestaffelten Kriege in diesem Land (gegen die Sowjetunion, den Bürgerkrieg, den Krieg gegen die Taliban) noch nicht vorbei ist. Und jeder mindestens eine Waffe im Haus hat.

Wir haben von da an die Arbeit anders organisiert: Wir haben nur noch mit Einheimischen gearbeitet und mit einem deutschen Afghanen, den wir aus Deutschland geschickt haben und der bereits ein halbes Jahr in Afghanistan gearbeitet hatte: Zobair Akhi, der selbst von Beruf Bauingenieur ist und zugleich den unglaublichen Vorteil hat, die Sprache zu sprechen, professionelle Erfahrung zu haben und umsichtig das Projekt vorantreiben zu können.

Diesem unglaublich verdienstvollen Afghanen, der zugleich ein deutscher Staatsbürger und dann noch Heidelberger geworden ist, wurden alle nur möglichen Schwierigkeiten und Knüppel zwischen

---

8 ISAF = International Security Assistance Force, ist eine Sicherheits- und Aufbaumission unter NATO-Führung.

die Beine geworfen. Die afghanische Regierung, die nur durch die Mittel der Internationalen Gemeinschaft und durch die Waffen und die Bodyguards der Amerikaner überhaupt noch im Amt ist, hat wirklich alles Interesse an ihrem Volk verloren. Wenn einer sich darum kümmern müsste, dass es im Lande eine richtig gute und loyal stolze Polizei gibt, dann müsste das der Präsident Afghanistans sein. Denn nur mit einer starken und ganz loyalen, fast preußischen Polizei kann eine Gesundung des Landes gelingen. Aber der Präsident kümmert sich nicht um solche Kleinigkeiten.

Der Präsident müsste sich darum kümmern, wenn in Shendang 70 oder gar 90 Menschen durch einen Bombenagriff der US-Streitkräfte aus Versehen bombardiert werden und sterben. Dann darf ein Präsident der Afghanen das nicht so stehen lassen. Er kann sich bei den gegenwärtigen Verhältnissen und seiner mangelnden Popularität aber auch nicht zu den Angehörigen der 90 ermordeten Menschen in die Provinz Herat begeben. Aber man stelle sich das nur mal vor: In Deutschland würden aus Versehen 90 Menschen, 90 unbescholtene Bürger einfach bombardiert, was es dann für einen Aufstand geben würde. Stattdessen machen wir uns in den Nachrichten ausschließlich Gedanken um den einen deutschen Bundeswehrsoldaten, der bei Kunduz gefallen ist. Aber wir ziehen auch keine Konsequenzen aus dieser fürchterlichen Asymmetrie. Es wird andauernd über die asymmetrischen Kriege geredet, auch der Verteidigungsminister hat das wieder getan. Der eine deutsche Soldat führt zu einem Erdbeben in der Bundesrepublik – die 90 bombardierten Afghanen finden in einer Randnotiz Erwähnung.

Wir bekamen von den afghanischen Behörden, die da neu entstanden sind, nur Schwierigkeiten und Knüppel zwischen die Beine geworfen. In einem Schreiben vom 15. März 2007 hat uns der Zobair Akhi geschrieben: »Unsere Projekt: Nach dem langen Winter hat man gerade wieder mal in Badamtu arbeiten können, als dort Konflikte zwischen den Stämmen wieder losgegangen sind. Aus Sicherheitsgründen wurde mir empfohlen, dort die Arbeit erst mal einzustellen. In Djende Chan laufen die Arbeiten gut voran. Die Mauer um die Schule ist auch fertig gestellt.«

Er schrieb weiter: »Bei Deinem Besuch – ich hatte alle drei Monate Afghanistan besucht – müssen wir mit dem Leiter der Schulbehörde, dem Schulminister Fahim wirklich Klartext sprechen. Entweder ist unsere Hilfe für Afghanistan notwendig und wir machen weiter oder wir helfen in einem Land, in dem es bessere Minister und logischere Gesetze gibt. Es gibt Ortschaften, (und Zobair ist gebürtig aus dieser Gegend) die seit über 50 Jahren auf eine Schule warten. Die Regierung erzählte mir, wir brauchen eine Erlaubnis aus Kabul, damit wir dort eine Schule bauen können. Die Menschen hier fragen: Wie lange sollen sie noch auf Kabul warten? Lieber Rupert, langsam aber sicher habe ich das Gefühl, dass diese Regierung es nicht verdient, dass ihr geholfen wird. Wir Helfer haben hier nicht nur mit der miserablen Sicherheitslage und der immer stärkeren Sympathie für die Taliban zu kämpfen, sondern auch mit der bösartigen Gesetzgebung der Regierung in Kabul und ihrem korrupten Staatsapparat. Jetzt bin ich mir sicher, dass auch die Probleme im Süden des Landes (Helmand, Farah, Kandarhar) hausgemacht sind.«

Der Militäreinsatz der ISAF hat sich gleichzeitig so verweichlicht und überflüssig gemacht, dass man über die Parlamente in Europa staunt, die weiter scharenweise ihre Soldaten besuchen, aber nicht verstehen wollen, dass seit der Ausdehnung der Stationierung westlicher Soldaten die Sicherheitslage stetig schlechter geworden ist. Selbst da wo die Sicherheitslage vorher vorzüglich war, hat die Präsenz von Soldaten sie unsicher gemacht. Das alles aber wird verschwiegen und unter den Teppich gekehrt. Wenn das nur nicht alles so wahnsinnig teuer wäre. Die deutsche Bundeswehr kostet den deutschen Steuerzahler 700 Mio. Euro im Jahr, die Bundesregierung gibt für den zivilen Wiederaufbau im Lande etwa 70 Mio. Euro aus. Schlimmer ist aber, dass man eine Regierung alimentiert, die unser Geld nicht wert ist. Die in Saus und Braus und völlig ohne Kontakt zur Realität lebt. Diese Regierung hat das tapfere und fleißige Volk nicht verdient. Solange sich diese Regierung nicht um ihr Volk kümmert und sich aus Kabul herausbewegt in die Provinzen, würde ich im übernächsten Bundeshaushalt alle Posten für Afghanistan streichen, die nicht über gut beleumundete Einheimische und kleine Organisationen an die kleinen Landwirte in den Dörfern und in die wichtige Verkehrsinfrastruktur und in die Polizei und die Armee der Afghanen gehen. Warum im übernächsten Bundeshaushalt alle Haushaltstitel nach Schema F vergeben, nur weil das Geld für den nächsten Bundeshaushalt schon insgesamt weg ist. Wir Grünhelme wüssten, wie man die Provinz Herat befriedigen könnte, man müsste uns nur fragen. Christel hat mich oft kritisiert, ich sei zu optimistisch für Afghanistan. Wahrscheinlich hat sie Recht. Ich habe die Menschen immer in dieser Härte des Lebens und ihrer Unbeugsamkeit so wunderbar gefunden. Schon damals, als sie sich gegen die übermächtige Sowjetunion wehrten und sie tatsächlich aus dem Land trieben. Noch bei Abfassung des Buches »Jenseits von Kabul – Unterwegs in Afghanistan« (München 2003) war ich mir ganz sicher, dass das Experiment Afghanistan gut gehen würde. Ich hatte jedoch einige Faktoren nicht in mein Kalkül einbezogen:

- Mir war nicht bewusst, dass die Regierung in Kabul sich aus so windigen Leuten zusammensetzen würde, die sichtbar nichts getan haben, um für ihr Land und ihre stolze Bevölkerung mehr an Eigensouveränität und Wohlstand und friedlichen politischen und sozialen Umgangsformen herauszuholen. Die Chance dafür bestand. Dass es unter den Ministern und Ministerialen wenige gute und bewundernswerte Ausnahmen gibt, wissen die, die ich ausnehmen will, schon selbst.

- Christel und mir war nicht bewusst, dass sich die deutsche Politik von den Afghanen und der zivilen Gesellschaft und der für uns faszinierenden Kultur nicht mehr anfeuern und antreiben lassen würde. Unsere deutsche Gesellschaft und unsere deutsche Politik hat diese große Einladung der Afghanen in ihrer Gesamtheit – ob sie Paschtunen, Tadschiken, Usbeken, Hazaras, Belutschen und Turkmenen waren – nicht angenommen. Sie hat diese große Geste der Afghanen nicht wahrnehmen wollen. Wir Deutschen waren eingeladen auf ganz hoher Stufe mit den Afghanen den Wiederaufbau zu gestalten. Mehr zu machen als jedes andere europäische und westliche Volk.

Christel und mir ist bewusst geworden, dass man die Afghanen nicht mit Truppen und Soldaten, mit Tornados, Awacs und »helicopter gunship« besiegen und unterkriegen kann. Dass uns dieses Missverständnis wieder passieren musste, ist schon tragisch. Fontane hat uns eine der besten Balladen[9] dazu geschrieben, deren Schlusssätze lauten:

»Die hören sollen, sie hören nicht mehr,
Vernichtet ist das ganze Heer.
Mit dreitausend der Zug begann,
Einer kam durch aus Afghanistan.«

---

9 Theodor Fontane: Das Trauerspiel aus Afghanistan, 1898.

Christel Neudeck

Troisdorfer Schulen bauen eine Schule in Afghanistan

Die Zentrale der Organisation Grünhelme liegt in dem Stadtteil Spich in Troisdorf. Troisdorf ist eine Industriestadt mit 70.000 Einwohnern. Der Anteil der Bürger mit ausländischem Hintergrund beträgt gut 10 Prozent, es gibt 102 unterschiedliche Nationalitäten. Wenn ich durch die Stadt gehe, schaue ich in die vielen Gesichter und würde gern fragen: Was habt ihr erlebt? Woher kommt ihr, wie geht es euch hier in unserer Stadt? Neben den christlichen Kirchen haben die muslimischen Mitbürger eine Moschee gebaut. Natürlich gibt es auch Spannungen, aber im Großen und Ganzen kann man stolz sein, in dieser Stadt zu leben.

Wie kam es dazu, dass alle 23 Schulen der Stadt ein Jahr lang viele Aktionen durchführten, bis 45.000 € gesammelt waren? Heute steht in Haustsche in der Provinz Herat die Troisdorf-Schule für etwa 600 Schülerinnen und Schüler.

2003 traf ich beim Einkaufen Marlene Zinken. Sie ist Sozialpädagogin, war 1979 die erste Frau im Rat der Stadt Troisdorf und hatte sich damals sehr dafür eingesetzt, dass die ersten vietnamesischen Bootsflüchtlinge der Cap Anamur nach Troisdorf kommen konnten. Später hatte sie eine Aktion mit verschiedenen Schulen durchgeführt für eines unserer Projekte in Äthiopien. Wir mochten uns, hatten aber beide zu wenig Zeit, um uns einfach mal so zu treffen. Nun waren wir ohne große Verpflichtungen und wollten einmal zusammen Kaffee trinken.

Die Grünhelme gab es seit einigen Monaten und ich berichtete ihr davon. Marlene ist sehr begeisterungsfähig und dabei auch noch gut strukturiert. Sie hatte sofort eine zündende Idee. »Wie viel kostet eine Schule in Afghanistan?«»45.000 €« (heute kostet eine Schule 40.000 €, weil wir mehr Erfahrungen haben und das gleiche Konzept verwenden können), antwortete ich.»Das können wir schaffen«, war ihre Antwort und ich hatte gar keine Chance, ihr die Schwierigkeiten auszumalen und zu erklären, dass das sehr viel Geld ist.

Wir baten um zehn Minuten Zeit in einer Schulleiter-Konferenz, die uns gewährt wurden. Es entstand eine besonders engagierte Gruppe von Leuten, die sich regelmäßig trafen und Aktionen überlegten. Wir gingen in die Schulen, bald schon wussten alle Kinder Troisdorfs mit dem Land Afghanistan etwas anzufangen. Der Bürgermeister und seine Mitarbeiterin befürworteten das Projekt sofort und unterstützten uns, wo sie konnten. So sammelten sie z. B. beim Neujahrsempfang für uns. Ein stadtbekannter Maler entwarf ein Plakat und beteiligte sich an der Ideensammlung. An einem langen Samstag trugen die Schüler Stühle in die Fußgängerzone, stellten sie in eine sehr lange Reihe und die Bürger konnten sie symbolisch für 45 € kaufen. Jede Schule hatte eine Vorführung vorbereitet: Eine Trommelgruppe trommelte, andere spielten ein passendes Theaterspiel, wieder andere boten Waffeln an, eine Klasse hatte Blumen gezogen und verkaufte sie; trotz Nieselregen war die Stimmung in der Stadt fantastisch und alle waren sehr zufrieden.

Es gab auch Durststrecken, ein Jahr ist lang und die Spannung musste immer mal wieder gehalten werden. Es ist gelungen und das Glück wollte es, dass gerade in Haustche ein junger, engagierter Schulleiter arbeitet, der seine neue Schule mit Leben füllt. Rupert Neudeck nahm Zeichnungen von den Troisdorfer Schülern im Koffer mit zu den afghanischen Schülern, diese malten auch und so gingen Botschaften hin und her.

Ich lernte in diesem Jahr, dass bei dieser Aktion beide Seiten etwas bekamen. Für die Kinder in Troisdorf war es schön zu erfahren, wie sehr die Kinder in Haustsche auf die Fertigstellung ihrer Schule warteten und sich auf den Unterricht freuten. Sie fühlten sich verbunden mit den Schülern dort trotz der großen Entfernung.

Ein Lehrer hatte mit seiner Medien-Arbeitsgemeinschaft die Aktionen aufgenommen und auf eine CD gebrannt. Einige Städte und Schulen bundesweit schlossen sich unserer Idee an und entwickelten zusätzlich neue Ideen. Für uns war dieses Geld ein wertvolleres Gut, mehr als nur Münzen.

Marlene betont den nachhaltigen Wert, der in der Erfahrung tausender Kinder liegt, selbst etwas bewirkt zu haben, damit mehr Gerechtigkeit geschaffen wird in unserer gemeinsamen Welt. Es sei doch »kinder-leicht«, etwas zum Guten zu wenden und mache zusätzlich riesige Freude – so äußerte sich ein schon mehrfach an Aktionen beteiligter Troisdorfer.

Christel Neudeck

Im Gespräch mit Zobair Akhi, Diplom-Ingenieur aus Heidelberg

Die Grünhelme bauen seit 2003 in der Provinz Herat in Afghanistan Schulen. Bisher wurden 27 Schulen für je etwa 600 Schülerinnen und Schüler fertig gestellt. Es handelt sich um Gebäude aus Ziegeln, weil diese nicht reparaturanfällig sind wie Lehmbauten. Eine Schule kostet 40.000 €. Keine dieser Schulen wurde zerstört, in allen lernen Kinder. Nach einem Überfall auf ein Team schicken wir keine deutschen Mitarbeiter mehr in dieses Projekt. Der Bauingenieur Zobair Akhi war und ist bereit, weiterhin in seinem Heimatland zu arbeiten. Für uns und vor allem für die Kinder in den Dörfern um Herat ist das ein großes Glück.

Zobair, Du wurdest 1968 in Herat/Afghanistan geboren. Zu eurer Familie gehörten 16 Kinder von zwei Müttern. Wie war das Zusammenleben in der Familie? Hattet ihr Geschwister ein geschwisterliches Verhältnis zueinander? Habt ihr z. B. einmal am Tag alle zusammen gegessen? Wie konnte Dein Vater die Großfamilie ernähren?

Ich bin das jüngste von sechs Kindern meiner Mutter. Als meine Mutter mit mir schwanger war, hat mein Vater noch einmal geheiratet. Mit seiner zweiten Frau bekam er zehn Kinder, das erste Kind ist knapp ein Jahr jünger als ich. Wir lebten alle in einem großen Haus zusammen. Jede der beiden Frauen hatte mit ihren Kindern einen fast getrennten Bereich für sich. Abwechselnd kochten die Frauen für die ganze Familie, gegessen wurde getrennt. Manchmal aß mein Vater dort, manchmal bei uns. Als Kind war es für mich natürlich schön, viele kleine Geschwister zu haben. Es war für mich nicht wichtig, von welcher Mutter sie waren. Ich liebte sie sehr, es waren einfach meine Geschwister, meine Freunde und meine Spielgefährten.

Ich glaube nicht, dass es für meinen Vater schwierig war, seine Großfamilie zu ernähren. Meine Familie betreibt seit Generationen Landwirtschaft in Herat, außerdem war mein Vater ein aktiver Geschäftsmann.

Wurden beide Frauen und alle Kinder möglichst gleich behandelt?

Die finanzielle Sicherheit ist für das Wohlbefinden der Menschen oft allein nicht ausreichend. Es ist töricht, wenn jemand behauptet, er könne zwei Frauen gleich gut behandeln. Wenn er die erste Frau lieben würde, müsste er die zweite nicht heiraten. Meine Mutter war eine sehr liebenswürdige und vernünftige Frau. Sie gab sich große Mühe, damit wir Kinder unter ihrer misslungenen Ehe nicht litten und vermittelte uns das Gefühl, dass unsere Halbgeschwister unsere normalen kleinen Schwestern und Brüder sind. Natürlich bemerkte ich irgendwann die zwangsläufigen Schwierigkeiten meiner Eltern miteinander und die Probleme, die meine älteren Geschwister mit der zweiten Ehe meines Vaters hatten. Es gab Eifersucht und das Gefühl, ungleich behandelt zu werden. Solche Streitigkeiten sind in Familien mit Doppelehen ganz normaler Alltag. Nicht ohne Grund bin ich ein harmoniebedürftiger Mensch.

Mein Vater war mit der Zeit mit der Erziehung seiner vielen Kinder teilweise überfordert. Hierzu trugen nach 1979 sicherlich auch die politischen Veränderungen im Lande erheblich bei. Als ehemaliger Abgeordneter des früheren Nationalrates (der Loya Jirga) des Königs Saher Schah war er auf der Schwarzen Liste der prorussischen Regierung und ständig besorgt um seine Sicherheit. Aus diesem Grunde verbrachte er in dieser Zeit viele Tage, sogar Wochen und Monate auf der Flucht in Kabul, in Pakistan oder im Iran, wo man ihn nicht kannte.

Wie erinnerst Du Deine Kindheit? Welche Spiele habt ihr gespielt? Hattet ihr Brüder Kontakt zu Euren Schwestern und deren Freundinnen? Von welchem Lebensjahr an bist Du wie lange in die Schule gegangen? Welche Fächer wurden unterrichtet und wie viele Jungen waren in einer Klasse? Wurden Schüler geschlagen?

Zu meiner Kindheit zähle ich die ersten 11 bis 12 Jahre meines Lebens, bis die Russen in Afghanistan einmarschierten. Diese Jahre habe ich in sehr, sehr schöner Erinnerung. Genauso sollte meiner Meinung nach jedes Kind seine Kindheit leben können. Um unser Haus herum hatten wir einen fast 4.000 Quadratmeter großen Garten mit verschiedenen Obstbäumen und Spielwiesen. Ein kleiner Bach floss hindurch, in dem Enten schwammen. Meine kleinen Brüder und ich hatten mehr als 30 Brieftauben in verschiedenen Farben, die wir um unser Haus fliegen ließen. In Herat weht von Juni bis September ein sehr starker Wind. In dieser Zeit verbrachten alle Kinder Herats jede freie Minute nur noch mit dem Drachenfliegen.

Es war schon damals wie heute fast auch noch so, dass Mädchen selten zu ihren Freundinnen gingen oder mit ihnen ausgehen konnten außer, sie gehörten zu den nahen Verwandten. Mädchen kamen von der Schule nach Hause und gingen am nächsten Morgen wieder zur Schule, die restliche Zeit verbrachten sie zu Hause. Ich kannte einige Freundinnen meiner Schwestern oft nur vom Sehen und »Hallo« sagen.

Mit sieben Jahren wurde ich eingeschult. Als ich Afghanistan verließ, hatte ich die 8. Klasse des Gymnasiums abgeschlossen. Die vierte Klasse musste ich wiederholen, weil mein Kunsterzieher mich nicht versetzte. Er begründete das damit, dass ich nicht schön genug schreiben würde. Das Schönschreiben wird in der islamischen Welt sehr geschätzt. Wir konnten dieser Entscheidung nicht widersprechen, aber bekamen später den wahren Grund dafür heraus. Der Bruder meines Kunstlehrers war einmal Mieter in einem Laden meines Vaters gewesen. Mein Vater hatte ihm kündigen müssen, weil er den Laden verkaufen wollte. Der Kunstlehrer sah nun seine Pflicht darin, sich durch diesen Vorgang für seinen Bruder zu rächen. Mir schadete die Wiederholung der 4. Klasse deshalb, weil ich mich seither für meine Handschrift schäme. Deshalb bin ich sehr froh, dass man heute mehr mit dem Computer schreibt. In Fächern wie Geschichte, Erdkunde, Chemie, Religion, Farsi (meine Muttersprache), vor allem in Mathematik und Physik war ich oft der Beste in der Klasse. Das lag daran, dass meine beiden älteren Schwestern Lehrerinnen waren und mir abends erklärten, was ich nicht verstanden hatte. Ab der 4. Klasse wurde Paschto als zweite Landessprache, ab der 6. Klasse Englisch als erste Fremdsprache unterrichtet. Häufig war der Schüler mit den besten Noten der Vertreter des Lehrers. Er hatte die Aufgabe, während der Abwesenheit des Lehrers die Schüler ruhig zu halten. Oft tranken unsere Lehrer im Lehrerzimmer zusammen ununterbrochen Tee, während der eine Schüler mit einem Stock seine Mitschüler zum Schweigen prügelte. In manchen Jahren habe ich diese undankbare Aufgabe übernehmen müssen. Ich erinnere genau, dass einmal der Schuldirektor in unsere Klasse kam, weil meine Mitschüler sich gerade etwas lauter unterhielten. Er fragte mich:»Warum ist Deine Klasse so laut und wo ist euer Lehrer?«Ich sagte ihm, dass der Herr Lehrer im Lehrerzimmer mit den anderen Lehrern Tee trinke und die Schüler nicht auf mich hören würden. Dann fragte er mich, wo mein Schlagstock sei. Ich antwortete ihm, dass ich keinen habe. Er beauftragte mich, von dem Maulbeerbaum draußen einen Stock zu holen. Als ich zum Glück mit einem etwas dünneren Stock wieder ins Klassenzimmer kam, fragte er mich nach der Anzahl der Schüler in unserer Klasse. Ich antwortete:»27«. Dann sprach er:»Halte Deine Hand auf und zähle die Schläge.« Er schlug genau 27 Schläge auf meine rechte Handfläche und forderte mich dann auf, die andere Hand hinzuhalten. Nach weiteren 27 Schlägen auf die linke Hand hatte das Holz seine steife, frische Form verloren. Danach ging er und in der Klasse herrschte den ganzen Tag aus Mitleid mit mir eine Friedhofsruhe. Zehn Tage lang konnte ich mit meinen Händen weder Drachen steigen lassen noch die Hausaufgaben selbst machen. Danach wollte ich nie mehr die beste Note in der Klasse haben.

Trugen Deine Schwestern außerhalb der Familie die Burka und war das ganz selbstverständlich für sie? Wurden sie verheiratet oder konnten sie ihren Partner selbst wählen? Die arrangierten Heiraten sind uns ja ganz fremd; aber waren sie eventuell mit den ausgesuchten Partnern sehr zufrieden?

Das Tragen der Burka hat in unserer Familie keine lange Tradition. Meine älteren Schwestern haben vor 30 oder 40 Jahren keine Burka getragen. Wenn sie zur Schule gingen, trugen sie wie damals viele Mädchen in Herat eine Schuluniform. Diese bestand aus einem etwas längeren schwarzen Mantel aus nicht sehr dickem Stoff und einer weißen Hose. Auf dem Kopf trugen sie ein dünnes weißes Tuch. Wenn junge Frauen privat unterwegs waren, trugen sie manchmal einen Chador. Eine Burka trugen eher ältere Frauen oder Frauen aus strenggläubigen Familien. Frauen mit einer Burka waren damals eher ein seltener Anblick.

Den Lebenspartner suchte und sucht sich die Frau in Herat selten selbst aus. Meine beiden älteren Schwestern sind mit ihren Cousins verheiratet, was damals oft so war. Es ist schwer zu sagen, ob sie mit ihren Ehen zufrieden sind. Sie wurden mehr auf Wunsch meines Vaters mit 21 und 24 Jahren verheiratet als auf ihren eigenen Wunsch. Meine älteren Brüder und ich wollten unsere Cousinen nicht heiraten. Mein jüngerer Bruder ist hingegen mit einer meiner Cousinen sehr glücklich verheiratet. Dieses Glücksspiel, das hier mit der Zukunft junger Leute getrieben wird, hat leider immer noch nicht nachgelassen. Der einzige Trost dieser armen Frauen ist der, dass bei einer arrangierten Heirat die Familie das Leid teilt.

Du warst erst 16 Jahre, als Du Afghanistan verlassen hast. War das Deine Entscheidung oder die Deines Vaters? Wie war 1984 die politische Situation? Warum kamst Du nach Deutschland? Hattest Du ein normales Visum und stelltest hier einen Asylantrag?

Von einer Entscheidung kann ich nicht reden. Es war mehr ein Muss. Die sicherheitspolitische Lage in Afghanistan nahm uns die Entscheidung ab. Ich weiß nicht, was mit mir passiert wäre, wenn ich nicht geflohen wäre. Ganz sicher bin ich sehr ungern gegangen. Ich musste meine Welt gegen eine ganz unbekannte tauschen, meine Mutter wahrscheinlich für immer verlassen, würde meine Geschwister und Freunde lange nicht sehen. Ich ging weg, um als Soldat nicht zu töten oder getötet zu werden. Die Alternative zu bleiben bestand darin, mit den Russen gegen die Afghanen oder mit den Afghanen gegen andere Afghanen und die Russen kämpfen zu müssen. In beiden Fällen wäre ich mit mir nicht zufrieden gewesen.

1984 war für mich das schlimmste Kriegsjahr in Afghanistan. Der Krieg zwischen den Russen und den Mujaheddin war in eine kritische Phase getreten. Ich weiß noch genau, dass wir keine Nacht durchschlafen konnten. Schießereien zwangen uns nachts aus den Federn, vor blinden Patronen versteckten wir uns in den Ecken der Zimmer. Am Morgen zählte ich mit meinen kleinen Brüdern die Einschusslöcher an den Wänden unseres Hauses oder wir ersetzten die zu Bruch gegangenen Glasscheiben mit Plastikfolie. In diesem Jahr hatte die Fluchtwelle bereits meine Generation erreicht. Die prorussische Regierung hatte das Alter für den Militärdienst auf das 15. Lebensjahr herunter geschraubt. Mit anderen Worten: Sie zogen Kinder zum Militärdienst ein. Auch meine Freunde begannen einer nach dem anderen zu verschwinden. Manche konnten über die Grenze in den Iran oder nach Pakistan fliehen, andere wurden zum Militärdienst eingezogen und ihre Eltern warten heute noch auf sie.

Ich war einer von den weniger Glücklichen, die zum Militärdienst eingezogen wurden; aber nach knapp vier Wochen konnte ich mit Hilfe von Freunden meines Vaters fliehen. Danach ermöglichte mir mein Vater sowohl logistisch als auch finanziell, auf dem Landwege nach Pakistan zu kommen. Von dort konnte ich kurze Zeit später mit einem gekauften Reisepass nach Deutschland fliegen.

Mein Zielland war Deutschland, weil mein älterer Bruder dort lebte. Er ging acht Jahre vorher zur Zeit von Davud Kahn zum Studium nach Heidelberg. Ich werde nie vergessen, in welchem seelischen Zustand und mit welcher Angst ich nach Deutschland kam. Ebenso werde ich nie aufhören, Deutschland dafür zu danken, dass ich aufgenommen wurde als wäre ich ein Sohn dieses Landes, der heimkehrt.

Es war sicher mehr die Idee meines Vaters als meine eigene nach Deutschland zu gehen. Für diesen mutigen Schritt bin ich ihm im Nachhinein sehr dankbar.

Vier Tage vor Weihnachten 1984 habe ich am Flughafen Frankfurt bei der Polizei einen Antrag auf Asyl gestellt. Schon im September 1985 ging ich in Heidelberg in die 9. Klasse der internationalen Gesamtschule.

Erinnerst Du Dein Gefühl, als Du in Frankfurt in einer für Dich sehr fremden Welt gelandet bist? Haben Dich Verwandte abgeholt und aufgenommen? Du hast dann hier Dein Abitur gemacht und wurdest Diplom-Ingenieur. Das muss für einen so jungen Mann eine sehr harte Zeit gewesen sein. Wer hat für Dich »gesorgt«? Hast Du Dich sehr allein gefühlt?

Meine Gefühlslage am Frankfurter Flughafen war vergleichbar mit einem Menschen, der nicht schwimmen kann und mit gebundenen Händen in ein tiefes Meer geworfen wird oder mit einem Gefangenen, der nach langer Gefängnisdauer entführt und in Paris ausgesetzt wird. Es war ein Gefühl voller Gegensätze.

Ich hatte unheimlich Angst vor dem Ungewissen und war gleichzeitig froh, in einem sicheren Land zu sein. In der Nacht vor meinem Flug von Karachi/Pakistan Richtung Frankfurt sagte mein Bruder mir am Telefon, nach der Landung müsse ich keine Angst mehr haben, vor allem nicht vor der deutschen Polizei. Sie sähen äußerlich zwar sehr hart aus, seien aber im Herzen nette Menschen.

Auf diese Empfehlung hin stellte ich mich gleich nach der Ankunft am Frankfurter Flughafen der Polizei vor, womit der Einbürgerungsprozess seinen Lauf nahm.

Meine Verwandtschaft in Deutschland bestand damals aus meinem Bruder Qadir Dadnia und seiner liebenswürdigen Frau Gerda Trautmann. Zu meinem Glück war Gerda schon eine hervorragende Rechtsanwältin. Sie war und ist noch heute das starke Bein unserer kleinen Familie in Heidelberg. Mein Bruder stand zu dieser Zeit kurz vor seinem Physikum und hatte nicht viel Zeit.

1985 mietete ich mit Hilfe meiner Schwägerin Gerda in Heidelberg ein Zimmer in einer Studenten-Wohngemeinschaft. Dort lebte ich 18 Jahre mit wunderbaren Menschen zusammen. Sie lehrten mich die deutsche Sprache. Sie gaben mir mit der Zeit meine verlorene Heimat wieder und waren für mich meine Familie. Ich lernte dort ein wunderbares Deutschland kennen.

Dennoch habe ich meine Mutter und meine Geschwister sehr vermisst. Anfangs sah ich nachts im Traum ganz vertraute Bilder.

149

Mit der Zeit verblassten diese. Aber der Traum in meinem Kopf war immer, zurückzukehren nach Herat.

Manchmal denke ich darüber nach, wie schnell die Zeit vergangen ist, wie viel ich in dieser langen Zeit gesehen, erlebt und gelernt habe. Ab September 1985 ging ich in Heidelberg wieder zur Schule, machte den Realschulabschluss, besuchte anschließend das Abendgymnasium und machte das Abitur. Danach begann ich mit dem Studium des Bauingenieurwesens in Darmstadt. Es war nicht einfach für mich, da ich in all den Jahren neben der Schule und dem Studium meinen Lebensunterhalt selbst erarbeiten musste. Aber das tat ich gern. In diesen Jahren habe ich nicht nur ein Abiturzeugnis und ein Diplom bekommen, der Hauptgewinn dieser teilweise harten Jahre waren wunderbare Freunde.

Wie kamst Du auf die Idee, Dich bei der Organisation Grünhelme zu bewerben?

Nachdem die Taliban vertrieben waren, wollte ich für eine Weile nach Herat zurückkehren. Am liebsten wollte ich meinen Aufenthalt dort mit meinem Beruf als Bauingenieur verbinden und mich an dem Wiederaufbau in Afghanistan beteiligen. Ich war solange nicht dort gewesen, so dass meine Gefühle bei dem Gedanken, wieder nach Herat zu gehen, ähnlich waren wie die 1984 20 Jahre vorher vor meiner Ausreise von dort nach Deutschland.

Heidelberg war inzwischen meine Heimat geworden. Ich fühlte mich nicht in der Lage, die neu gewonnene Heimat noch einmal aufzugeben. Gleichzeitig hoffte ich, mit meinen erworbenen Kenntnissen in meiner alten Heimat Dinge voranbringen zu können.

Eine Freundin hatte mir das Buch von Rupert Neudeck »Jenseits von Kabul« geschenkt. Das Wiederaufbauprogramm der Grünhelme sprach mich sehr an. Ich meldete mich für einen dreimonatigen ehrenamtlichen Einsatz in der Provinz Herat. Eine Woche später saß ich im Kreise der Bewerber in Troisdorf und zwei Wochen später brachten mich zwei Freunde zum Flughafen Köln-Bonn, von wo ich am 6. August 2004 die Reise über Teheran und Mashad nach Herat antrat.

Seit 2004 baust Du nun Schulen in der Provinz Herat; zunächst zusammen in einem Team, seit der verschlechterten Sicherheitslage allein. Ohne Dich hätten wir nach einem Überfall das Projekt sicherlich unter- wenn nicht gar abbrechen müssen. Wie hältst Du diese schwierige Situation aus?

Die ersten drei Monate meines Einsatzes war ich Bauleiter an der Geburtsklinik in Qara Bagh im Distrikt Gulran. In Afghanistan herrschte zu dieser Zeit eine wunderbare Atmosphäre der Hoffnung. Ich spürte, dass die Menschen an eine bessere Zukunft glaubten und sich darauf freuten. Von den Bildern, die man ein paar Jahre zuvor in den Medien von Afghanistan gesehen hatte, war nichts mehr zu spüren. Die Ära der Taliban war zu Ende. Ein energischer Elan war zu spüren. Ich fühlte mich hier wieder zu Hause und sah, dass ich mit meinem Einsatz dem Land und den Menschen dienen konnte. Es war für mich eine riesige Freude zu erleben, dass in Dörfern wie Haustsche oder Char Olang, die von den Regierungen vergessen und in den Bergen allein gelassen worden waren, nun wunderschöne Schulen entstanden. Nicht nur die Kinder, auch alte Menschen waren von den Schulen fasziniert. Ich erinnere mich, wie einmal der Vater des Arab, also des Dorfchefs von Haustsche, der als Zuschauer mit einem sechs oder sieben Jahre alten Kind auf dem Schoß vor der halbfertigen Schule saß, mich fragte, ob er nach Fertigstellung der Schule mit seinem Urenkel in der ersten Klasse sitzen dürfe. Bevor ich zu Wort kam, spaßte sein Sohn mit ihm und antwortete: »Die Baumeister haben wahrscheinlich kein Problem damit, dass Du dort einen Platz belegst, aber die Lehrer sicher. Denn es wird den Lehrern schwer fallen, den Vater des Dorfchefs ständig zu schlagen, weil er nichts kapiert und keine Hausaufgaben mitbringt.«

Die Freude der Menschen an unserer Arbeit gab mir die Kraft, nachdem die Ibn-Sina-Geburtsklinik gebaut war, also nachdem meine erste Aufgabe erfüllt war, für die ich mich verpflichtet hatte, mich für eine zweite Phase zu verpflichten. Also blieb ich hier und baute mit meinen Kollegen eine Schule nach der anderen.

Mit den Jahren veränderte sich leider auch in Herat die politische Lage. Durch die überstürzte Machtergreifung der Zentralregierung aus Kabul über die hiesigen regionalen Mujaheddin, kam nach Herat eine politisch unsichere Phase. Wir Grünhelme blieben davon leider nicht verschont. Der Überfall in Boson im Oktober 2005, bei dem zwei unserer Mitarbeiter verletzt wurden und nur mit Glück überlebten, war ein erstes Zeichen dafür, dass es noch einzelne Kräfte im Lande gibt, die ihren Kindern unter der neuen Regierung doch keinen Frieden und keine andere und bessere Zukunft erlauben wollen. Dieser Überfall nahm mir persönlich zunächst die gesamte Kraft. Rupert Neudeck und ich träumten zu dieser Zeit davon, mit Hilfe der Abgeordneten des Deutschen Bundestages in Afghanistan pro Mitglied des deutschen Bundestages eine Schule, also 606 Schulen insgesamt zu bauen.

Nach der Attacke in Boson hätte ich es den Grünhelmen nicht übel genommen, wenn wir Afghanistan verlassen hätten. Aber in meinem Herzen hoffte ich weiter für Afghanistan und gab das Land nicht verloren. Deshalb wollte ich nicht aufgeben, obwohl es mir zu dieser Zeit sehr schwer fiel, weiter zu arbeiten. Nach intensiven Überlegungen kamen wir von den Grünhelmen zu dem Entschluss, dass ich bleibe und das Projekt allein weiterführe.

Der Arbeitsalltag eines Entwicklungshelfers ist in anderen Ländern ganz sicher auch nicht immer angenehm. Es gibt immer wieder Situationen, in denen man Angst um die Sicherheit, die Gesundheit und das Wohlbefinden seiner Kollegen und sich selbst hat. Das sind für mich Situationen, mit denen man in einem Land wie Afghanistan rechnen muss. Kein Verständnis habe ich hingegen für hausgemachte Schwierigkeiten, mit schlechten Erfahrungen, die ich als Mitarbeiter einer Hilfsorganisation mit der afghanischen Regierung erlebt habe. Es fällt mir eine Situation ein, die mich fast »das Handtuch schmeißen« ließ:

Unsere Klinik in Qara Bagh war fertig. Aus Deutschland kam ein Container mit dem notwendigen Equipment wie OP-Tisch, OP-Lampe etc., mit denen wir die Klinik so schnell wie möglich einrichten und für 360.000 Menschen in Gulran zur Verfügung stellen wollten. Nun standen unsere medizinischen Geräte im Zollamt in Herat und wir kamen nicht an sie heran. Fast zehn Tage brauchte ich, um diesen Container mit lebenswichtigem medizinischem Gerät und dem Zubehör für die Kollektoren für die Solar-Stromversorgung der Klinik aus dem Zollgelände zu holen. Während unser Personal in Qara Bagh ungeduldig auf den Inhalt des Containers wartete, musste ich in Herat für die Herausgabe unserer Sachen von einer Behörde zur nächsten laufen und unnötige Unterschriften und Stempel sammeln. Ich habe mitgezählt, am Ende waren es genau 31 Unterschriften und fast ebenso viele Stempel. Einmal fragte ich einen Mitarbeiter des Zollamtes, den ich inzwischen etwas besser kannte, wofür diese Stempel und Unterschriften notwendig sind. Er sagte:»Ganz einfach, hier traut keiner keinem. Alle wollen von dem Kuchen etwas abbekommen, wenn etwas zu holen ist. Nicht in allen Containern stecken Einrichtungen von gemeinnützigen Kliniken und nicht alle Besitzer sind so geizig wie Du.«

Das Warten fiel mir deshalb so schwer, weil aufgrund des miserablen Zustandes des staatlichen Krankenhauses in Qara Bagh, Distrikt Gulran, jede Woche etwa fünf Menschen bei der Entbindung oder an einer Blindarmentzündung gestorben sind. Da wir unsere Klinik auf dem Gelände des Ortskrankenhauses bauten, erfuhr ich täglich, wie viele Menschen in der vergangenen Nacht gestorben waren und aus welchen Gründen. Vielleicht klingt es übertrieben, aber das Wort miserabler Zustand ist eher milde ausgedrückt. Eines Nachts fühlte sich ein Kollege schlecht, er hatte Fieber und Schüttelfrost. Ich versuchte ihm ein feuchtes Tuch aufzulegen und gab ihm Paracetamol. Als er sich etwas besser fühlte und wieder eingeschlafen war, nahm ich in eine Hand eine Taschenlampe und in die andere einen langen Stock und rannte zum Krankenhaus, um dort Hilfe zu bekommen. Den Stock hatte ich dabei, damit mich die Hunde auf dem Weg nicht in Stücke rissen. Als ich ankam, musste ich zunächst den Hausmeister wecken. Er erkannte mich und fragte, was ich so früh am Morgen hier wolle. Ich antwortete, nicht früh am Morgen, sondern spät in der Nacht und ich wolle den diensthabenden Arzt sprechen. Nach langem Nachdenken nannte er mir den Arzt und wo sein Haus sei. Pflichtbewusst sagte er mir, er könne das Krankenhaus nicht allein lassen, um mir das Haus zu zeigen.»Warum nicht?«, fragte ich,»Klaut man es?«»Was?«, fragte er.»Na, das

Krankenhaus«, antwortete ich. »Nein, nein, aber so sind halt die Vorschriften.« Daraufhin holte ich unseren Wachmann zu Hilfe, den ich nach langem Wackeln und Schütteln wach bekam. Gemeinsam gingen wir zu dem Haus des Arztes, der zwei große Hunde auf seinem Dach platziert hatte, die schon das ganze Viertel wach gebellt hatten, bevor wir in die Gasse einbogen. Unser netter verschlafener Wachmann klopfte den diensthabenden Arzt aus seinem Bett. Ich schilderte den Zustand des Patienten, er kam mit uns ins Krankenhaus und suchte mit der Petroleumlampe des Hausmeisters etwa 20 Minuten lang in fast leeren Schränken nach einem heilenden Medikament. Dann drückte er mir ein paar Tabletten in die Hand mit der Anweisung, dem Patienten alle sechs Stunden eine zu geben. Er erklärte mir, er könne nicht mit zu dem Patienten gehen, da er im Krankenhaus Bereitschaftsdienst habe. Ich kämpfte mich an den Hunden vorbei wieder nach Hause, draußen war es fast hell geworden. Mein Patient schlief noch und seine Temperatur war normal. Als ich am folgenden Tag die Tabletten identifizierte, fiel mir auf, dass sie seit 14 Monaten abgelaufen waren. Mir fiel ein afghanisches Bauernsprichwort ein: »Man soll nicht mit leerem Bauch ringen.« Ich fragte mich, warum die afghanische Regierung nicht solche Weisheiten des Landes kennt.

Traurigerweise nahm mir die unberechenbare afghanische Bürokratie und die dadurch verursachte Korruption im Staatsapparat oft die Energie, die ich für meine Arbeit benötigte. Als ich Anfang 2006 zum wiederholten Male nach Kabul reiste, um die Registrierung der Grünhelme zu erreichen, musste ich sechs Tage lang wartend auf einem Flur vor dem Zimmer des zuständigen Sachbearbeiters sitzen und die Beamten beim Teetrinken beobachten. Ich kenne die Vorliebe der Afghanen für das Teetrinken, aber ich weiß auch, dass die Bevölkerung nach so vielen Jahren der Zerstörung, der Entbehrung und Verzweiflung nun von uns und der Regierung Taten erwartet. Die Menschen wollen Veränderungen sehen, bevor sie wieder enttäuscht sind und zu den Waffen greifen. Außerdem sind wir Afghanen von Geburt an ungeduldige Wesen. Auch wusste ich, dass die Kinder unter der brennenden Sonne lernten und auf unsere Schulen warteten. Ich wollte nur die Erlaubnis haben, für diese Kinder Schulen zu bauen. Aber der zuständige Beamte sagte mir am sechsten Tag:»Ihre Papiere sind jetzt fertig, ich werde ihre Organisation nun als 36ste auf die Warteliste setzen. Es wird also etwas dauern, bis Sie an der Reihe sind. Wir werden uns bei Ihnen melden, wenn es so weit ist.« Ich wusste nicht, wie ich reagieren sollte, mir war zum Weinen zu Mute. Aber Männer weinen nicht in dieser Gesellschaft, zumindest nicht für ihr Volk. Also sagte ich:»Wenn Sie so weiter machen, wird es hier bald weder NGO's geben noch so Verrückte wie mich, die hierher kommen, um euch zu helfen.« Er antwortete: »Wichtig ist der Kopf, zum Aufsetzen findet man immer einen Hut.« In diesem Moment konnte ich wie Peter Scholl-Latour die Zukunft Afghanistans für die nächsten Jahre vorhersehen. Es war düster, was ich sah. Ich wusste, dass diese Regierung die Bedürfnisse ihres Volkes nicht erfüllte. Die Bevölkerung wird sich von ihr abwenden. Ein Herz, das verletzt wird, heilt sehr schwer wieder.

Ich zweifelte an allem, aber dann fiel mir etwas ein, was mich aufbaute. Als ich einmal wieder zweifelte, fragte ich Rupert Neudeck: »Ist die Entwicklungshilfe immer so schwer?« Er sagte:»Wenn man es gut macht, ja.«

Inzwischen wurden 27 Schulen für jeweils etwa 600 Schülerinnen und Schüler für jeweils 40.000 € gebaut. Welche Bedingungen müssen vor dem Bau einer Schule in dem jeweiligen Dorf erfüllt sein? Mit wem machst Du den Vertrag für den Schulbau?

Es kommen Vertreter von Dörfern und Gemeinden zu mir, in denen keine Schule existiert. Daraufhin schaue ich mir die Situation vor Ort an. Oft sehe ich, dass Hunderte von Kindern entweder in einem Stall für Tiere oder unter einem zerrissenen Unicef-Zelt unterrichtet werden. Das allein reicht noch nicht, dass wir uns für einen Schulbau entscheiden. Ich sammele weitere Informationen und besuche zusammen mit Rupert Neudeck erneut das Dorf. Wenn wir gemeinsam der Meinung sind, dass eine Schule notwendig ist, beginnt sogleich die Planungsphase. Ich hole bei der Bildungsbehörde in Herat und dessen Vertretung im jeweiligen Distrikt Informationen über die Anzahl der Schülerinnen und Schüler und die zur Verfügung stehenden Lehrer ein und darüber, ob eine Grund- oder Mittelschule gebraucht wird, ob Veränderungen vorgesehen sind etc. Wenn es von offizieller Seite keine Einwände für den Bau einer Schule gibt, beginnen die Gespräche mit dem Dorfchef und dem Rat des Dorfes.

Unsere Bedingungen für den Bau einer Schule sind:

• In der Schule müssen Jungen und Mädchen unterrichtet werden. Normalerweise wird in zwei Schichten unterrichtet, z. B. am Vormittag Mädchen, am Nachmittag Jungen.

• Es müssen genügend Lehrer angestellt sein. Sie sind Angestellte des Staates, werden von diesem bezahlt.

• Die Dorfgemeinschaft verpflichtet sich, nach der Übergabe der Schule für diese verantwortlich zu sein.

• Für die Zeit der Bauphase verpflichtet sich das Dorf, genügend Arbeiter und gegebenenfalls Facharbeiter zur Verfügung zu stellen. Wir zahlen einen ortsüblichen Lohn.

• Weiterhin verpflichtet sich die Gemeinde, uns für die Schule ein geeignetes Grundstück, für die Bauarbeiten genügend Wasser und eine mietfreie kleine Wohnung während der Bauphase zur Verfügung zu stellen.

Sind alle Bedingungen erfüllt, wird ein Vertrag unterzeichnet. In der Regel unterzeichnet der Dorfchef als erster bzw. drückt seinen Stempel auf den Vertrag, dann drücken die Mitglieder des Dorfrates ihre Fingerabdrücke darauf, dann die weiteren Anwesenden. Kurz darauf beginnen wir mit dem Bau. Wenn alles gut läuft, können wir nach etwa vier Monaten die Schule den Kindern übergeben.

Bisher wurde keine Schule zerstört, in allen Schulen wird gelernt. Wie gut ausgebildet und engagiert sind die Lehrer? Wie hoch ist das Gehalt der Lehrer?

Ich danke Allah, dass keine unserer Schulen bisher zerstört wurde. Da wir die Schulen in sehr enger Zusammenarbeit mit der Dorfgemeinschaft bauen, ist das Verhältnis der Dorfbewohner zu ihrer Schule sehr eng. Die Einwohner des Dorfes bauen ihre Schule selbst und beschützen sie deshalb auch. Nach dem Überfall in Boson ist eine unserer wichtigsten Bedingungen für den Bau einer Schule, dass ALLE im Dorf diese Schule haben wollen. Ich sage der gesamten Dorfgemeinschaft vor dem Beginn der Bauarbeiten, dass wir die Schule nur dann bauen, wenn ALLE es wollen. Sollte einer etwas dagegen haben, möge er es mich wissen lassen. Ich versichere, die Bedenken vertraulich zu behandeln, die Schule würde dann nicht gebaut.

Ich wundere mich immer wieder, wie viele Kinder in einem afghanischen Dorf leben. Fast regelmäßig besuche ich unsere schon gebauten Schulen und erkundige mich, wie es den Schülern und Lehrern und auch der Schule geht. Ich freue mich natürlich, dass in den Klassen unterrichtet wird und dass sie von Mal zu Mal voller werden. Wenn ich Zeit habe, besuche ich den Unterricht in irgendeiner Klasse und werde leider oft Zeuge eines unpädagogischen Unterrichts. Die Lehrer sind oft nicht besonders gut ausgebildet. Selten hat einer von ihnen studiert. Manche haben die 12. Klasse abgeschlossen, andere haben in den Kriegsjahren nicht mehr als die 9. oder 10. Klasse besucht. Das ist in Afghanistan leider eine Tatsache. Wegen des jahrzehntelangen Krieges und vor allem wegen der schwarzen Zeit der Taliban gibt es nicht genügend Menschen, die studiert oder wenigstens das Abitur gemacht haben. Zum Glück begann man die Kinder zuerst einmal mit den vorhandenen Lehrern zur Schule zu schicken, bevor man lange überlegte, ob zuerst die Henne oder das Ei da war. Dort lernen sie schon einmal Lesen und Schreiben in ihrer Landessprache. Geschichte und Biologie lernen sie aus ihren Büchern auswendig. Übrigens lernte ich Biologie in Heidelberg auch nicht anders. Mit Fächern wie Englisch haben Lehrer auf dem Lande oft ein nicht lösbares Problem. Man geht davon aus, dass sich die Situation in einigen Jahren etwas verbessert.

Ein enormes Problem sind die niedrigen Gehälter der Lehrer. Gerade einmal 60 US-Dollar im Monat verdient ein ausgebildeter Lehrer mit abgeschlossenem Studium, dafür kann er einen Sack Reis und fünf Kilogramm Speiseöl kaufen. Deshalb versuchen Studienabgänger in Afghanistan eher im privaten Sektor oder bei ausländischen Organisationen eine Anstellung zu bekommen, weil sie so ihre Familien besser ernähren können. Schon zu lange wird im afghanischen Parlament darüber diskutiert und die Regierung überlegt, die Gehälter von Beamten und Bediensteten im Schulwesen zu verdoppeln. Diese Entscheidung würde sicherlich auch das Engagement der Lehrer verdoppeln.

Gehen die Kinder gern und regelmäßig zur Schule? Wie lange in der Regel? Wie weit müssen sie zur Schule laufen? Freuen sich die Eltern über die Bildungsmöglichkeiten ihrer Kinder, auch die der Mädchen? Oder fehlen ihnen die Kinder z. B. bei der Feldarbeit?

Man kann gar nicht übersehen, dass die Kinder in der Provinz Herat gern zur Schule gehen. In meiner Zeit war es nicht unbedingt so. Als Schulkind war mir der Donnerstagnachmittag am liebsten, weil am Freitag schulfrei war; ab Samstag freute ich mich auf den Donnerstagnachmittag. Meine Klassenkameraden und ich hätten uns damals sicher gefreut, wenn unsere Schule eines Tages gebrannt und wir schulfrei gehabt hätten. Aber heute erlebe ich Kinder, vor allem Mädchen, die am Samstag genau wie am Donnerstag zur Schule eilen und sich über ihre schulische Zukunft unterhalten. Oft mache ich mir Gedanken über die Gründe für diese positive Entwicklung. Die Tatsache, dass die Taliban den Eltern und ihren Kindern mit dem Schulverbot ein negatives Beispiel lieferten, ist sicher ein Grund. Aber auch die offene Gesellschaftsform, die Medien und die Bemühungen der Internationalen Institutionen haben einen großen Beitrag geleistet. Außerdem ist zu bewerten, dass während der Kriegsjahre ein großer Teil der Afghanen ihr Leben im Ausland verbrachte. Die Menschen aus dem Westen Afghanistans waren zum größten Teil im Iran, wo auf Bildung viel Wert gelegt wird. Ich denke, dass die Begegnung mit fremden Kulturen die Menschen dazu bewegt, eine gute Schulbildung als eine gute Chance für die Zukunft ihrer Kinder zu sehen.

In großen Städten wie Herat gehen Kinder in der Regel 12 Jahre in die Schule und machen das Abitur. Auf dem Lande gab es früher nur Grundschulen bis zur 6. Klasse mit Ausnahme eines einzigen Gymnasiums in der Distrikthauptstadt. Wegen der weiten Entfernung sind Kinder aus den Dörfern sehr selten hierher gegangen. Seit drei oder vier Jahren wurden aus den Grundschulen bis zur 6. Klasse Mittelschulen bis zur 9. Klasse. Aus dem einen Gymnasium in einem Distrikt wurden inzwischen fünf oder mehrere Gymnasien, verteilt im ganzen Distrikt. Dadurch bekommen die Kinder eine viel bessere Möglichkeit, nach der 9. Klasse zu einem Gymnasium in ihrer Nähe zu gehen. Vor allem für die Mädchen auf dem Lande ist jetzt eine bessere Chance gegeben, sich für ein Studium zu qualifizieren, also die 12. Klasse zu absolvieren. Es sind für die Kinder leider immer noch teilweise Strecken von mehr als einer Stunde Fußmarsch für einen Weg zu überwinden.

Man schätzt, dass ca. 90 Prozent der Afghanen mit Landwirtschaft und Viehzucht ihr Geld verdienen. Für diese Arbeiten sind die Familienväter auf die Unterstützung der ganzen Familie angewiesen. Das bedeutet, dass jedes Kind zumindest einen halben Tag auf dem Feld oder bei der Herde helfen muss. Früher war der Schulbesuch für finanziell schlecht stehende Familien kein Thema, aber inzwischen sind auch viele Bauern der Meinung, dass ihre Kinder eher zur Schule gehen müssen, um später ein leichteres Leben zu haben. Aber die zweite Hälfte des Tages sind die Kinder doch mit ihren Eltern auf dem Felde oder mit Teppichknüpfen oder anderen häuslichen Aufgaben beschäftigt.

Interessanterweise ist die Anzahl der Mädchen, die zur Schule gehen, größer als die der Jungen. Zum Glück wird es in der Provinz in Herat als fortschrittlich angesehen, wenn jemand seine Töchter zur Schule schickt. Ich verfolgte einmal eine fröhliche Unterhaltung unserer Bauarbeiter in Karogh. Einer, der drei seiner Töchter zur Schule schickte, sagte hoffnungsvoll, dass die Brautpreise seiner Töchter mit jedem Schultag steigen und dass sie unbezahlbar sein würden, wenn sie eines Tages Ärztin oder Ingenieurin wären. Daraufhin meinte ein witziger Kollege: »Ach was, wenn sie einmal so weit sind, will sie sowieso keiner mehr heiraten, denn dann besteht die Gefahr, dass sie ihren Ehemännern das Leben unerträglich machen und sie so in die Sackgasse treiben, bis die armen Jungs sich selbst verbrennen.« Der erste sagte halblaut: »Das wäre doch schon was.«

Wie sind die Schulen ausgestattet? Gibt es gutes Lehrmaterial? Lernen die Kinder hauptsächlich auswendig? Weißt Du, ob es einen neuen Lehrplan gibt und wenn ja, für welche Fächer?

Betrachtet man das Schulsystem als ganzes, ist es noch unzureichend ausgestattet. Sieben ganze Jahre sind vergangen, seitdem die Weltgemeinschaft (vor allem Unicef und PRT) und die afghanische Regierung sich zur Aufgabe gestellt haben, in Afghanistan den Wiederaufbau von Schulen und die Einführung eines besseren Lernsystems schnell voranzubringen. Aber in mehr als der Hälfte der Schulen sind die Kinder immer noch in irgendwelchen Notunterkünften untergebracht. Es gibt nicht ausreichend Bücher für alle Kinder. Mit Hilfe von Unicef hat die afghanische Regierung Bücher anfertigen lassen, die den Kindern kostenlos zur Verfügung zu stellen sind, aber sie werden verbotenerweise auf dem freien Markt verkauft. Vor allem auf dem Lande ist die Kaufkraft der Bauernfamilien zu schwach, um diese Bücher kaufen zu können. In den meisten Schulen fehlt das Schulmobiliar, die Kinder sitzen auf dem harten und kalten Boden. Wir stehen also immer noch vor großen Aufgaben.

Immerhin organisiert die Regierung mit internationaler Unterstützung seit fast zwei Jahren ein Programm, in dem die Lehrer durch weiterbildende Seminare auf den neuen Lehrplan vorbereitet und geschult werden. In diesen Seminaren unterrichten geschulte Hochschulabsolventen. Da Vorlesungen im Fach Pädagogik Bestandteil dieser Seminare sind, hofft man diesem ständigen Auswendiglernen entgegen zu wirken.

Glaubst Du, dass die Schüler nach dem Schulbesuch eine Lehrstelle oder eine Arbeit finden können?

Ich möchte nicht übertreiben, schätze aber, dass fast 90 Prozent der afghanischen Bevölkerung immer noch nicht lesen und schreiben kann. Die Herausforderungen der modernen Welt werden sie bald einholen. Schon jetzt gibt es einen enormen Bedarf an Fachkräften, z. B. im Schul- und Gesundheitswesen. Um diese Herausforderungen zu meistern, müssen in dieser Gesellschaft bald Hunderttausende studierte Lehrer, Ingenieure, Ärzte und andere Fachkräfte ausgebildet werden. Daher ist der Staat gezwungen, mehr Ausbildungsplätze zu schaffen.

Wie schätzt Du die politische Situation zur Zeit ein? Wo liegt das Hauptproblem?

Leider kann ich der allgemeinen Meinung über die unschöne politische Entwicklung der letzten Jahre in Afghanistan nicht widersprechen. Vor allem die sicherheitspolitische Situation im Lande hat sich in den letzten drei bis vier Jahren kontinuierlich verschlechtert. Neben Selbstmordattentaten macht den Menschen momentan eine umgreifende Wirtschaftskriminalität zu schaffen. Diebstahl und Räubereien gehören wieder zum Alltag. Entführungen von reicheren Geschäftsleuten zwangen die schwache Polizei, vielen Menschen zum Zwecke der Selbstverteidigung den privaten Waffenbesitz in der Öffentlichkeit zu gestatten, was wiederum zur Instabilität in der Gesellschaft führt. Durch die Angst vor Entführungen sind inzwischen ein großer Teil der großen und mittelgroßen Investoren aus dem Lande geflüchtet. Das verschlechtert den sowieso schon bescheidenen Arbeitsmarkt. Die Arbeitslosigkeit und die damit verbundene Armut sind sehr stark gewachsen. Ebenso hat in diesen Jahren die Korruption im Staatsapparat unglaublich zugenommen. Damit werden die versprochenen Ziele der jetzigen Regierung bei weitem verfehlt. Die schon vorhandene große Distanzierung der Bevölkerung zu den Machthabern wird täglich größer. Momentan kommt es einem so vor, dass die Regierung sehr schwach geworden ist, so dass sie jeden Augenblick das Handtuch schmeißen kann. Es ist nicht so, dass sich die Menschen wieder die Taliban wünschen würden, aber sie sehen sich von dieser »von ihnen frei gewählten Regierung« nicht vertreten.

Du bist kein Politiker, aber Du lebst sehr intensiv mit der afghanischen Bevölkerung. Siehst Du einen Vorteil in der Anwesenheit der interna-

tionalen Truppen? Sprechen die Menschen hierüber oder interessiert sie das Thema gar nicht?

Ich war und bin noch immer der Meinung, dass Afghanistan durch diesen Einsatz der Weltgemeinschaft die beste und einzige Chance für eine bessere Zukunft hat. Sollten die Afghanen sie verspielen, werden ihre Kinder und Kindeskinder nichts anderes kennen lernen als Verzweiflung, Kriege und weitere Zerstörungen im Land.

Sicher ist die Anwesenheit der ISAF-Soldaten allein nicht ausreichend, um die Wünsche der Bevölkerung zu erfüllen. Die Afghanen hätten von Anfang an die Chance besser nutzen müssen. Sie müssten einmal ausnahmsweise nicht an ihre Stämme, Klans und an ihren persönlichen Profit denken. Sie müssen alle zusammen Hand in Hand gehen und diese goldene Gelegenheit für ihr Land und die Zukunft ihrer Kinder nutzen.

Schon nachdem die Russen 1992 Afghanistan nicht mehr halten konnten, wünschte ich, dass die Weltgemeinschaft ähnlich wie nach dem 11. September 2001 den Afghanen zur Seite steht. Aber besser jetzt als nie.

Außerdem denke ich, dass die Rolle der Internationalen Truppen in der Theorie etwas besser geplant war als sie sich später in der Praxis herausstellte. Keiner hatte damit gerechnet, dass ein großer Teil der Truppen sich in ihre Kasernen zurückziehen und sich mit Selbstschutz begnügen würde.

Meine Befürchtung ist, dass das Land wieder im Chaos versinkt, wenn die ISAF-Truppen Afghanistan verlassen.

Die Meinung der Bevölkerung über die Anwesenheit der Soldaten ist sehr gespalten. Viele halten es für notwendig, dass sie hier sind. Sie denken, dass sonst Afghanistan wieder in die Hand der Taliban fallen könne. Andere aber sind inzwischen über das unnütze Dasein dieser Truppen eher unzufrieden. Sie glauben, dass die NATO nicht zum Schutze der afghanischen Bevölkerung hier ist, sondern um die Al Qaida zu bekämpfen, damit diese nicht wieder zur Gefahr für den Westen wird.

Was wünscht Du Dir für Dein Heimatland?

Als ich 2004 hierher kam, wurde ich oft gefragt, wie lange Afghanistan noch braucht, um z. B. ein solcher Staat zu werden wie Deutschland. Um die Menschen nicht zu enttäuschen, antwortete ich, in zehn oder 20 Jahren könne es so weit sein. Wenn mir ältere Menschen diese Frage stellten, antwortete ich auch mal, in sieben Jahren. Ich wollte ihnen nicht die Hoffnung nehmen, noch in ihrem Leben ein friedliches, freies, sicheres, gerechtes, soziales und reiches Afghanistan zu erleben. Das ist mein Wunsch für Afghanistan, dass sich diese meine damalige Einschätzung bewahrheitet und ich ein solches Afghanistan erleben werde.

Rupert Neudeck

Indonesien weint (2005)

Christel und ich werden immer wieder gefragt: Nach welchen Kriterien oder Standards werden die Länder und Plätze ausgesucht, in die wir gehen. Indonesien und Sumatra bieten eine gute Antwort auf diese Frage: keine Kriterien. Es sind Ereignisse, die einen manchmal dorthin, manchmal hierhin verpflanzen.

In diesem Fall war es ein Ereignis, das uns alle in Deutschland (und darüber weit hinaus) so betroffen hat, dass wir von unseren Mitbürgern regelrecht getrieben und gejagt wurden. Wir bekamen damals fast Streit, weil ich spürte, ich kann nicht andauernd sagen: »Wir sind nicht in Sumatra«, obwohl die Mitbürger uns das Geld dafür geben wollen.

Was am zweiten Weihnachtsfeiertag 2004 geschah, wird in Deutschland so schnell niemand vergessen: Um 7.58 Uhr Ortszeit (wir waren in Deutschland acht Stunden später) ereignete sich vor der Nordwestküste Sumatras im Indischen Ozean ein Seebeben von der Stärke 9.0 auf der Richterskala. Dieses Seebeben löste eine Flutwelle aus, die die Küstenregionen Indonesiens, Thailands, Sri Lankas, Indiens, wahrscheinlich Burmas und sogar Ostafrikas heimsuchte und verheerende Schäden anrichtete. Über 230.000 Menschen kamen bei diesen furchtbaren Beben ums Leben.

Was das heißt – 9.0 auf der Richterskala – kann man sich theoretisch nicht klarmachen. Es war das drittstärkste aller jemals registrierten Seebeben. Dabei wird eine Energiemenge freigesetzt, die dem gesamten Energieverbrauch der USA während eines ganzen Jahres entspricht. Diese Energie wird aber nicht punktuell freigesetzt, wie z. B. bei der Explosion einer Atombombe, sondern sie ist flächig. Eine gewaltige Fläche hebt sich in Sekunden und schiebt das Wasser nach oben. Dadurch allein bildet sich eine Welle, deren Höhe von der Tiefe des Wasserspiegels abhängt. Je tiefer das Gewässer ist, desto höher darf man die Welle erwarten. In und vor Sumatra und vor Aceh beträgt die Wassertiefe ca. 5000 m, und die Flutwelle erreicht bei gewaltiger Höhe etwa 700 km/Stunde, was der Fluggeschwindigkeit eines Flugzeugs entspricht. Die Zerstörungen waren unermesslich. Anfang Januar 2005, als sich langsam die Wassermassen aus den Kanälen und Flüssen zurückziehen, sehen die Helfer erst das gesamte Ausmaß und die Gräuel der Verwüstung.

»Wir nahmen einen Schlag wahr, als liefe das Boot mit hoher Geschwindigkeit auf Grund. Wenige Sekunden später wird das Boot von einem zweiten Schlag getroffen und etwa um 08.01 von einem dritten. Die Instrumente spielen verrückt, der GPS-Navigator zeigt wirre Positionen, der Plotter, das Echolot, der Funk sind tot. Etwa zehn Minuten nach dem ersten Schlag haben wir den Eindruck, dass der Meeresspiegel um zehn bis fünfzehn Meter sinkt. Ruhig und auf großer Fläche sackt das Wasser weg. Dann sichten wir am südwestlichen Horizont eine riesige Welle, die das Boot etwa um 8.14 Uhr erreicht. In Sekunden wird das Boot um 30 Meter in die Höhe gerissen. Insgesamt treffen drei solcher Wellen das Boot, wobei es insgesamt 50 m im Vergleich zur vorherigen Höhe angehoben wird.« So hat es einer der überlebenden Kapitäne des Fischerboots Bintang oprunama berichtet.

Ein Tsunami war es, wir hatten dieses Wort bisher nicht gehört. Danach aber erfuhren wir, dass ein solches Phänomen in der Menschheits- und Naturgeschichte häufig vorgekommen ist. Auch Goethe hatte – ohne das Wort zu kennen – mit dem Erdbeben bei Lissabon einen Tsunami beschrieben.

Ich bekam damals einen furchtbaren Krach mit Christel. Sie wird mir das bestätigen. Wir hatten als Grünhelme kein Geld für eine weitere große Aktion. Und der Tsunami war nun mit einer solchen zerstörerischen Gewalt als Weltkatastrophe über diese Länder nicht nur Süd-Ostasiens, sondern sogar noch jenseits des Indischen Ozeans auch in Ostafrika hinweggerast, dass wir Geld brauchten. Wir wurden gefragt, ob wir Grünhelme schon etwas vorhätten oder vielleicht sogar schon tätig wären. Die »Passauer Neue Presse« fragte mich, was wir denn vorhätten, man wäre jetzt dabei eine Leseraktion zu starten. Dummerweise sagte ich nicht, dass wir etwas vorhätten, denn wir waren ja noch nicht da, weder in Sri Lanka, noch in Thailand, noch in Sumatra Aceh. Deshalb war ich vorsichtig und wollte mein Schicksal nicht herausfordern. Aber ich spürte, die Anrufe steigerten sich in den Tagen vor Silvester, wir bekamen eine Einladung für eine Veranstaltung in der Bonner Oper mit dem Stadtsuperintendanten wie auch mit der Stadtbekannten Kulturrebellin, die in Bonn immer wieder die alte Hauptstadt aufgeregt hatte. Man wollte eine Opernveranstaltung, eine Art Benefizkonzert machen und ob man die Hälfte des Erlöses den Grünhelmen geben könne. Darin steckte natürlich schon das Vertrauen, dass die Menschen wussten: Wir machen das anders. Später erst kam ich auf den schönen bei Wolfgang Amadeus Mozart ausgeliehenen Titel »Cosi fan Grünhelme«. So machen es die Grünhelme, sie machen es nämlich anders.

Selten habe ich erleben können, dass wir eine besondere Form von Hilfsorganisation sind: Wir machen nämlich die Hilfe ganz groß und die Organisation ganz klein.

Der normale Gang einer großen Organisation besteht darin, ein »Office« aufzubauen. Der normale Gang der Grünhelme besteht darin, einen Platz zu finden, wo noch keiner ist, um dann dort möglichst sofort anzufangen.

Gesagt getan, nach einem Ehekrach, der sich gewaschen hatte, hatte ich einen Flug gebucht für den 7. Januar 2005, um mir ein Bild zu machen von der Katastrophe in Aceh. Stefan Klein fand das fast zu spät, denn er wollte schon am Neujahrstag losfliegen, aber das konnte ich Christel nicht antun.

Aus unserem Bekanntenkreis fanden das die meisten sehr gut, dass ich gehen wollte, einfach weil sie wussten, dass das viele Geld in unseren Händen ganz sicher untergebracht ist.

Eine der Damen an der Post, die in dem Tante Emma Laden in Spich direkt gegenüber der Kirche arbeitete, fragte mich mit dieser entwaffnenden Offenheit, ob sie mir einfach Geld mitgeben könnte, ich nahm das an, ließ mir die Adresse für die Spendenquittung geben und zog los, ohne der Christel das zu erzählen, deren Wut- und Zornesrauch noch nicht ganz verglimmt war.

Aber wir einigten uns dann doch, dass das vernünftig sei. Ich war nun sicher, die Spendenbewegung war so groß wie noch nie seit 1979, seit dem Beginn von Cap Anamur. Dummerweise hatte ich die »Passauer Neue Presse« schon umgeleitet auf die Salesianer, die Don Bosco Leute, weil ich von denen ja wusste, dass sie schon lange in Indonesien allgemein, in Sumatra und in Java und vor allem in Ost-Timor arbeiteten.

Sei's drum, ich war unterwegs erst nach Taipeh, Stunden später weiter nach Medan. China Airways war die billigste Linie, die zwar drei oder vier Stunden länger flog. Aber bei beiden Organisationen haben wir immer 30 Jahre darauf geachtet, niemals mit den Preisen der Flüge und Transporte für uns selbst zu aasen.

Ich kam dort an, es gab noch eine Verzögerung, auf dem Weg von Taipeh nach Medan, denn ich musste noch mal in Kuala Lumpur Station machen am Flughafen, weil wir dort noch einmal umsteigen mussten. Und siehe da, wir kamen an diesem Tag von Kuala Lumpur nicht weiter. Kofi Annan hatte durch einen hochrangigen Besuch alles in Medan durcheinander gebracht.

Dann ging es weiter. Stefan Klein, der Reporter und Freund von der Süddeutschen Zeitung, hatte für mich ein Zimmer im Polonia Hotel reservieren lassen, was mir für eine Nacht ganz recht war, und da saß ich nun. Ich traf an dem gleichen Tag den Chef der mit uns bekannten Hilfsorganisation »Help«, der eine ganze Suite in einem anderen Hotel gemietet hatte für die Leute, die für seine Organisation ankamen. Und wir trafen eine Gruppe von Studenten »Por Koordinasi«, die uns informieren wollten, was wir nun tun wollten und sollten. Wir trafen sie unten im Restaurant dieses großen Hotels.

Das ist immer etwas ganz anderes, etwas in Südostasien zu beginnen als in Afrika. In Medan waren die Hotels tipptopp in Takt. Der kommunale Flugverkehr funktionierte. Es funktionierte überhaupt alles, der Handel und die Wirtschaft in Indonesien boomten, zwar gab es hier weltweit die statistisch gesehen höchste Misswirtschaft und Korruption. Aber dieses Land konnte sich eine solche Korruption leisten.

Wir erfuhren, dass es an der Westküste von Aceh ganz viele Orte gab, die komplett in den Erdboden gestampft worden sind von diesem furchtbaren Wirbelsturm. Stefan Klein hatte mir aufgrund seiner Recherchen schon erzählt, dass an der Küstenstrecke von bis 2000 km alles platt gemacht worden war. An dieser Küstenstrecke eben, die den Norden Sumatras ausmachte, in dessen Nähe ja das so genannte Epizentrum des Erd- und Seebebens stattgefunden hatte. Wir lernten erst jetzt so richtig das politische Problem kennen, das es mit Aceh gab. Ich war bisher nur einmal nämlich 1979 in Indonesien gewesen und hatte damals wegen des Schiffes Cap Anamur mit der Deutschen Botschaft in Djakarta zu tun gehabt. Schon damals wurde mir klar, dass dieses riesengroße Land der Erde, man sagte das größte muslimische Land mit seinen gut 200 Mio. Einwohnern, eigentlich ein Inselmonstrum sei, eher unregierbar als regierbar. Jedenfalls gab es auf Aceh im Norden Sumatras – neben Ost-Timor – die größte Sezessionsgefahr für Indonesien. Weshalb die Regierung in Djakarta ja auch zwei ganze Tage gewartet hat, um die Provinz für die internationalen Hilfsorganisationen freizugeben. Die letzten fünf Jahre war niemand mehr, weder ein Journalist, noch ein Tourist, noch ein Politiker in dieses gefährliche Territorium gelassen worden.

Wir lernten im Laufe des ersten Tages die Abkürzung GAM kennen. Das war die Bewegung, die von Gaddafi und Libyen unterstützt und trainiert wurde. Sie rief dazu auf, die Unabhängigkeit des genuin muslimischen Landstücks von Indonesien zu erkämpfen. Die GAM war keine zivile Organisation, sie war eine Guerilla-Organisation. Wie wir dann später feststellten saß die indonesische Armee auch in Aceh und zwar sicher mit einer Streitmacht, die die Bevölkerung als Besatzungsmacht erlebte und erfuhr.

Wir saßen an dem Nachmittag meines ersten Tages in Medan zusammen. Ich wusste nach dem Gespräch mit den Studenten eines: Ich wollte und sollte nicht auf den nächsten Flug nach Banda Aceh warten, zur Hauptstadt der Provinz, die im äußersten Norden des Landes liegt. Auch die Studenten baten uns, nicht nach Banda Aceh zu fliegen, weil dort nun sicher schon der gesamte Pulk von Hunderten von Hilfsorganisationen sich auf den Füßen stehen würde.

Mein Plan stand fest. Ich bat den Chef der kleinen Studenten-Organisation, die sicher kritisch von den Behörden beargwöhnt und beobachtet wurde, mir für morgen früh einen Wagen zu besorgen und mir einen oder auch zwei Begleiter aus seiner Organisation mitzugeben, damit ich den Weg finden würde, über den Bergrücken von

Sumatra von Medan an der Ostküste zu einem anderen Platz an der Westküste zu fahren. Es wurde uns gesagt, die UNO rät von diesen Reisen ab, denn man würde dort festgehalten. Einmal kann man nicht an die Westküste ohne eine Spezialgenehmigung der Armee. Zum anderen kommt man dann an der Westküste auch an der Küstenstraße nicht weiter, weil alle Brücken eingefallen sind. Und zum dritten macht das auch gar keinen Sinn, denn wir würden keine Bevölkerung an der Küste antreffen, die sei in das Landesinnere geflohen. Alle drei Annahmen erwiesen sich in den nächsten 48 Stunden als grundfalsch. Einmal konnte man sehr gut über das gebirgige Urwaldgelände von Medan nach Westen fahren. Wir hätten, wenn wir früh genug gestartet wären, auch den Weg bis zu der vom Tsunami zerstörten Küste geschafft, machten aber erst in einer Bergbausiedlung Stopp. Die Menschen waren alle von einer unglaublich zuvorkommenden Höflichkeit und Freundlichkeit. Am übernächsten Tag, am 9. Januar erreichten wir Pilangbidie, einen Ort, an dem wir auch eine Verwaltungsstelle für die Tsunami Opfer hatten. Dort machten wir uns wieder selbstständig auf den Weg zur Küste. Selten habe ich ein schlimmeres Grauen erlebt wie in diesem Fall: Die Küste war von der unendlichen Gewalt des Wirbelsturmes so zerstört, als hätte eine Riesen-Bombe sie getroffen, alles war platt.

Wir kamen an einen Ort, der den Namen Pulau Kayu trug, aus dem alle Menschen weg gelaufen waren. Wir trafen sie hinter der Zerstörungslinie, dort gab es eine größere und massiver gebaute Holzfabrik. In dieser Holzfabrik hatte sich die Mehrzahl der Tsunami-Opfer einquartiert. Unter primitivsten Verhältnissen hatten sich diese Menschen, die ja immer sehr viele Kinder haben, in den Riesenhallen dieser Fabrik eingerichtet, noch sehr verstört durch den Zusammenbruch ihrer natürlichen Lebensgrundlagen, und nicht wissend, was sie außer den fünfmaligen Gebeten am Tage in einer Behelfsmoschee tun sollten. Ich versprach ihnen, dass in einer Woche ein Team mit drei Leuten kommen würden, die sich zusammen mit ihnen an die Arbeit machen und den Ort Pulau Kayu (zu deutsch Insel des Holzes – der Ort wuchs wie eine kleine Halbinsel in das Meer hinein) wieder aufbauen würden.

Aber ich konnte es an den Gesichtern ablesen, dass keiner mir glaubte. Es waren wohl auch schon andere vorbeigegangen. Diese Menschen glauben erst, wenn jemand wirklich da ist und die Sägerei und die Aufräumarbeiten beginnen.

Von Anfang an wollte ich für unser Team ein Quartier am Ort – d. h. in dem zerstörten Dorf oder der nahegelegenen Fabrik – mieten, damit der Unfug, den so viele Hilfsorganisationen machen, hier erst gar nicht beginnen würde: Wir sollten bei den Obdachlosen leben unter Bedingungen der Obdachlosen. Wie ich später erfuhr, klappte das leider am Anfang nicht. Das erste Team schickten wir eine Woche später los. Ich hatte gedacht, einen deutschen Unternehmer als unseren ersten Ansprechpartner zu nennen, doch der stellte sich dann als einer heraus, der unsere Arbeit eher kaputt machte.

Eine diplomatische Vertretung gab es nicht, nur ein nicht gerade sehr kompetentes deutsches Honorarkonsulat. Die deutsche Botschaft bekam von uns mehrere Eingaben: Damit der Skandal beendet werden würde, der bürokratische, nach dem wir zwar willkommen waren, aber alle drei Monate aus dem Land heraus nach Kuala Lumpur fliegen mussten, um uns das Visum für den weiteren Aufenthalt zu verlängern.

Sei's drum, es klappte mit dem Versprechen: Eine Woche später waren unsere Leute da. Wir hatten einen guten Zimmermann dabei, der eine ähnliche Arbeit in Madagaskar schon gemacht hatte und der auch so aussah, als ob er so etwas organisieren konnte.

Thomas Just war das, ein Ossi, wie wir scherzhaft sagten, aber da ich selbst ein Super-Ossi war (in Danzig geboren), konnte niemand das falsch verstehen. Thomas Just war das ganze Jahr 2005 dort, bis 2006 hinein. Er organisierte dort alles, was notwendig war, damit die Menschen aktiviert würden. Er hatte gesehen, dass das mit der Gemeinschaftsarbeit nicht so weit her ist. Menschen, auch Bauern, auch Fischer arbeiten auf dieser Welt meistens erst dann richtig, wenn es um ihr eigenes Haus geht.

Wir hatten uns eine architektonische Planung von einer Architekturstudentin in Medan machen lassen für ein Haus, das an die indonesische Hausarchitektur angepasst sein sollte. Und wir gingen daran, dieses Design durchzuführen, bauten eine Schreinerei größeren Stiles, bekamen mit Mühe Holz, was natürlich der wichtigste Rohstoff war, nahmen Kontakt zu dem Bupati[10] auf in dem nächstgelegenen Ort und fingen mit der Arbeit an. Ein Haus kostete uns am Ende etwas mehr als 1800 Euro. Wir hatten erst mit 1650 Euro gerechnet, am Ende waren es 1800 Euro.

Es war eine gute Arbeit. Wir kamen gerade mal mit dem Geld, das uns als kleine neue Organisation anvertraut worden war, hin. Andere Organisationen stöhnten in der Öffentlichkeit, dass die Menschen aufhören sollten, für die Tsunami Opfer zu spenden, weil man schon genug habe. Das konnte ich nicht verstehen, weil es hier an der Küste Hunderte von Dörfern gab, die man hätte wiederaufbauen sollen.

In meinen Unterlagen finde ich eine Information vom 26. April 2005 für unsere Spender, die ich hier einfach zitiere:

»*Indonesien weint*

Die ersten 22 Häuser werden in den nächsten zwei Wochen regelrecht fertig sein, und dann wird es nach Auffassung unseres Baumeisters Thomas Just Schlag auf Schlag gehen. Anderthalb Häuser werden täglich fertig werden. Die erste Reihe steht im Rohbau, die 541 Betonsockel stehen schon fest gemauert in der Erde nahe dem Ufer des Ozeans. 59 Häuser sind programmiert, insgesamt in dieser und der zweiten so genannten Lokation werden 194 gebaut. Für ganz Pulau Kayu und den kleinen Fischerort sind 350 programmiert. Neben dieser Arbeit haben die Grünhelme ein Boot ausgerüstet und Netze für die Fischer gekauft, damit diese Menschen sich bald wieder ernähren können.«

Der zweite Ostertag war fürchterlicher für diese Menschen abgelaufen, als wir das in Deutschland mitbekommen hatten.[11] Drei Tage brauchten sie, drei Tage wurde nicht gearbeitet, bis man wieder auf sie zählen konnte. Sie waren gelähmt und dachten, Gott und die Welt habe sie jetzt endgültig verlassen.

---

10 vergleichbar mit einem deutschen Landrat
11 Am zweiten Ostertag, den 28. März 2005, gab es ein weiteres Erdbeben in Indonesien.

Der Imam[12] des Ortes Tengku Idris Daud arbeitet jeden Tag von 8 Uhr bis zum Abend mit uns mit. Das Grünhelme-Team ist ganz stark. Neben Thomas Just haben wir den Tischler Dirk Schindler und den wunderbaren indonesischen Arzt Dr. Billy Daniel Lantang, der uns für vier Monate von Prof. Koerfer vom Deutschen Herzzentrum in Bad Oeynhausen freigestellt wurde. Daneben sind es zwei bis drei Studenten, die eine wunderbare Arbeit machen.

Indonesia menengis, das heißt auf Deutsch:»Indonesien weint« steht als Plakat auf manchen Wänden, an denen wir auf der Hauptstraße vorbeikommen. Die höchsten Autoritäten von Pulau Kayu und dem Distriktort Bilangpidie haben uns bei einer Einladung an das Team erklärt: Sie würden sehr gern eine Partnerschaft mit einer Gemeinde in Deutschland eingehen.

Wir wurden von dem Chef des Distriktes, also dem Landrat, zum Abendessen in seine Residenz in Bilangpidie, der Distrikthauptstadt, der Pulau Kayu zugeordnet ist, eingeladen. Unser Deutsch-Indonesier, Dr. Billy, hatte eine tolle Idee: In dem neuen ersten Internetcafe hatte er aus der Website der Deutschen Welle einen Text in Bahasa Indonesia über die Veranstaltung zugunsten der Grünhelme und von Pulau Kayu im Kölner Rautenstrauch-Joest-Museum am 6. März 2005 gefunden und ausgedruckt. Niemand kann sich den Ausdruck des Glücks ausmalen, der auf den Gesichtern der Honoratioren aufleuchtet, als sie diesen Text lasen, der von so viel Respekt und Anerkennung für ihre Kultur zeugt. Und der auch noch ihre Namen, jedenfalls die beiden Chefs der Legislative, Mr. Sayed Syamsu und der Exekutive, Mr. Burhanuddin Sanpe, erwähnt.

Ich flog also nach Deutschland zurück. Christel hatte mir am Telefon berichtet, dass es eine große Bereitschaft gäbe, sich für diese Menschen weiter einzusetzen. Und wenn es z. B. auf der Insel Nias noch etwas zu tun gäbe, wäre es sicher gut, noch mal nach Deutschland zu kommen und hier zu werben. Ich hatte das auch vor, war bei verschiedenen Veranstaltungen im Rhein-Sieg-Kreis, der für die Grünhelme immer erst einmal der entscheidende Testkreis ist. Nur wenn für die Mitbürger von Troisdorf, Siegburg, Much und Eitorf

---

12 Ein Imam ist ein Vorbeter beim islamischen Gebet.

eine Katastrophe ankommt oder ein Hilfsaufruf angenommen wird, dann wussten wir, dass wir die Kampagne auch auf die Bundesrepublik ausdehnen können.

Ich musste unbedingt nach Kevelaer, weil dort eine Ärztin, die mit unserer Arbeit seit langem verbunden ist und eine der stärksten humanitären Frauen in der Bundesrepublik ist, Dr. Elke Kleuren-Schryvers, für uns ganz kräftig die Trommel gerührt hatte. Ihrer vor nichts zögernden Hilfsinitiative war es zu verdanken, dass wir eine ganz große Palette mit den wichtigsten Medikamenten kostenlos von der großen Dritte Welt Firma Medeor nach Medan geliefert bekamen. Ihr war es zu verdanken, dass Prof. Koerfer, der Chef des Deutschen Herzzentrums, tief in seine Tasche griff und insgesamt fünf indonesische Ärzte, die zum Training und zur Fortbildung in seinem Herzzentrum in Bad Oeynhausen lebten, freistellen wollte für diese Arbeit. Ich hatte gleich gesagt, dass wir nicht fünf Ärzte brauchen würden, aber sehr gute Verwendung hatten wir für einen indonesischen Arzt. Und wir haben genau den bekommen, der einer der besten war, den wir für die Region Aceh hatten finden können, Dr. Billy Lantang. Ich bekam vom Bürgermeister von Kevelaer auch eine Hilfszusage für eine Partnerschaft der Gemeinde mit Bilanpidie und Pualua Kayu. Kurz, ich hatte eine Menge zu tun und war dann wieder auf dem Wege, um die nächsten Plätze auszukundschaften.

Ich komme am nächsten Morgen nach 18 Stunden Flug in Medan, der Hauptstadt der indonesischen Provinz Sumatra, an. Dort werde ich von den indonesischen Studenten der Organisation »Por Koordinasi« empfangen, die gleich mit mir im Auto weiterfahren wollen, damit wir möglichst am nächsten Morgen an der Westküste der Insel und an dem Projektort der Grünhelme ankommen werden.

Zu allem Unglück kam am zweiten Ostertag (28. März 2005) ein weiteres schweres Erdbeben in der Region hinzu, das die Menschen in eine Art Depression trieb. Denn sie hatten sich doch darauf verlassen, dass die Experten Recht hatten, die ihnen sagten: Statistisch sei es so gut wie sicher, dass sie für die nächsten 1.000 Jahre keinen Tsunami erwarten dürften. Nun war aber das Gegenteil eingetreten. Drei Monate nach dem Tsunami und dem Erdbeben mit der Stärke 8,9 kam es zu einem Erdbeben mit einer Stärke auf der Richterskala von

8,4. Die Erde bebte so stark, dass die Menschen in Pulau Kayu zum ersten Mal wirklich aus ihrem Heimatort flohen und auch die Helfer mitnahmen. Einen Tsunami gab es diesmal zum Glück nicht. Also: Es gab eine Depression, die sich durch drei Tage Nicht-Arbeit und Passivität bemerkbar machte. Die schon aufgebauten ersten 22 Häuser der Grünhelme in der ersten Reihe, deren Holzaufriss schon auf den Betonsockeln stand, hielten dem Erdbeben aber so gut stand, dass die Bevölkerung dann doch für die Arbeit gewonnen werden konnte. Die ersten 22 Häuser wurden in den nächsten Tagen von den ersten Familien bezogen, insgesamt sollten es 350 werden. Auch eine Schule sollte hergerichtet werden.

Und: Die Menschen müssen wieder an die Arbeit, deshalb geht es auch darum, dass Fischerboote und -netze den Menschen in ihrer Not wieder zur Verfügung stehen. Die Grünhelme haben einem Fischerei-Unternehmer mit einem großen Motorboot einen Kredit gegeben von 5 Mio. Rupien, den dieser zurückzahlen wird, wenn er seine ersten größeren Einnahmen aus dem Fischfang hat. Dann wird dieses zurückgezahlte Geld einem anderen Fischer zugute kommen, der das auch wieder zurückzahlt, so dass wir den Menschen wieder die Möglichkeit geben zu arbeiten.

Die höchsten Autoritäten im Distrikt Bilangpidie waren ganz begeistert von der Arbeit der deutschen Helfer. Man hatte auch vor, mit einer deutschen Gemeinde eine Partnerschaft anzustreben, wusste aber noch nicht wie das geht.

Die Provinz in Nordsumatra war Kriegsgebiet. Es hat bei dem Stamm der Acehnesen eine Befreiungsbewegung gegeben, die sich aus verschiedenen unterschiedlichen Motiven zusammensetzte. Einmal waren diese Menschen selbstbewusst genug, sich ihrer geschichtliche Rolle für Indonesien bewusst zu sein: Sie hatten einst im Mittelalter den Islam hierher gebracht. Sie hatten auch den größten Anteil an der militärischen Bekämpfung der Holländer im Lande gehabt. Und sie spürten, dass ihnen das in dem neuen Staat Indonesien nicht gedankt wurde. Als dann noch Erdgas und Erdöl an der Ostküste entdeckt wurden und die Regierung in Jakarta die US-amerikanische Firma Exxonmobil zur Ausbeutung einlud, eskalierte der Kampf. Aceh wurde Aufmarschgebiet für die indonesische Armee.

Die indonesische Armee schaltete und waltete, regierte und beutete aus, nahm gefangen und folterte, ganz wie sie das wollte. Bei der Vollversammlung der Aktieninhaber von Exxonmobil am 29. Mai 2002 in Dallas/Texas nahm sich die Indonesierin aus Aceh, Cut Zahara Hamzah, das Wort und konnte ganz frei erklären, dass die Gesellschaft das Gebiet zu Lasten der Bevölkerung ausbeutete. Ihr Onkel, ihr Cousin und ihr Bruder waren unter den Ermordeten. Ihr Bruder Jafar Siddiq Hamzah war ein Menschenrechtsaktivist, der in New York seinen Wohnsitz hatte. Im Juli 2000 kam er nach Aceh zurück, um Fälle von Menschenrechtsverletzungen zu prüfen, in die Exxonmobil verwickelt war. Im August 2000 wurde er entführt. Einen Monat später fand man seinen gefolterten Leichnam in Stacheldraht gewickelt auf der Straße.

Es wurden nicht weniger als 40 Milliarden Dollar für die Firma aus dem Gebiet herausgeholt. Cut Zahara Hamzah:»Die Firma hat die Gehälter des Militärs gezahlt, das unsere Häuser nieder brannte, unser Eigentum raubte, Folter, Vergewaltigung und Mord über uns brachte. Gewiss wird man diese Aussage bestreiten, doch können wir für unsere Behauptungen Beweise und Zeugnisse aufbringen«.

Deshalb war der Tsunami ein großer Einschnitt für die Bevölkerung. Es könnte sein, dass Aceh nie mehr so wird wie in den vergangenen Jahren. Das Land muss sich öffnen. Die alte Abgeschlossenheit der Kriegszone muss sich ändern. Es könnte dazu kommen, dass Aceh eine offene, aktive Provinz des neuen Indonesiens nach dem Tsunami wird. An meinem zweiten Morgen gehe ich durch die benachbarte größere Stadt Bilangpidie und plötzlich entdecken wir ein ganz neu aufgemachtes Internet Cafe »Donya.net«. Junge Leute hängen den ganzen Tag dort herum und versuchen, ein wenig von der Welt für sich zu erobern, die sie früher vermisst haben.

Ich bin in den nächsten Tagen noch einmal auf die Insel Nias gegangen, die von dem zweiten Erdbeben am 28. März 2005 ganz besonders hart betroffen war. Wir fahren auf den Serpentinen einen ganzen Tag mit dem Auto und nehmen am Hafen von Sumatra die Nachtfähre von Sibolga. Zehn Stunden fährt die Fähre, wir kommen ausgeruht in Cunung Sitoli an. Und was müssen wir erleben? Das Erdbeben hat die gesamte große, boomende Stadt in Schutt und

Asche verwandelt. Während wir am Nachmittag durch den Bazar fahren, müssen wir uns ein Tuch vor den Mund halten, denn aus den zusammengefallenen Gebäuden strömt immer noch Leichengeruch.

Es sind noch lange nicht alle Menschen, die bei dem Erdbeben ums Leben kamen, geborgen worden.

Als ich zurückkomme in das Haus, hat mich wirklich das Mitleid mit diesen Menschen gepackt. Die großen Plakate in der Hauptstadt sind jetzt mit zwei Slogans versehen. Der eine war schon im Januar bekannt.»Indonesia menengis«, hieß die große Spendenaktion des indonesischen Fernsehens, das von Jakarta aus sendet. Jetzt tauchen andere Plakate auf in Nias:»Nias menengis lagi«. Das heißt auf Deutsch:»Nias weint erneut.«

Wir müssen diesen Menschen helfen. Sie haben ihr Hab und Gut unschuldig durch diese Katastrophe der Natur verloren. In einem Dorf, dem ich Hilfe versprechen musste, gehen die Menschen um 16.00 Uhr einen Weg von drei bis vier Kilometer auf den Hügel, um dort die Nacht zu verbringen. So viel Angst haben sie, dass das Erdbeben, das in der Nacht des zweiten Ostertages kam, wieder über sie herfallen wird. Das Erdbeben kam tückischerweise auch noch in der Nacht, deshalb sind viele Menschen auch bei meinem Besuch, über zwei Wochen später, noch erschüttert und traumatisiert.

Das Jahr über waren wir weiter in Aceh. Die politischen Verhältnisse verbesserten sich zusehends. Es kam zur Unterzeichnung eines Friedensvertrages. In Deutschland hat man diese Nachricht gar nicht beachtet, obwohl es die schönste war, die wir zu Weihnachten 2005 haben wahrnehmen können.

Ein gewaltträchtiger, aussichtsloser, bewaffneter Konflikt, der sich zu einer Mischung aus Besatzung eines Gebietes von Indonesien durch die eigene Armee und Bürgerkrieg zwischen dieser Armee und einer auf Autonomie versessenen Bevölkerung entwickelt hatte, wurde dank des Tsunami und seiner Folgen regelrecht und auf Dauer beendet.

Der beste UN-Vermittler, der ehemalige finnische Staatspräsident Matti Athissaari hatte alle Konfliktparteien am Tisch. Am 16. August 2005 hatte man den Friedensvertrag unterschrieben.

Es war ein klassischer Kompromiss-Frieden, wie man ihn in Lehrbüchern verewigen könnte. Jede Seite machte ein schmerzliches Zugeständnis – für den künftigen Frieden. Die GAM verzichtete auf die Unabhängigkeit und entschied sich, eine politische Partei zu werden. Polizei-Beobachter von der EU waren dabei und sammelten die Waffen der GAM ein, was hervorragend klappte.

Die indonesische Regierung sagte zu, die Armee aus allen Teilen Acehs abzuziehen bis auf die üblichen Kasernen in allen Teilen Indonesiens.

Und man machte ein Ausnahmezugeständnis: Aus guten Gründen wird keiner rein ethnischen Bewegung es erlaubt, eine politische Partei für das ganze Indonesien zu werden. Um des lieben Friedens willen machte man diesen Kompromiss und die Ausnahme für Aceh. Die GAM wurde unter unseren Augen eine politische Partei.

Wir bauten unter diesen Umständen noch einen zweiten Ort, Lama Muda, wieder auf, was nur deshalb möglich wurde, weil die GAM ihre Waffen abgab. Denn dieses Dorf nördlich von Pulau Kayu an der Küste wurde früher allein von der GAM kontrolliert. Und solange hätten wir nie und nimmer mit der Arbeit in Lama Muda anfangen können. Der Leipziger Stefan Albrecht und der Hamburger Architekt Markus Leenen arbeiteten dort: 72 Häuser auf Stelzen in der soliden Holzbauweise mit dem gegossenen Betonfundament kamen in Lama Muda heraus, 132 in Pulau Kayu. In Pulau Kayu konnten wir einige der Häuser für die Familien reparieren. Für eine Nachbarortschaft übernahm den Wiederaufbau die deutsche Organisation »Help«.

Eines ist uns nicht gelungen: Wir hatten eigentlich vor, der befreundeten Organisation der Studenten eine Finanzierung zuzuschanzen oder sie in die Lage zu versetzen, etwas für ihre Landsleute zu tun als kleine Hilfsorganisation. Das war uns nicht möglich. Ich bedaure das. Und will das noch nicht aufgeben. Vielleicht klappt es 2009?

Christel Neudeck

Im Gespräch mit Thomas Just,
Zimmermann aus Leipzig

Thomas, wir arbeiten seit einigen Jahren sehr intensiv zusammen bei den Grünhelmen. Du wurdest in der ehemaligen DDR geboren und warst 14 Jahre, als die Wende kam. Erinnerst Du Dich an diese Jahre? Waren Deine Eltern, warst Du innerhalb des Systems oder eher außerhalb? Was fällt Dir spontan dazu ein?

Erinnern kann ich mich an eine normale Kindheit, bis ich 12/13 Jahre alt war. Dann begannen die ersten Probleme. Ich komme aus einem katholischen Elternhaus, katholisch bedeutete zu DDR-Zeiten fast automatisch Opposition. Mit 14 Jahren trat man in die FDJ ein, mit der Jugendweihe. Da ich katholisch war, sagte ich mir, ich gehe weder in die FDJ noch mache ich die Jugendweihe mit. Ich ging zur Erstkommunion und wurde gefirmt. Diese Entscheidung traf ich mit 12 Jahren, damit begannen die Probleme.

Haben Deine Eltern Dir das geraten oder war das Deine Entscheidung? Was taten Deine beiden älteren Geschwister? Wie haben Deine Freunde auf diesen Schritt reagiert?

Ich erinnere mich, dass meine Eltern mir rieten, in die FDJ einzutreten, aber sagten, falls ich mich weigern würde, hätte ich ihre Unterstützung. Es war also eine eigene Entscheidung. Meine Geschwister machten die Jugendweihe mit. Ich war seit 15 Jahren der erste auf unserer Schule, der das nicht mitmachte. Ich war auch stolz auf meine Verweigerung. Meine Eltern wussten, was passieren konnte. Mir wurde gesagt: Du willst doch mal einen schönen Beruf erlernen, das fällt ja dann für Dich weg. Zu DDR-Zeiten wurden einem die Lehrstellen zugeteilt. Es gab keine freie Berufswahl. Meine Freunde reagierten geteilt. Einigen war es egal, einige fragten, warum ich das mache. Wenn Lehrer dabei waren, wurde anders gesprochen, aber eigentlich war es den anderen egal.

Das fand ich an der DDR auch so lächerlich. 90 Prozent der Leute wussten, dass die DDR nicht gut war, aber alle machten mit. Selbst wenn man das System der Stasi anschaut: Wie viele Leute waren denn wirklich Staatsfeinde? Aber jeder wurde ausgehorcht, jeder machte mit und jeder hatte Angst davor. Mein Vater hat öfter provoziert, um einen kleinen Nadelstich zu geben. Mein Riesenglück war, dass ein Jahr nach meiner Verweigerung die Wende kam. Da war wieder alles anders. Es kamen manche Leute und entschuldigten sich bei mir. Als 14-jähriger stellte man sich Fragen, wenn 40/50-jährige vor einem standen, die vorher versucht hatten, einen fertig zu machen und später sagten, wir mussten das ja machen. Dann nimmt man Erwachsene gerade in dem Alter nicht mehr ernst und denkt, egal, was ihr erzählt, ich glaube euch nicht.

Du wurdest dann Zimmermann. War das von zu Hause vorgegeben?

Ich habe versucht das Abitur zu machen, wurde wegen meiner schlechten Englisch-Kenntnisse nicht zur Prüfung zugelassen. Ich brauchte eine Lehre, das war klar. Mein Vater war als Tischler zwischenzeitlich selbständig geworden. Seit ich 14 Jahre war, habe ich auf dem Bau gearbeitet. Also wurde ich Zimmerer. Die Hauptprämisse war bei mir: Ich wollte weiter weg von zu Hause, dementsprechend suchte ich mir die Lehrstelle in Halle.

Du warst in dieser Zeit auch kirchlich gebunden?

Bis ich 22 Jahre alt war ging ich regelmäßig zur Kirche. Wenn man es am Sonntagmorgen schaffte aufzustehen, war das der einzige Moment, in dem man mal Ruhe für sich selbst hatte und nachdenken konnte. Wo man nicht abgelenkt wurde. In dieser Stunde wollte keiner etwas von einem. Das war auch ein Grund, warum ich in die Kirche ging.

Bist Du ein gläubiger Christ?

Das ist schwierig zu beantworten. Ich halte viel von Gott.

Erinnerst Du Dich an die Wende?

Ich war 13 Jahre und kann mich erinnern. Wir fuhren mit meinen Eltern nach Leipzig zu den Demonstrationen. Das war immer spannend, weil mir jedes Mal Ausreden eingetrichtert wurden wie: Wenn uns also jemand anhält, fahren wir zu Tante Giselas 60. Geburtstag. Zum Glück ist nie etwas passiert. Das war schon sehr beeindruckend, die Stimmung vor und in der Nikolai-Kirche. Mit 13 ist das natürlich auch ein Abenteuer.

Wurde in der Familie darüber gesprochen, dass die DDR verschwinden könnte?

Bis November 1989 hielt das niemand für möglich. Was man hoffte und glaubte war, dass es so wie es war, nicht weitergehen konnte und man eine Veränderung brauchte. Das waren in diesem Spätsommer auch die meisten Beweggründe für den Protest. Jetzt haben die Menschen etwas gegen den Sozialismus. Ursprünglich hatten sie, glaube ich, nichts gegen den Sozialismus an sich, sondern dagegen, wie er ausgeführt wurde.

Wir kamen vom Dorf, die Eltern meines Vaters hatten einen Bauernhof, wo wir auch wohnten. Plötzlich standen Traktoren auf dem Hof und man konnte nicht mehr über den Hof laufen. Mein Vater trat irgendwann aus der Gewerkschaft aus, weil er das Gequatsche nicht ertrug. Danach begann der Ärger für ihn. Er wollte sich schon immer selbständig machen, was er nicht durfte. So kam eines zum anderen. Sie waren gegen den Sozialismus, weil das Regime komplett gegen sie war.

Wann und warum kamst Du auf den Gedanken, nach Madagaskar zu gehen?

Mit 17 Jahren kam der Entschluss, ins Ausland zu gehen und in der Entwicklungshilfe zu arbeiten. Ich hatte das Buch von Ghandi gelesen und den Film über ihn gesehen und wollte nach Indien gehen. Ghandi hatte das ganze Land umgeschmissen und ich hatte die Vorstellung: Ich gehe nach Indien und mache auch was ganz Tolles. Nach meiner Lehre hatte ich ein Angebot für Indien. Freunde von mir hatten ein offenes Straßenkinderprojekt in Madagaskar und brauchten einen Handwerker, um Kinder auszubilden. Ich entschied mich für Madagaskar und suchte zunächst das Land auf der Weltkarte. Zwei Ossis hatten ein ungefährliches Land gesucht, in dem es weder Schlangen noch Löwen gibt. Von Madagaskar wussten sie, dass es Lemuren, Halbaffen gibt, die keinem etwas tun. In ihrem dreiwöchigen Urlaub lernten sie in der Hauptstadt Antananarivo Straßenkinder kennen, die sie so sehr beeindruckten, dass sie nach ihrer Rückkehr Haus und Hof verkauften für ein Projekt mit den Kindern. Einer blieb in Deutschland um Geld zu sammeln, der andere flog einen Monat später zurück.

Wie war Dein Ankommen in dieser ganz fremden Welt?

Es war mein allererster Flug. Der Flug dauerte für mich gefühlte 1.000 Stunden, ich hatte alle Welt zurückgelassen, so kam es mir vor. Aus meiner Familie war ich der erste, der eine lange Reise antrat. Wir landeten, es war extrem schwül und ich bekam keine Luft. Ich stand in dem Gewusel, sprach kein französisch und kam frisch aus dem Dorf.

Worum ging es in dem Projekt?

150 Straßenkinder wurden in drei verschiedenen Gruppen betreut, eine Mädchen- und zwei Jungengruppen. Es war ein offenes Tagesprojekt. Die Kinder bekamen am Morgen einen Imbiss, mussten dann duschen und zur Schule gehen, nach dem Mittagessen wurden sie beschäftigt. Ärzte von MSF[13] unterstützten uns, Krätze war das Hauptproblem. Abends gingen die Kinder wieder auf die Straße. Wir hatten harte Regeln. Wer nicht zur Schule ging, bekam kein Mittagessen, wer störte, flog raus. Für mich war das auch ein Schock. Wenn man um 17.00 Uhr die Kinder wegschickte, war das nicht so einfach.

---

13 Médecins Sans Frontières = Ärzte ohne Grenzen

Man sah ja, wo sie schliefen. Das war eine pädagogische Absicht, wir wollten sie nicht komplett aus ihrem Milieu herausziehen. Wir konnten die Situation nicht grundlegend ändern, sondern nur verbessern. Bei manchen Kindern hatten wir auch gute Erfolge, wir konnten sie später auf eine staatliche Schule schicken.

Es gab wenige ältere Straßenkinder; einige starben, andere gingen zu ihren Familien zurück, andere ins Gefängnis. Für die etwa zehn Älteren fanden wir einen madagassischen Schreiner, hatten ein kleines Haus angemietet, bauten eine Werkstatt, erstellten ein Ausbildungskonzept und fanden Kunden, für die wir etwas herstellen konnten. Wir bauten Möbel und bekamen dafür Obst und Gemüse. Das ganze Projekt kostete 2.000 DM im Monat, das privat aufgebracht wurde. Wir mussten alles selbst zahlen, auch den Flug. Das läuft heute noch so.

Ich selbst stellte in diesen Monaten fest, dass mir einiges an beruflicher – und Lebenserfahrung fehlte. Mit 21 Jahren plötzlich über Menschen zu entscheiden, ist eine sehr große Verantwortung. Ich ging nach Deutschland zurück, um zu lernen.

Wie kamst Du auf die Grünhelme?

Ich hörte Rupert Neudeck im Deutschlandfunk, die Interviews mit ihm stachen aus den anderen Berichten heraus. Dadurch wurde ich aufmerksam. Dann schaute ich im Internet bei Cap Anamur nach, die damals aber nur Mediziner suchten. Ein Jahr später gab es die Grünhelme, was ich auch über Rupert Neudeck im Deutschlandfunk erfuhr. Ich war Projektleiter in einer Fensterfirma, einen Abend vorher hatte ich mit einem Freund über die Welt philosophiert. Nun saß ich da und dachte, ich muss etwas tun und habe mich beworben.

Zu den Grünhelmen ging ich auch, weil ich unbedingt nach dem 11. September 2001 nach Afghanistan gehen wollte. Ich sagte mir, wir hören einiges über Osama und Afghanistan und wissen eigentlich nichts. Gerade im Osten haben wir keine Berührungspunkte mit dem Islam. Das ist in Köln anders. Im Osten gibt es keine Schulkameraden islamischer Herkunft. Ich wollte etwas über den Islam wissen und nach Afghanistan, auch um zu wissen, was da passiert.

Du flogst dann jedoch nach Indonesien nach einer Naturkatastrophe. Wie hast Du die Situation dort empfunden?

Es war erschreckend zu sehen, was die Natur, was Wasser anrichten kann. Einen Monat später kam ich in die Gebiete von Banda Aceh, wo man die Verheerung sah. So stelle ich mir einen Atomkrieg vor. In Indonesien haben die Leute sofort selbst vieles getan. Als wir kamen, hatten sie das gesamte Grundstück schon gereinigt.

Wie war für Dich die Zusammenarbeit mit den Menschen dort?

Normal. Das kenne ich von Deutschland auch. Wenn ich eine Gruppe von 100 Leuten habe, habe ich 20, die oberfleißig sind, 60, die mitmachen und 20, die faul sind.

Sie sehen uns ja anders. Wir sind in ihren Augen gut bezahlte Ingenieure von einer Organisation, die verlangen, dass sie nun alles selbst machen sollen. Es war viel Arbeit, das Dorf »zusammen zu halten«, es gab immer politische Spannungen zwischen dem Bürgermeister und dem stellvertretenden Bürgermeister.

Wie waren die bürokratischen Schwierigkeiten?

Indonesien war diesbezüglich eine reine Katastrophe. Die deutsche Botschaft war eine Katastrophe. Wir bekamen anfangs kein Visum. Als ich als deutscher Staatsangehöriger bei der deutschen Botschaft anrief und nach den Bedingungen für ein Visum fragte, bekam ich zur Antwort, das könnten sie mir auch nicht sagen, ich rief also weitere fünf mal an und ließ es dann bleiben. Das Gleiche war mit der UNO, von der ich immer dachte, dass das eine Power-Organisation ist. Als ich zum ersten Meeting ging, hörte ich nur ein reines Bla-bla. Die UNO hatte die Hauptkoordination für Indonesien übernommen. Ich fragte nach dem Visum, weil wir monatlich das Land verlassen mussten, um den Stempel zu bekommen. Sie antworteten, dass sie uns das auch nicht sagen könnten. Wir sollen uns nicht beschweren, so hätten wir doch noch ein paar schöne Tage in Singapur. Das war wirklich O-Ton eines UN-Chefs. Dann bin ich nicht mehr hingegangen. Nach drei Monaten ging ich noch einmal hin, da ging es immer noch um dieselben Themen: Wo bauen wir wie Häuser. Ich sagte: »Wir haben die ersten Häuser fertig, die ersten Leute sind eingezogen.« Wir wurden per Mail auf diese UN-Meetings eingeladen. Es sei sehr wichtig, dass alle zur Koordination kommen. Ich sagte, dass es für mich total uninteressant sei, von uns wollt ihr auch nichts wissen, wir sind zeitlich schon so unterschiedlich, dass es gar nicht funktioniert. Was wollen wir zusammen koordinieren, wenn wir mit den Häusern fertig sind und ihr überlegt, wohin ihr die Häuser baut? Das zur UNO. Indonesien, das weiß jeder, ist korrupt von oben bis unten. Dort habe ich gemerkt, dass man sich auf Korruption nicht einlassen darf. Diese Ausreden kommen ja oft, wir mussten da was bezahlen. Wir wurden alle 500 Meter vom Militär angehalten, die Hand wurde aufgehalten. Ich sagte »Nein«, und es passierte nichts, wir sind weiter gefahren. Das war die untere Ebene, die Leute oben konnte man auch unter Druck setzen. Wir brauchten ja ein Schreiben über die Anerkennung der Grundstücke, auf denen wir bauten. Wir haben es anders gemacht. Wir haben begonnen zu bauen, gingen dann zu den Behörden und haben gesagt, wir brauchen dieses Schreiben. Sie sagten, das geht nicht. Ich sagte, wir brauchen das in 14 Tagen, sonst müssen wir unsere Mission abbrechen und Du hast Ärger mit 5000 Leuten, und plötzlich ging es. Andere Organisationen haben Grundstücke gekauft, um Häuser zu bauen, was ich schrecklich fand.

Im Ergebnis haben wir die zerstörten Dörfer Pulau Kayu und Lama Muda wieder aufgebaut und die Menschen waren darüber sehr glücklich.

Was war das Besondere in Kaschmir/Pakistan? Man geht ja davon aus, dass man es uns leicht macht nach einer solchen Naturkatastrophe.

Diese Vorstellung wurde schwer enttäuscht. Kaschmir war in dieser Beziehung das Schlimmste. Hinzu kam, dass der damalige Präsident sagte: »Bitte, Weltgemeinschaft, helft uns.« Wir kamen dann an und sollten nicht helfen, das war eindeutig. Da habe ich zu meiner Mutter gesagt, die immer besorgt ist, dass mir etwas passiert:»Ich sterbe bestimmt nicht, weil es so gefährlich ist, sondern durch einen Herzinfarkt, weil ich mich so aufrege. Da passiert nichts und man sitzt da und fragt sich, was machst Du hier eigentlich?« Man übersteht das, in dem man in das zerstörte Dorf fährt und dann wieder weiß, warum man es macht.

Was war für Dich dort denn schön?

Es ist schön, wenn man gewinnt, wenn man den Behörden beweist, dass es doch geht. Das Dorfleben war schön, ich war begeistert von den Menschen in dem Dorf. Sie haben ja wirklich auf einem Hang gelebt, kilometerweit geht es nur steil bergauf. Manchmal fragt man sich, wie kann man hier überhaupt leben? Ist das nachhaltig, was wir hier machen? Aber es ist nachhaltig, denn es ist ihre Heimat, sie wollen dort leben. Was auch schön war in Kaschmir: Dort waren die Leute am fleißigsten. Als wir anfingen, war das Dorf schon sehr weit aufgeräumt und sie arbeiteten sehr fleißig mit trotz dieser widrigen Umstände. Nach der Nothilfe war es eine Freude, die Schule in Bhutti ordentlich wieder aufzubauen.

Jetzt würde ich gern noch etwas zu Mauretanien wissen. Wie hast Du diese Welt dort erlebt? Eine islamische Republik, durch die junge Afrikaner kommen, die weiterziehen wollen nach Europa.

Ich hatte das Gefühl, dass es die Mauretanier gar nicht interessiert, was da gerade passiert. Die Schwarzafrikaner kommen, ziehen hier durch, manche machen Geschäfte mit ihnen, das war's. Solange die Schwarzafrikaner nicht zu viele Geschäfte machen und dort hängen bleiben, war es ihnen eigentlich völlig egal. Ich habe sie immer »Reisende« genannt, weil Flüchtlinge ein verbrauchtes Wort ist, das passte nicht so ganz. Auch wenn es den Reisenden nicht so schlecht ging, habe ich sie als die »ärmsten Schweine der Welt« empfunden. Niemand will sie. Ihr Heimatland will sie nicht, Nigeria war es egal, was die da machen. Mauretanien war es egal und wir Europäer wollten sie auch nicht. Das ist einfach nicht gerecht. Woraufhin wir sagten, wir müssen in jedem Fall etwas für diese Leute tun. Mit dem nigerianischen, sehr engagierten Priester Jerome bauten wir in Nouadhibou ein Sozialzentrum mit einer Ambulanz, einer Schule und Unterkünften für die Gestrandeten auf.

Seit zwei Jahren lebst Du hauptsächlich in Ruanda, um das Ausbildungszentrum dort zu organisieren. Welche Eindrücke hast Du dort gewonnen?

Ich hatte neben der Baustelle viel mit den Behörden zu tun. Sie haben gute Ideen und wollen das Land verändern. Das spürte man bei den Ministern oder Staatssekretären. Die kleinen Leute unten wollen es auch. Ruanda ist meines Erachtens komplett auf dem richtigen Weg. Man spürt tagtäglich dort eine Veränderung. Zu Anfang sah man in Kigali selbst eine große Bautätigkeit. Mittlerweile werden auch bei uns auf dem Dorf Häuser gebaut. Deshalb bin ich guter Dinge, dass unsere Schule Bestand haben wird, weil sie vom Staat und von der Bevölkerung gewollt wird. Es wurde nicht einfach etwas hingesetzt und das war's. Da passiert was. Das Land hat noch ganz viele Ecken und Kanten, wo noch viel getan werden muss, wo überzeugt werden und Eigeninitiative geweckt werden muss, aber es ist auf einem sehr guten Weg.

Sind wir in Afrika mit unserer Arbeit richtig?

Wir sind in Afrika richtig. Afrika ist definitiv nicht verloren. Wenn wir sagen, Afrika ist verloren, dann haben wir versagt. Wenn auf der Baustelle etwas falsch läuft, sage ich, das ist unser Fehler. Entweder haben wir es falsch erklärt oder nicht weit genug gedacht. Natürlich muss viel mehr von Afrika selbst kommen; aber das zu fordern ist auch unsere Sache. Wenn wir das Geld bringen, dann ist es auch unsere Aufgabe, die Eigeninitiative zu fördern.

Du hattest in Asien und Afrika viel Kontakt zu den Menschen. Kann man sie letztendlich verstehen? Ihren Gedankengängen folgen?

Ich verstehe die meisten. Es ist alles natürlich, wenn man die Hintergründe betrachtet, wie sie leben, wie sie aufgewachsen sind. Man muss nur bereit sein, sich darauf einzulassen.

Ist es für Dich wichtig, hier eine Familie, Freunde in Deutschland zu haben, wenn Du so lange weg bist?

Ja, das ist sehr wichtig für mich.

Machst Du Dir eigentlich Gedanken um die Zukunft? Du hast ja ein ziemliches Nomadenleben geführt, seit Du 20 bist.

Ich mache das so lange, wie ich es schaffe. Wenn der Punkt kommt, an dem ich sage, ich will es nicht mehr, dann höre ich auf. Ich sage mir nicht, ich mache das bis 35, mit 36 mache ich das und das. Eine solche Lebensplanung habe ich nicht.

Kannst Du Dir vorstellen, z. B. zehn Jahre hintereinander in Ruanda zu arbeiten?

Ja.

Gibt es etwas, was Du an den Afrikanern bewunderst, wo Du denkst, so möchte ich auch leben können? Sind Afrikaner fröhlicher, weniger depressiv?

Ich bewundere, dass sie in so einfachen Verhältnissen glücklich leben können. Sie sind nicht depressiv. Ich glaube, das liegt daran, dass Du in Deutschland die Möglichkeit hast depressiv zu werden. Ich glaube, in Ruanda kommt keiner auf die Idee, depressiv zu werden.

Liegt es daran, weil man mit dem täglichen Leben dort so beschäftigt ist, Essen, Kinder, Schule etc? Wenn man hier gar nichts tut, wird man ja auch mit dem Notwendigsten versorgt.

Das glaube ich nicht, weil in Afrika viele gar nicht damit beschäftigt sind, jeden Tag ihren Lebensunterhalt zu beschaffen. Viele Leute stehen den ganzen Tag herum und erzählen. Womit wir in Europa nicht klarkommen, ist plötzlich die Möglichkeit zu haben, alles machen zu können, die Auswahl zu haben, alles zu machen. Damit sind wir, glaube ich, überfordert und brechen dann irgendwann zusammen. Wenn man plötzlich an einer Kreuzung mit 80 Abzweigungen steht und alle führen in eine gute Richtung, was soll man dann machen, da bleibt man stehen. Wenn man nur zwei Möglichkeiten hat, dann ist es einfach auszuwählen. Ich glaube, das war auch das Problem im Osten kurz nach der Wende, wo man plötzlich alles durfte, konnte, dann hat man es nicht mehr gemacht.

Ist die Familienstruktur, so weit Du Einblick hattest, sehr unterschiedlich von der in Deutschland? – Gibt es Versicherungen?

Die Familie ist das Wichtigste. Das merken wir in der Schule, dass Schüler nicht kommen, weil z. B. jemand in der Familie betreut werden musste. Wenn einer in der Familie Arbeit hat, ist der für die gesamte Familie zuständig.

Es wurde in Ruanda jetzt eine »Key social« eingeführt, das ist eine Art Arbeitslosen- und Krankenversicherung. Das ist aber nicht Pflicht. Das sind dann Dinge, die der Arbeitnehmer fordern könnte.

Warum nimmst Du diese vielen Anstrengungen auf Dich, für das wenige Geld kann es ja nicht sein.

Wenn man draußen im Projekt ist, dann sieht man einfach, was man gemacht hat. Das ist das, was uns über die Trockenperioden bringt, wenn man z. B. bei Behörden sitzt und nicht weiter kommt. Nehmen wir Ruanda, wenn wir sehen, was wir da in zwei Jahren hingestellt haben und wie es läuft: Das ist der Lohn der Arbeit.

Eine letzte Frage: Du warst in Afrika und Asien. Wo möchtest Du am liebsten auf Dauer leben?

In Deutschland.

Rupert Neudeck

Ruanda: Ein Land nach einem Völkermord

Man kann über Ruanda nur sprechen, wenn man etwas über den Völkermord von 1994 gesagt hat. Dieses Land leidet unter diesem Zivilisationsbruch wie Kambodscha unter dem seinen und wie wir Deutschen unter dem weiter unvergleichbaren Holocaust. Was in den nur zehn Wochen vom 6. April bis Juni 1994 an Mordaktionen geschah, wird in der Geschichte Ruandas nur mühselig seinen Platz bekommen.

Der Völkermord zeichnete sich durch drei Momente aus, die diesen Genozid noch einmal furchtbar herausragen lassen unter kaum vergleichbaren anderen:

- Die Schnelligkeit des Abschlachtens mit der Machete. Selbst ein Holocaustforscher in Berlin hat mich gefragt, ob das stimmen könnte mit den zehn Wochen, denn dann wären die Ruander Völkermörder wirksamer und mordträchtiger gewesen als selbst die Nazis mit ihrem industriellen Vergasungsmord.

- Die ungeheure Blutorgie, die darin besteht, dass es noch eine bezahlbare Gnade war, wenn jemand durch die Patrone und das Gewehr erschossen und nicht durch die Machete zerhackt wurde;

- Die ebenfalls in der Grausamkeit nicht zu überbietende Diabolik, möglichst offen das ganze Hutu Volk in den Blutrausch des Zerhackens, Ersäufens und Erschießens einzubeziehen.

Wir haben uns damals gleich aufgemacht und noch den Leichengeruch in der Nase gehabt, der über den Hügeln und Feldern und Seen von Ruanda lag. Wir haben Krankenhäuser erneuert, Waisenhäuser und ein »Nelson Mandela Friedensdorf« gebaut. Dann sind wir gegangen.

Mit den Grünhelmen haben wir über ein Jahrzehnt später – 2005 – ein Land in Afrika gesucht, in dem es eine Regierung und Verwaltung gibt, der man eine Partnerschaft und Disziplin zutrauen könnte. Und siehe da, wir kamen auf Ruanda. Ich traf mich mit dem zugegeben schwierigen, aber disziplinierten und ehrgeizigen Präsidenten des

Landes Paul Kagame anlässlich eines Besuches in Mainz, der Hauptstadt von Rheinland Pfalz, das gleichzeitig eine über 25-jährige Partnerschaft mit dem afrikanischen Land durchhält.

Ich trug ihm die Idee eines Berufsausbildungszentrums vor, er willigte sofort ein. Ende 2006 war ich mit Robert Höller, einem unserer guten Bauingenieure in Ruanda. Mit dem Berater des Präsidenten waren wir einige Tage im Land unterwegs und suchten nach einem Bauplatz, den die Regierung uns zur Verfügung stellen konnte.

Das Land braucht sicherlich noch einige Generationen, um alle Folgen dieses Mordes unter den Geschwistern ein und dergleichen Nation zu überwinden. Vergessen wird man das nie können. Die uns gut bekannte Deutsch-Ruanderin Eugenie Muyadisire hat in einem Buch und in einem Film ihre Landsleute noch mal kathartisch, also reinigend, den Mordvorgang wiederholen lassen. Es wurde ihr erlaubt, den Mörder ihrer Mutter in einem Gefängnis zu besuchen. Sie bat ihn, den Vorgang des Machete-Hochhebens und des Erschlagens und des Bluttriefens bei dem Vorgang noch mal an ihr gleichsam spielerisch zu wiederholen. Denn sie wollte herausbekommen, wie es sein kann, dass Bekannte, Nachbarn des gleichen Hügels, Schulkameraden der gleichen Schulbank sich plötzlich in dieser durch nichts vorstellbaren Weise umbringen können. Diese Szene ist allen Ruandern deshalb geläufig, weil sie sie alle mal im Fernsehen gesehen haben. Die Gacaca Gerichte sorgen jetzt in gewisser Weise für einen ähnlichen Vorgang, in dem sie versuchen, die Wahrheit und nichts als die Wahrheit über alle Mordvorgänge des Erschlagens und Erschießens zu Tage zu bringen.

Es fehlt dabei die gute und wichtige Rolle der Katholischen Kirche. Die Katholische Kirche hätte längst das tun müssen, was die deutschen und die polnischen Bischöfe nach dem Zweiten Weltkrieg getan haben, in dem sie gegenseitig um Vergebung baten. Die katholische Kirche ist bis heute der große Versager und Verweigerer eines Schuldbekenntnisses in Ruanda. Sie war über ihre Bischöfe, Priester und Gläubigen tief in den Völkermord verstrickt.

In dem Versuch der Regierung in Ruanda gibt es einige Fehler und Bedenklichkeiten. Es ist alles viel zu imperial und autoritativ auf die Person des Präsidenten ausgerichtet. Fast alles wird voluntaristisch durch den Willen der Minderheitspartei gemacht und geleistet. Die Tutsi müssen versuchen, den nicht nur imaginären sondern eben auch wirklichen Gegensatz zwischen Tutsi und Hutu durch mehr Beteiligung der Hutus auszugleichen.

Aber das Land wird von der jetzigen Tutsi-Regierung der RPF bis an die Grenzen afrikanischer, ja manchmal möchte man sagen: asiatischer Disziplin getrieben. Es bleibt zum Leidwesen der Führung und des Paul Kagame ein Land mitten in Afrika.

Er würde gern immer wieder betonen, dass es nirgends geschrieben steht, dass sich das Beispiel des Tigerstaates Singapur nur in Südostasien ereignen könne.

Die Erfahrungen von uns Grünhelmen waren in jeder Weise beispielhaft und manchmal überwältigend. Wir hatten zu Beginn vom Präsidenten die Ministerin für Arbeit Angelina Muganza zugewiesen bekommen. Diese Frau war ohne jedes Sicherheitskorsett mehrmals und immer wieder auf unserer Baustelle und kam ganz einfach wie eine Bürgerin des Landes nach Ntarama und erkundigte sich nach dem Baufortschritt, wurde auch eine Freundin der Mitarbeiter des Projektes. Im ersten Team arbeitete das Ehepaar Franken, Elisabeth und Paul. Die beiden hatten über 20 Jahre Afrika-Erfahrung auf dem Buckel. Paul war jeden Tag mit preußischer Disziplin auf der Baustelle, Elisabeth machte den Hausmeister, die Besorgungen für die Baustelle und die Küche und alles was man sonst französisch »Faits divers«, »vermischte Dinge« benennt. Elisabeth wurde im Laufe ihrer drei Monate vor Ort 68 Jahre. Da schickte die Ministerin Muganza ihr 68 rote Rosen in das Projekt. Eine wunderbare Geste.

Wir bauten vier Gebäude in einem guten Jahr von Februar 2007 bis April 2008. Zwei Lehrhallen für den praktischen und den theoretischen Unterricht. Für die Unterbringung von Lehrern aus Ruanda und Deutschland errichteten wir ein Lehrerwohnheim. Mit Unterstützung der rührigen Patrizia Stiftung in Augsburg konnten wir ein Internat für nicht weniger als 64 Studenten und eine Mensa plus Küche auf dem Gelände des »Nelson Mandela Berufsschulzentrums« bauen. Ende Dezember 2008 wird der Container mit den Solarpanels und Batterien ankommen und wir werden dann mit Hilfe der Talisman Stiftung und Jean-Claude Wolter eine 30 KW

Solaranlage für dieses Berufsschulzentrum bauen können, das wir mit dem Namen des größten Afrikaners geehrt haben, den wir zu unseren Lebzeiten finden durften: »Nelson Mandela Educational Centre«. Wir sorgten uns anfangs darum, die richtigen Lehrer für das Projekt zu finden. Aber es war dann plötzlich durch einen einzigartigen Glücksfall möglich, den pensionierten Berufsschullehrer und den neun Jahre amtierenden Direktor der Werner v. Siemens-Schule in Köln-Kalk für diese Aufgabe zu begeistern. Albert Schmidt zog los und ging erst nach weit über einem Jahr wieder zurück nach Deutschland. Wir haben die große Hoffnung, dass uns diese Werner von Siemens-Schule als Spezial-Fachberufsschule für die Partnerschaft mit dem Nelson Mandela Berufsschulzentrum erhalten bleibt.

Man kann ein Übungssemester in Sachen globalisierter Weltmarkt absolvieren, wenn man in Ruanda arbeitet. Das kleine (26.338 km², 8 Mio. Einwohner), aber übervölkerte Land ist – wie man englisch unvergleichlich bildhaft sagt – land-locked, vom Land eingemauert und eingeschlossen. Nirgendwo in der Welt ist es für ein Land und Volk schwieriger, so eingeschlossen zu sein wie in Afrika. Denn es gibt dort keine wirkliche Alternative zu einem Seehafen. Nun kamen wir noch in die Zeit der Aufstände in Kenia Weihnachten 2007, die fast in einen blutigen Stammes- und Bürgerkrieg ausgeglitten wären. Das führte dazu, dass der für Ruanda und Uganda wichtige Seehafen und die Nabelschnur zur Handelswelt und zum Weltmarkt in Mombasa gekappt war.

Daher mussten die beiden Container, die wir von Hamburg aus losgeschickt hatten mit den Lehrmaschinen und Unterrichtsmaterialien für die Berufsschule, nicht in Mombasa (Kenias großem Seehafen), sondern in Dar es Salam (Tansanias Seehafen) ausgeladen und gelöscht werden. Ich war zu dem uns mehrmals versicherten Expected Time of Arrival-Datum, am 12. April nach Ruanda gekommen, aber am Vorabend bekamen wir die Nachricht, dass die Container noch nicht einmal im Hafen von Dar es Salam gelöscht worden seien. Das Schiff, das sie an Bord hatte, war aus dem total überfüllten und überlasteten Hafen Dar es Salam wieder herausgefahren, weil es eine Liegezeit von mehr als einer Woche zu gewärtigen hatte. Wir mussten also auf eine Wartezeit von weit über sieben Wochen gefasst sein. Wir hatten den Lehrplan schon so eingerichtet, dass der Unterricht mit Hilfe der Lehrmaschinen und Unterrichtsbücher geschehen sollte, aber da mussten unsere Lehrer schlicht das tun, was man in Afrika oft tun muss: improvisieren.

Wir fanden schnell heraus, dass dieses Curriculum von vornherein einem Übel afrikanischer Pädagogik an weiterführenden Schulen begegnen, ja ihm ins Herz stoßen muss: Die Tatsache, dass idealtypisch jeder Afrikaner, der mehr als die Grundschule besucht, der festen Überzeugung ist: Von nun an braucht er niemals mehr eine Schaufel oder einen Hammer oder eine Kneifzange anzufassen, sondern er muss sich einfach mit einem frisch gebügelten Hemd und frisch polierten Schuhen und einer gut gebundenen Krawatte hinter einen Schreibtisch setzen. Dieser Vorstellung wollten wir von Anfang an stracks entgegenarbeiten. Wir haben deshalb die Praxis in die Würde der immerwährenden Priorität vor der Theorie gehoben. Die Trainees, die Schülerinnen und Schüler haben deshalb das Internat selbst gebaut und damit schon mehr gelernt, als jede andere Generation von Berufsauszubildenden in Ruanda vorher. Die Schülerinnen – in Ruanda gibt es eine strikt einzuhaltende Frauenquote – und Schüler müssen immer der Praxis den Vortritt geben, weil der Lehrplan das so vorsieht.

Das zweite Problem für den Unterricht am Nelson Mandela Educational Centre war extrem politisch: Ruanda war auf dem Wege, vom frankophonen zum anglophonen Land zu marschieren. Einmal, weil die führende Schicht der politischen Klasse wie der Unternehmer aus Uganda und Kenia und den Vereinigten Staaten kam und von daher das Französische in die Schranken verwies. Zum anderen, weil das Land nach dem Debakel mit Belgien und Frankreich während des Völkermordes sich von Frankreich und auch von allem Frankophonen abzusetzen begann. Der erste Besuch der ersten Regierung nach dem Genozid in Europa fand in Deutschland, in Bonn, statt. Das war schon ein regelrechter Skandal für Frankreich, das sich nur schwer an die neue emanzipierte Rolle Ruandas gewöhnen konnte. Ich besinne mich auf ein Interview, das ich mit dem damaligen Vertreter der RPF – der bewaffneten Tutsi-Armee aus Uganda »Rwanda Patriotic Front« – Paul Rudasingwa gemacht habe über den Deutschlandfunk. Kurz nach der Sendung am Mittag rief mich der Vertreter der französischen Nachrichtenagentur AFP an und fragte, ob ich das Interview vorhin mit dem Ruander gemacht hätte. Ich bejahte und dann belehrte mich der Agenturjournalist: Da hätte ich mich geirrt und wäre jemandem auf den Leim gegangen, der kein Ruander war. Die Ruander sprechen nämlich französisch ... Wir waren der Meinung, dass es für die technische Berufsausbildung in jedem Fall ein Vorzug sein kann, sich des Englischen zu bemächtigen. Deshalb wurde von Anfang an die Ausbildung eröffnet mit einem täglichen Englischunterricht.

Wir fänden es gut, wenn sich das Land bewusst macht, dass es ein Privileg sein könnte, innerhalb der afrikanischen Staatengemeinschaft beide Sprachen neben der einzigartigen Basis der gemeinsamen nationalen Sprache Kinyarwanda zu haben: Englisch und Französisch. Bei meinen Beratungen mit der Bank of Rwanda über den besten Ort für eine Akademie für Mikro Kredit-Dorfbanker in Ost- oder West-Afrika sagte mir der Direktor der staatlichen Bank in Kigali, eine solche Bank könnte man sinnvollerweise nur nach Kigali vergeben, denn Ruanda sei das einzige Land in Afrika, das franko- und anglophon sei.

Nur muss man im ländlichen Bereich wieder auf den Boden der Tatsachen zurückkommen. Frankophon kann man ein Land in Afrika nur in der Hauptstadt nennen. Denn die überwiegende Mehrheit der ländlichen Bevölkerung spricht natürlich nur das einheimische ruandische Idiom Kinyarwanda.

UMUGANDA, das haben wir gelernt, ist ein staatlicherseits unterstütztes und verordnetes Gemeinschaftssäubern der Umgebung. Am letzten Samstag des Monats sind alle Menschen dabei, zu putzen, zu säubern, die Gemeinschaftsanlagen zu bauen: Bäume werden gepflanzt, öffentliche Anlagen gereinigt, Wege gesäubert. Unser Team berichtet von den Erfahrungen mit dem ersten Kurs an der Schule, der Unterricht begann im April 2008. Vorrangiges Ziel war der Ausgleich sehr unterschiedlicher Lernkompetenz. Albert Schmidt

schreibt: »Wir lassen Steine fallen, schätzen an Erdhaufen und Stein-
haufen die Volumina, mathematisieren Bewegungsabläufe, differenzieren und integrieren grafisch und vermitteln ›Diagramme‹ bedeu-
tungshaltig als ›internationale Sprache der Techniker‹.« Das sei
notwendig, denn man führe zunächst einen »bilingualen Taubstum-
mendialog«. Die Unterrichtssprache Englisch lag als Verständigungs-
mittel noch auf der Ebene der Vermutungen.

Deshalb stürzt man sich zunächst in die praktischen Arbeiten und
machte die Bauarbeiten am Internat sowie an der Mensa. Im März
2008 hatte man die ersten 30 geeigneten Auszubildenden für den
Start der Schule herauszufinden. Es war schmerzlich für die Lehrer,
die vielen jungen Leute fortzuschicken, die sich um einen Ausbil-
dungsplatz beworben hatten, aber die eigenen Ressourcen sind be-
grenzt.

Gemeinsam wurde neben der Mensa und dem Internat eine
100 Kubikmeter große zylindrische Zisterne gebaut.

Nach einiger Zeit fanden wir die ersten beiden ruandischen Lehrer Fidel und Salomon, die natürlich auch als Übersetzer arbeiten
mussten. Am 8. Oktober 2008 hatten wir die Eröffnung des Nelson
Mandela Educational Centres. Es waren zu diesem feierlichen Anlass
der Präsident des Landes gekommen, Paul Kagame, dazu das halbe
Kabinett der Regierung von Ruanda, dann noch Vertreter des diplomatischen Corps und Alfred Biolek, den wir hatten gewinnen können, auf eigene Kosten nach Ruanda zu kommen, um für uns am
Abend zu kochen. Es wurde ein rauschendes Fest. Ich hielt meine
gut geübte Rede in Kinyarwanda und gewann die Herzen der Zuschauer. Alfred Biolek kochte für uns und über hundert Gäste seine
Bio-Bohnensuppe und alle waren von diesem wunderbaren Ereignis
sehr angetan.

Der deutsche Botschafter Christian Clages verlas die Grußbot-
schaft der Bundeskanzlerin Angela Merkel zur Eröffnung des Berufsschulzentrums:

»Investitionen in die Ausbildung junger Menschen sind Investitionen
in die Zukunft. Zu Recht hat deshalb die ruandische Regierung der
Berufsausbildung nationalen Vorrang eingeräumt. Denn Bildung und

Qualifizierung bieten jungen Menschen neue Chancen für das Leben und Voraussetzungen dafür, ihre gewonnenen Kenntnisse in den Dienst der Entwicklung ihres Landes zu stellen. Ein sehr wertvoller Beitrag hierzu ist die Initiative der »Grünhelme« von Rupert Neudeck zur Errichtung eines modernen Berufsausbildungssystems. Diese nach dem Friedensnobelpreisträger und großen Afrikaner Nelson Mandela genannte Einrichtung dient nicht allein zur Vermittlung von Wissen. Es vertieft auch die traditionell freundschaftlichen Beziehungen zwischen Ruanda und Deutschland. Experten aus unseren beiden Ländern können hier an dieser Begegnungsstätte mehr voneinander erfahren und so auch voneinander lernen.

Allen, die sich an der intensiven Vorbereitungs- und Aufbau-Arbeit in Deutschland beteiligt haben, danke ich sehr herzlich. Ihr uneigennütziger Einsatz wird mit dem gelungenen Ausbildungsabschluss reiche Früchte tragen. So wünsche ich dem Ausbildungszentrum und allen Lehrern und Schülern viel Erfolg.«

Christel Neudeck

Im Gespräch mit Albert Schmidt,
Berufsschullehrer aus Aachen

*Albert, Du gehörst zu den Pädagogen, bei denen ich gern Unterricht
gehabt und dem ich unsere Kinder gern anvertraut hätte.
Aus welcher Familie stammst Du? Welche Erinnerungen hast Du an
die Nachkriegszeit?*

Die Familie, mit bürgerlichem Lebens- und Denkhintergrund, reli-
giös streng römisch-katholisch ausgerichtet, hat mich stark geprägt
und mir eine heitere, liebevolle, glückliche Jugend ermöglicht. Religion habe ich positiv erfahren, obwohl Glaubensentscheidungen
und abgeleitete Handlungsmuster wenig reflektiert wurden. Meine
Mutter – vor dem 2. Weltkrieg Chefsekretärin in einer »jüdischen«
Firma der Tuchindustrie – war ständig antwortpflichtig bei Themen
des Holocaust, mein Vater, Leiter der Exportabteilung eines kriegs-
wichtigen Betriebs der Elektroindustrie, in der Vorkriegszeit für U-
Bootausstattung – beantwortete alle kritischen Fragen zu Krieg und
politischer Mitverantwortung mit der in der Familie Schmidt aner-
kannten und gelebten Staatstreue der Vorfahren. Themen wie Holocaust, Wehrdienstverweigerung, Handhabung religiöser Regeln,
führten auf Familienfeiern oft zu erregten Diskussionen. So wurde
manche Familienfeier in der Nachkriegszeit von den Diskussions-
beiträgen der heranwachsenden Geschwister und jungen Verwandten geprägt. Fragen der folgenden Art spielten eine große Rolle: Wie
war es möglich, dass in einem Land mit 90 % christlich orientierter
Bevölkerung sechs Millionen Menschen umgebracht wurden? Wäre
der Jude Jesus auch in den Gaskammern umgebracht worden? Mit
welchen Gottesvorstellungen und welcher Schöpfungsidee ist diese
Barbarei erklärbar? u. v. a. … Auch Fragen zum Sinn von Bildung,
wenn sie solche Katastrophen wie den Nationalsozialismus nicht
verhindert, schwebten ständig Antwort suchend im Raum. Die Ver-
änderungsnotwendigkeit einer sich neu definierenden deutschen

Gesellschaft war allgemein akzeptiert, die inhaltlichen Konsequenzen aber heftig umstritten, bedeuteten sie doch meistens einen Bruch mit dem Altvertrauten. Die Diskussionen zwischen den Generationen wurden oft zum Sprengstoff auf zunächst friedlichen Geburtstagsfeiern. Ich musste Fragen beantworten, die Jugendliche heute nicht mehr verstehen würden:»Was haben wir bloß falsch gemacht, dass solche von unserem Lebensstil abweichenden Einstellungen bei einem Teil unserer Kinder auftreten?« Was wir heute bei Kindern als gelungene Entwicklung zum selbständigen Denken begrüßen, begründetes Handeln, Flexibilität,»es wissen wollen«, wurde häufig als treulos und unzuverlässig gewertet – auch wenn es nur zwei Zentimeter längere Haare waren! Die hohe Veränderungsgeschwindigkeit war von vielen Menschen unserer Vorgeneration auf dem Hintergrund so vieler verdrängter Ereignisse nicht verarbeitbar.

Wie hast Du die so genannten 68er-Jahre als Student erlebt? Glaubst Du, dass die heutigen Studenten ganz anders an ihr Studium herangehen? Haben sie z. B. den Wunsch zu protestieren?

In den 68er-Jahren war ich ein artiger Student der Elektrotechnik an der ehrwürdigen Technischen Hochschule zu Aachen – in Examensvorbereitungen. Da ich aber bereits Ingenieur war, konnte ich mir vom Kenntnisstand das Studium von zwei weiteren Zusatzfächern zumuten (Mathematik und Theologie an einem Lehrstuhl der Universität Bonn). Die studentischen Protestwellen habe ich als positiv und befreiend erlebt.»Leute runter vom Balkon, reiht euch ein beim Vietcong« skandierend habe ich die Antivietnamkriegs-Demonstrationen mitgemacht. Die Störungen von Vorlesungen durch SDS und KPDML-Gruppen mit ihren folgenlosen Parolen haben mich jedoch – typisch für viele Technikstudenten – eher abgestoßen.

Es ist still geworden, das Protestpotential»aufmüpfige Jugend« gibt es nicht mehr. Heute sind die Gegenstände möglichen Protestes sehr kompliziert geworden:»Gerechte Finanzierung zukünftiger Sozial-Systeme«,»Verhinderung von Umweltkatastrophen« – allein diese zwei Segmente zeigen schon die innige Verflechtung der Problemlage. Es ist, so glaube ich, von der Außensicht her still geworden, weil viele Jugendliche intelligent reagieren, sich klug machen und die vorgegebenen Strukturen und politischen Wege nutzen. Diese zitierten »viele Jugendliche« sind auf die Gesamtzahl der Jugendlichen bezogen natürlich nur wenige, die Nachwuchsprobleme in den Jugendorganisationen unserer Parteien sprechen eine deutliche Sprache! Dies alles gilt für Deutschland und ich vermute für die EU. Auf globaler Ebene wäre so mancher Protestschrei wünschenswert. Warum bleiben sie aus? Ich fürchte mich vor den Antworten.

Hast Du ein Handwerk erlernt bevor Du Lehrer wurdest?

Das neusprachliche Gymnasium habe ich mit der Einschätzung meiner Lehrer» … als nicht bildbar …« in der Oberstufe gelangweilt verlassen und die Ausbildung zum Facharbeiter als Elektromaschinenbauer in verkürzter Ausbildungszeit durchlaufen. Meine wichtigste Erfahrung: Unter den oft als »ungebildet« eingestuften Facharbeitern gab es eine große Zahl hochkompetenter Menschen, die sozial integrativ handelten und intelligent argumentierten. Meine Zweifel an der Unterteilung der Menschheit in »praktisch Begabte …« und »geistig Begabte … » war geweckt! Ich glaube, dass – noch nicht bewusst – damals die Entscheidung Lehrer zu werden vorbereitet wurde.

Was war Dir als Leiter einer Berufsschule besonders wichtig?

Als ich Schulleiter unserer Schule wurde, hatten wir 2500 Schülerinnen und Schüler und waren 80 Kollegen. Eine große Zahl der Lehrerinnen und Lehrer dieses Kollegiums hätten auch »unsere« Schule gesagt. Wir hatten einen gemeinsam erarbeiteten Anspruch an Bildung: Im Humboldtschen Sinn (das mag überraschen!) wollten wir mit dem Ziel »berufliche Handlungskompetenz« nicht nur die Fachkompetenz fördern, sondern zugleich eigenständiges Denken ermöglichen: Das Verstehen historischer Technikentwicklung, die psychischen und sozialen Auswirkungen, die gesellschaftlichen Möglichkeiten der Einflussnahme, … nicht in Fächern separiert erarbeitet, sondern integriert in den Unterrichtsalltag der Auftragsbearbeitung von geistigen und praktischen Produkten.

Als junges Kollegium hatten wir in den 70er-Jahren gute Voraussetzungen: Wir hatten einen geschätzten Analytiker als Schulleiter – Prof. Dr. Adolph (im Alter Honorarprofessor für Technikdidaktik an der Universität Bremen) und durch die Teilnahme am Kollegschulversuch bekamen wir die theoretische und mentale Unterstützung von Prof. Blankertz (Universität Münster).

Diese Entwicklung in Gang zu halten, ein Klima der Veränderungsbereitschaft zu pflegen, immer mit Blick auf unsere Auszubildenden, hat meine Arbeit in einer kollegialen Schulleitung bestimmt. Die Teilnahme am Schulversuch »Selbstständige Schule – NRW« hat die Rahmenbedingungen positiv verändert, und er dauert an – hoffentlich mit Erfolg.

Mit 65 Jahren begann Dein Ruhestand. Zunächst hast Du hiernach ein Buch geschrieben. Worüber?

Es war kein Buch, sondern ein Lernprogramm zum vernachlässigten Thema:»Wie lernt der Mensch?« Der Titel:»Die zehn Gebote des Lernens«. Es soll Lernende und Lehrende, die den Dualismus von Methode und Inhalt überwinden wollen, unterstützen.

Wie kam es, dass Du Dich dann auf das große Abenteuer ›Ruanda‹ einlassen konntest? Hat Dich eventuell motiviert, dass Du dort Deine spezifischen Fach- und pädagogischen Kenntnisse und Erfahrungen ohne deutsche Bürokratie in einem Neuland anwenden konntest? Spielten Deine Erfahrungen in Tansania eine Rolle?

Die guten Argumente eines jungen Kollegen (Peter Poetschki) haben die Entscheidung herbeigeführt, am Ruandaprojekt teilzunehmen. Er hat nach einer ersten Analyse des ruandischen Berufsausbildungsdefizits die Auftragsorientierte Didaktik mit hohem Praxisanteil für richtig und notwendig erklärt.

Die Implementierung von beruflicher Bildung ohne Praxis ist ein evidenter Widerspruch. So gesehen ist die Konzeptentscheidung nicht von persönlichen Interessen geprägt sondern Stand der Wissenschaft. Bürokratische und administrative Einflüsse, wie hier der

Versuch, allgemeine Richtlinien zu erlassen, entstammen politischer Willensbildung. In Ruanda wie bei uns in Deutschland sind sie wirksam, nur andersartig, aber nicht zu umgehen. Es wäre nicht gut, persönliche Vorlieben zum Entscheidungskriterium zu machen, aber richtig ist, dass die Umsetzung von als »richtig erkannten Strategien« mich immer schon beflügelt hat.

Fehler, wie ich sie bereits vor 25 Jahren in Tansania bei einem kurzen vierwöchigen Aufenthalt beobachten konnte, sind objektiv erkennbar: Die Trennung von Theorie und Praxis. Die Gründe für diese Trennung sind vielfältig. Hier in Ruanda – in der Kleinstadt Nyamata, 30 km südlich von Kigali, gibt es z. B. ein gut entwickeltes Schulsystem mit technischen Profilen (bis zum A2 Level – Universitätszugangszertifikat), in dem Theorie auf hohem Niveau vermittelt wird. Diese Schule hat aber nicht die notwendigen Ressourcen (so die Argumentation!) oder kein kompetentes Praxis-Lehrpersonal (Weil Praxislehrern keine angemessene Bezahlung angeboten wird?) oder beides nicht, um ihre zweifellos vorhandenen Theoriekenntnisse in praktische Anwendungen umzusetzen. Ausbildungsplätze in Firmen fehlen weitgehend. Damit schließt sich der Teufelskreis: Theorievermittlung ist preiswert, man bekommt keine schmutzigen Hände – die Ergebnisse aber sind folgenlos. Mit Blick auf den Arbeitsmarkt bleibt den Absolventen nur die Universität. Der Teufelskreis schließt sich auf höherem Niveau. Die Frage, ob sich diese Spirale mit ökonomischer Außenunterstützung aufbrechen lässt, oder ob eine neue Entwicklungsphilosophie das bewirken kann, ist noch nicht beantwortet.

Möglicherweise ist das Umdenken der ruandischen Bildungsstrategie die wichtigste Voraussetzung. Das würde bedeuten:

- bessere Bezahlung des Personals für Theorie und Praxis,
- auch für akademisch gebildete Lehrer sollte praktisches Arbeiten mit dem gewonnenen Status eines Theorielehrers vereinbar sein,
- Entwicklung eines Systems (einer Lobby), das (die) die Interessenwahrnehmung der Betroffenen möglich macht, und das (die) nicht ausschließlich von außenstehenden Experten beeinflusst ist,

- die Finanzierung beruflicher Schulen durch Herstellung von eigenen Produkten mit Außenunterstützung, bis sich ein betriebliches Ausbildungssystem entwickelt.

Worauf hast Du beim Erstellen des Curriculums für das Ausbildungszentrum in Ruanda besonderen Wert gelegt?

Dank der richtigen Einschätzung meines jungen Kollegen Peter Poetschki in Köln war ich grundsätzlich auf die Situation hier in Ruanda vorbereitet und habe die Produkterstellung mit einem systematischen Auftragsentwicklungskonzept verbunden. Dieses Konzept fördert systematisches Denken, weil es nicht einem systematisch geordneten theoretischen Curriculum (diese existieren in Industrienationen weitgehend) folgt, sondern von der Herstellung praktisch verwertbarer Produkte ausgeht, die alle notwendigen Kenntnisse und Fertigkeiten einfordern und so Praxis und Theorie verbindet.

Welche Fachbereiche soll das Zentrum umfassen? Wie viel Schülerinnen und Schüler sind vorgesehen? Warum baut ihr ein Internat?

Wir streben für unsere »Students & Trainees« ein »Diploma of a Technician in Constructional or Electrical Engineering« an, in 6 Trimestern nach zwei Jahren der Ausbildung. Die Eingangsbedingungen haben wir für die ersten Generationen der Auszubildenden hoch angesetzt (A2-Level), das kann später abgeändert werden, sowohl bezüglich der Eingangsbedingungen wie auch der Ausbildungsdauer.

Wir nehmen pro Jahr 30 Auszubildende auf, so dass vom Jahr 2009 an 60 Schülerinnen und Schüler ausgebildet werden, die zum Teil im Internat wohnen und in der Mensa versorgt werden. Die Internatsunterbringung ist notwendig, weil die Anfahrtsmöglichkeiten zu zeitaufwendig und die Lernbedingungen im familiären Umfeld für viele nicht günstig sind. Auch können wir so Auszubildende aus entfernten Distrikten aufnehmen.

Nun bist Du schon über ein Jahr in dem Projekt tätig. Kannst Du sagen, worin die großen Unterschiede zwischen dem Lehren und Lernen sowie dem Leiten eines Ausbildungszentrums in Deutschland und in Ruanda liegen?

Nun, da sind zunächst die Unterschiede in der Größenordnung! In Deutschland wird eine solche Schülergruppe von einem Klassenlehrer verwaltet und unterrichtet. Auch zieht ein Schulleiter nicht mehr den »Blaumann« an, um die Grundlagen der Metallverarbeitung zu vermitteln. Aber entscheidend sind nicht die Unterschiede! Die Verantwortung auch für das kleine System ist vergleichbar mit dem großen System: Die Schüler bereiten dieselben Probleme und Sorgen, haben die gleichen Lernschwierigkeiten, sind in gleichem Maße begeisterungsfähig und unaufmerksam oder abgelenkt. Und andererseits ist alles so unglaublich neu und wagemutig was wir uns und ihnen zumuten, vor allem der bilinguale Unterricht – unser »Musungo-English« übersetzt ins Kinyarwanda durch unsere ruandischen Kollegen. So stellten wir z. B. nach einem schriftlichen Test fest, dass es in Kinyarwanda kein Wort für Quadrat gibt.

Die Schüler und der Staat bekommen zunächst nichts Sichtbares geschenkt. Wird die Möglichkeit einer guten Ausbildung von den Schülern und auch von der Regierung als wichtige Möglichkeit für die eigene und die Entwicklung des Landes gesehen? Erleichtert das zuständige Ministerium euch die Arbeit?

Die Wahrnehmung und Beachtung unserer Arbeit hier von Regierungsseite ist beachtlich. Wir erwecken Hoffnungen, die mich einerseits erfreuen, andererseits mit Sorge erfüllen, ob wir die angestrebten Ziele im Sinne eines Umdenkens erreichen können. Das Erziehungsministerium hat uns zur Musterausbildungsstätte erklärt, ein Tatbestand, der nur bei Erfolg Gutes verheißt.

Die Unterstützung von »oben« ist immer gegeben. Die Bürokratie aber, auf Rechtsstaatlichkeit bedacht, ist mächtig. Der Aufwand bei Arbeitsgenehmigungen, Visaverlängerungen und Anerkennungsprozeduren ist erheblich.

Hast Du einen Traum, welche Früchte Deine und Eure Arbeit in zehn Jahren tragen könnte?

Das Problem für die Zukunft des »Nelson Mandela Educational Center« ist die stabile Finanzierung durch eigene Produkterstellung durch die Auszubildenden. Produkte, die zugleich in gestaffelter Form »vom Einfachen zum Komplexen«, die curricularen Anforderungen erfüllen. Es wäre wunderbar, wenn das gelänge. Die ruandischen Kollegen haben das schon jetzt begriffen. Das aktuell laufende Projekt »Ruandisches Musterhaus« (einheimisches Material z. B. Lehm mit wenig Zement gehärtet, solide Baukonstruktion, Inselsolaranlage als Lichtspender am Abend für wenige Stunden mit Ladestation für Handys) versucht das vorzubereiten. Typisch für die oben zitierte ruandische Schule: Ein ähnliches Projekt wurde dort begonnen, aber nach der Entwicklung sehr guter Ansätze unvollendet abgebrochen.

Wie reagierten Deine Familie und Deine Freunde, vielleicht auch Deine ehemalige Schule auf diese neue Aufgabe, der Du unentgeltlich soviel Zeit und Energie widmest? Verändert Dich diese Tätigkeit in einem ganz anderen Kulturkreis?

Bewunderung von allen Seiten – aber spürbar sind die Fehleinschätzungen bezüglich des Entwicklungsstandes und der Probleme, was natürlich durch die unscharfe Brille fehlender eigener Erfahrungen mit europäischer Wahrnehmung verständlich ist.

Ich habe deutliche Prägungen aus meiner Kindheit abgebaut. Aber schon die Tatsache, dass ich mich an sie erinnere zeigt, dass sie noch wirken: Jahrelang haben wir als Kinder Bilder der Margarine »Sanella« gesammelt, auf denen die »afrikanische Tierwelt und Neger mit Baströcken und Speer« abgebildet waren. Auch der beim Einwurf eines Groschen dankbar nickende Negerjunge an der weihnachtlichen Krippe der Pfarrkirche hat mich als Kind tief beeindruckt.

Die Tätigkeit im ruandischen Kulturkreis hat mich von diesen Vorstellungen geheilt.

Rupert Neudeck

Statt eines Nachworts:

Albert Camus, unser humanitärer Lehrer

Christel war ganz empört: Sie hatte von der Tagung der Camus-Gesellschaft in Bensberg an der Thomas Morus Akademie endlich einmal einen Rupert Neudeck mitbekommen, der ihr gefiel. Das passiert nicht so häufig. Anlass war ein Vortrag im Rahmen eines Seminars zu Aspekten des Romans des französischen Schriftstellers und Philosophen Albert Camus. Der hatte 1957 ein wunderbares und entlarvendes Buch (»La Chute«, deutsch »Der Fall«) geschrieben, das bis heute gültig ist, wenn es darum geht, der Politik und den Politikern die scheinheiligen Masken vom Gesicht zu ziehen. Die Tagung im April 2006 in der Thomas Morus Akademie war überschrieben:»50 Jahre ›La Chute‹ von Albert Camus«. Ich hielt im Rahmen dieses Seminars einen Abendvortrag »Über die Aktualität von Albert Camus' Roman La Chute«.

Doch wurde dieser Text für die Zusammenstellung der Texte, die in der Reihe der Bensberger Protokolle 2008 veröffentlicht wurde, nicht aufgenommen. Ich konnte damit leben. Denn in der Tat erfüllte meine Polemik noch lange nicht den hohen Maßstab wissenschaftlich philologischer Textkritik und Wissenschaftlichkeit, wie ihn die Universität erwarten darf. Dennoch kann der Ausblick in die weiten Felder der Praxis der Politik und des Lebens ja einer wissenschaftlichen Disziplin auch nicht nur schaden.

In der Schule im Lateinunterricht lernten wir einen Satz schätzen und er wurde uns als ein pädagogisches Grundprinzip vorgestellt: »Non scholae, sed vitae discimus.« – Nicht für die Schule, sondern für das Leben lernen wir.

Diesen Satz könnte man für diesen »Fall« umstellen: »Non vitae, sed scientiae discimus.« – Nicht für das Leben, sondern für die Wissenschaft lernen wir.

So stelle ich denn diesen Text gerade deshalb in dieses Buch, weil er uns beiden so gut gefällt und eine Menge ausdrückt über den

optimistischen Grundton unserer gemeinsamen Arbeiten und
Hilfsprojekte.

La Chute

Le Pont sur la Seine[14] und der Bußrichter (le juge-penitent) Jean
Clamans

Motto:

*»So werden Sie zum Beispiel bemerkt haben, dass unser altes Europa
endlich die richtige Art des Philosophierens herausgefunden hat. Wir
sagen nicht mehr wie in früheren unverbildeten Zeiten:*
›Das ist meine Meinung. Welches sind ihre Einwände?‹
*Jetzt sind uns die Augen aufgegangen. Wir haben den Dialog durch
die Verlautbarung ersetzt.*
*›Das ist die Wahrheit‹, sagen wir. ›Ob Sie daran herumdiskutieren,
ist uns gleich.‹*
*Aber in ein paar Jahren wird die Polizei Ihnen beweisen, dass ich
recht habe.«[15]*

I.

Wie aktuell Camus immer wieder alles in Europa und im »mittel-
meerischen Raum« in seinen Bann schlägt, zeigt ein Artikel des
US-amerikanischen Kolumnisten Roger Cohen in der IHT[16] vom
12. Juli 2006. Titel: »Camus and Zidane: Views on how things
end«.

Cohen versucht die Geschichte, die man fast als griechische Tragödie begreifen wollte, mit Hinweis auf Camus' »Der Fremde« auf-
zulösen. In der Verlängerung des Endspiels der Fußball WM 2006
wurde der Welt bedeutendster Fußballspieler Zinedine Zidane des
Feldes verwiesen, weil er mit einem gezielten Kopfstoß den italienischen Gegenspieler Materazzi niedergestreckt hat. In dem »Fremden« tötet ein französischer Mann mit Namen Meursault, einen

---

14 Übersetzung: Die Seine-Brücke
15 Albert Camus: Der Fall. Reinbek bei Hamburg, 2001.
16 International Herald Tribune

Araber an der Bucht des Mittelmeeres im gleißenden Licht der Mittelmeersonne. Es ist ein sinnloser Akt. Er feuert einen einzigen tödlichen Schuss ab. Dann später noch vier weitere in den schon leblosen Körper.

Zinedine Zidane, ein Franzose, der von algerischen Eltern in Marseille geboren wurde, hat nicht irgendwen im Glanz der Abendscheinwerfer des Berliner Olympiastadions mit einem Schuss niedergestreckt. Sein sinnloser Akt bestand darin, einen italienischen Gegenspieler vor einem Publikum von hunderten Millionen Zuschauern niederzustrecken: Er wurde beleidigt, das konnte ihn nicht gleichgültig lassen. Es war eine Frage der Ehre.

Meursault reflektiert über seine Tat im Gefängnis in Camus' Roman, er wartet auf seine Exekution – während Zidane nicht nur nicht auf seine Exekution wartet, sondern ihm alle vergeben. »As if that blind rage has washed me clean, rid me of hope, for the first time, in that night alive with stars and signs. I opened myself to the gentle indifference of the world. Finding it so like myself – so like a brother really – I felt that I had been happy and was happy again.«[17]

Ein Mensch aber, der kurz vor seiner Exekution steht, sollte nicht glücklich sein. Und ein Fußballer, der größte, den wir in unserer Generation neben Pelé und Maradona gekannt haben, der der Kapitän der französischen Nationalmannschaft gewesen ist, der sollte auch nicht seinen Kopf in den Brustkorb des Gegenspielers rammen, um damit den Sieg in einer Fußball-Weltmeisterschaft zu verspielen. Aber Zidane, der in dem Vorort von Marseille La Castellane geboren war, wollte der Welt mitteilen, was er von einem fröhlichen und glücklichen Ende hält. So wie Camus, der als Sohn eines Mannes, der im Ersten Weltkrieg getötet wurde, in seinem Roman »Der Fremde« von diesem Meursault erzählt, der getrieben wird zu einem irrationalen Akt, für den er keine Reue empfindet. Die Story von

---

17 Übersetzung: Es war als ob die blinde Wut mich endlich reingewaschen, mich endlich von der Hoffnung befreit hatte, das erste Mal in dieser Nacht fühlte ich mich lebendig unter den Sternen und Zeichen. Ich öffnete mich für die Gleichgültigkeit der Welt. Sie so zu sehen, wie ich mich selbst erlebte – ein Bruder also – macht mir bewusst, wie glücklich ich war.

Zidane im Finale der Fußball WM ist eine ähnliche Geschichte. Auch Zidane fühlt keine, ausdrücklich keine Reue für diesen Akt, der Frankreich möglicherweise die WM gekostet hat.

II.

Dem Nobelpreis und dem Schreiben von »La Chute« gingen einige Erschütterungen des sowjetischen Imperiums voraus: Es kam der 17. Juni 1953 in Berlin, es kam der Aufstand von Posen, Budapest, 1956. »Ein gigantischer Mythos stürzte in sich zusammen. Eine lange Zeit verhüllt gewesene Wahrheit sprang allen ins Gesicht. Und wenn die Gegenwart noch immer blutig, die Zukunft noch immer dunkel ist, so wissen wir doch wenigstens: dass das Zeitalter der Ideologien vorüber ist, und dass die Tugend des Widerstandes zusammen mit dem Begriff der Freiheit uns wieder einen neuen Daseinszweck gegeben hat.«[18]

Camus geht aus der Mittelmeerwelt heraus mit diesem Schlüsselroman: »Der Mann, der in ›Der Fall‹ spricht, liefert sich selbst einer wohlkalkulierten Beichte aus. Als Flüchtling in Amsterdam, einer Stadt der Kanäle und des kalten Lichts, wo er den Einsiedler und Propheten spielt, wartet dieser frühere Anwalt in einer zweifelhaften Kneipe auf willige Zuhörer. Er hat ein modernes Herz, d. h. er kann es nicht ertragen, verurteilt zu werden. Also beeilt er sich, sich selbst den Prozess zu machen, aber das nur, um die anderen besser verurteilen zu können.«

Maria Casarès hatte Recht: Das Buch ist keine Beichte, sondern enthalte »den Geist der Zeit, und sogar den verwirrten Geist der Zeit«. Camus muss unter der Ungerechtigkeit gelitten haben, dass die politische Korrektheit – wie wir heute sagen würden – nur bei Sartre und bei der Linken lag, die von Sartre angeführt wurde. Nicht etwa bei dem Freiheitsapostel und Künstler der Freiheit, der den versklavten Osteuropäern die Wahrheit und das Licht hätte bringen können.

---

18 Interview Albert Camus mit Francois Bondy, MONAT, Ausgabe Dezember 1957.

III.

Es sind zwei politische Rahmenfragen und Problemknoten, die sich in diesen Jahren stellten. Das eine war die Frage der geteilten Welt. Ausgerechnet die Arbeiter im sowjetisch besetzten Osteuropa begehrten auf gegen die Normen und die Unfreiheit mitten in Berlin, in Posen, in Budapest. Es kamen die Nachrichten über ein Zwangsarbeitersystem namens Gulag heraus, die ebenfalls den Glauben an das Reich der Freiheit und an die Philosophie der Befreiung der Arbeiterklasse stören würde.

Dann gab es die gewaltige Entkolonialisierung, die in Indochina 1954 ihren für Frankreich schmerzlichen Höhepunkt und nun ihren zweiten Gipfel in dem Land erreichte, das Camus seine Heimat nannte: Algerien.

Algerien betraf ihn, beunruhigte ihn. In dem Wochenmagazin »Express« (herausgegeben von Jean-Jacques Servan-Schreiber) durfte er Kolumnen schreiben. Am 1. November hatte er im »Express« einen Waffenstillstand vorgeschlagen. Beide Seiten sollten in dem Krieg die Vereinbarung treffen, die Zivilbevölkerung zu schonen.

»Dieses Abkommen wird die momentane Situation nicht verändern. Es wird darauf abzielen, dem Konflikt den Charakter der Unversöhnlichkeit zu nehmen und in Zukunft unschuldiges Leben zu bewahren.«

Am 10. Januar 1956 kam Camus heraus mit dem Artikel »TREVE pour les CIVILs«.

Am 18. Januar 1956 flog er nach Algier. Er hatte bereits Drohbriefe erhalten. Er sollte vorsichtig sein. Er sollte bei Poncet übernachten, nicht im »Hotel Saint George«. Für die Veranstaltung hatte er zwei Leibwächter erbeten. Er bat Emmanuel Robles die Moderation der Veranstaltung am 22. Januar 1956 zu übernehmen. Daraufhin kam es zu der entscheidenden Situation, in der der Intellektuelle gefordert ist. »Wir können Verbrechen von keiner Seite billigen.« Da stand ein junger Moslem auf und meinte, die Angriffsaktionen wären durch den Befreiungskampf legitimiert. Darauf Camus: »Der Zweck heiligt nie die Mittel.«

Camus dachte, es könne noch eine Lösung geben mit der Gewährung der Autonomie in einer »Communauté francaise«[19]. So wie Puerto Rico unter der US-Regierung lebt. Robles sagte darauf. »Für ein Puerto Rico ist es jetzt zu spät.«

21. Januar 1956. Es kamen ein dutzend Leute im »Bagdad Hotel« in Algier zusammen. Hierher traute sich kein Algerienfranzose mehr. Poncet hatte den Anwalt Yves Dechezelles mitgebracht, der Messalij Hadjis Interessen vertrat und das waren die Interessen der gemäßigten Algerier. Die anwesenden Moslems waren alle pro FLN[20] eingestellt. Camus war darüber bestürzt, war er doch immer noch der Meinung, es könne etwas im Dialog der gegnerischen Parteien gelöst und besprochen werden. Die FLN war damals der extremistische Flügel der Befreiungsbewegung, der eindeutig die Franzosen aus dem Land und Algerien total unabhängig und als islamisch-arabische Republik proklamieren wollte.

Die Veranstaltung am 22. Januar 1956 fand im Cercle du Progres statt. Es konnte alles passieren. Die Reihenfolge der Redner: Amar Ouzegane, Mouloud Amranne, Boulem Moussaoui, Mohammed Lebjaoui.

Lebjaoui hatte Camus kurz vorher zugeflüstert: Er sei heimlich Mitglied des FLN geworden.

Es kam zu tumultartigen Szenen, von draußen von den Ultras bekam Camus zu hören: »Camus an den Galgen!«

Im März kam Robles nach Paris und traf Camus. Damals sagte ihm Camus den Satz, der dann später von Simone de Beauvoir und Jean-Paul Sartre als unpolitische Romantik heftig belächelt wurde: »Wenn ein Terrorist auf dem Marktplatz von Belcourt, den meine Mutter regelmäßig besucht, eine Granate wirft und sie tötet, dann wäre ich dafür verantwortlich, wenn ich, um die Gerechtigkeit zu verteidigen, den Terrorismus gleichermaßen unterstützt hätte. Ich liebe die Gerechtigkeit, aber ich liebe auch meine Mutter.«[21]

---

19 Übersetzung: französische Gemeinschaft
20 Front de Libération Nationale = Nationale Befreiungsfront
21 Herbert R. Lottmann: Camus. Das Bild eines Schriftstellers und seiner Epoche. München 1986, S. 488.

Der Roman »La Chute« erschien im Mai 1956. Genau in diesen Tagen kämpfte Camus allein. Sartre war dabei, die Menschheit in die richtigen Revolutionäre und die falschen Opfer einzuteilen. Camus konnte das nicht mitmachen. Er machte sich wie immer an konkrete Aktionen: Am 30. Mai 1956 brachte die Tageszeitung »Le Monde« seinen offenen Brief an Premierminister Guy Mollet. Er habe zu Algerien geschwiegen: um nicht zum Unglück Frankreichs beizutragen, »und weil ich alles in allem nichts von dem, was von links und rechts gesagt wurde, gutheiße«. Aber er müsse solche dummen und brutalen Akte wie die Verhaftung von Jean de Maisonseul verurteilen, den er seit 22 Jahren kenne.

Dann kommt es zu dem einjährigen Schweigen von Albert Camus. Camus hatte – etwas weltfremd und arrogant – immer gedacht, er habe alles gesagt. 1958 bringt sein Pariser Verlag Camus' »Chroniques Algeriennes« heraus, in denen noch einmal alles steht, was er schon gesagt hatte. Aber Jean Amrouche hatte wohl geschichtlich und politisch Recht, als er damals 1955 schon an Jules Roy schrieb: Er habe zwei Artikel von Camus über Algerien im L'Express gelesen. »Es sind in den Artikeln richtige und gerechte Bemerkungen. Wenn ich aber zu den Lösungen komme, die Camus vorschlägt, dann muss ich sagen, dass ich nicht an sie glaube. Das Übel (oder das Böse) ist schon zu mächtig. Es gibt keinen möglichen Pakt zwischen den Eingeborenen und den Franzosen Algeriens. In einem Wort, ich glaube nicht mehr an ein französisches Algerien. Die Leute aus meinem Beritt hier sind Monstren, sie sind Irrtümer der Geschichte. Es wird ein algerisches Volk geben, das arabisch spricht und das seine Träume und sein Denken im Islam alimentieren wird oder es wird nichts geben. Diejenigen, die wie Camus anders denken, sind um 100 Jahre zu spät. Das algerische Volk irrt sich ganz gewiss, aber das ist es, was es im tiefsten Dunkeln und ganz stur einfach will. Es will eine Nation konstituieren, in der jeder seiner Söhne ein natürliches Vaterland hat, aber nicht ein Vaterland durch Adoption.«[22]

---

22 Oliver Todd: Albert Camus. Une vie. Paris 1986, S. 614.

Amrouche ist eben ein französischer Eingeborener, Camus ist ein »pied-noir«[23]. Camus weiß auch schon, dass er künftig im Exil leben muss. Der Freund Feraoun hatte dem Schriftsteller gesagt: »Camus weigert sich immer noch anzuerkennen, dass Algerien unabhängig sein und dass er einmal verpflichtet sein wird, dort hinzugehen mit einem (französischen) Pass, er, der ein Algerier ist und nicht anders wird es werden.«

Camus hat sich bis zuletzt geweigert, diese manichäische Lösung zu akzeptieren. Im April 1957 hat er seine Position noch mal präzisiert:

• Die feierliche Proklamation des Endes des Kolonialstatuts.

• Einberufung einer Round Table Konferenz, ohne jede Vorbedingung, bei der alle Segmente und Kollektive der Bevölkerung und der algerischen Parteien beteiligt werden (das ist ein Vorschlag, der von den algerischen Gewerkschaften und dem MNA, dem Mouvement national Algerien, schon akzeptiert ist).

• Diskussion über ein Helvetisches Statut, das die Freiheiten für beide Bevölkerungen festhält und sie in einem föderalen Rahmen festschreibt.

Im Jahre 1958 erscheinen im Juni die »Chroniques Algeriennes« unter der totalen Reaktions- und Sprachlosigkeit der Presse (Fernsehen gab es damals noch kaum). Die Chronik ist die Summe all dessen, was Camus gedacht hat. Es gibt noch ein aktuelles Vorwort unter dem Titel »Algerie 1958«, das Camus im Februar 1958 geschrieben oder diktiert hat. Am 13. Mai 1958 hat das Endspiel begonnen, Aufstand in Algier. Am 1. Juni wird de Gaulle wieder aus seinem lothringischen Exil in Colombey-les-deux-Eglises an die Macht gerufen. Ganz Frankreich findet, dass nur der siegreiche Weltkriegsgeneral diese anarchische Situation beenden und auch Algerien in die Unabhängigkeit entlassen kann.

Im Juni gibt es die genial taktischen Reden von de Gaulle in Algier: »Je vous ai compris«[24], mit denen er die Siedler übertölpeln und erst mal ruhig stellen will. Danach die Rede in Oran: »L'Algerie est

---

23 Bezeichnung für Franzosen algerischer Abstammung
24 Übersetzung: Ich habe euch verstanden!

terre francaise aujourd'hui et pour toujours.«[25] Im August 1958 erklärt de Gaulle:»La France de Dunkerque a Tamanrasset«[26], im September wird die GPRA[27] gegründet. Im Oktober bietet er den algerischen Kämpfern den»Frieden der Tapferen« an.

Heute, wo dasselbe Europa sehr gern starke, gute Beziehungen haben würde im Meer des Marsches der Schwarzen nach Europa, sind diese Positionen unwiederbringlich. Aber doch nicht so unwiederbringlich, dass man mit Regierungen nicht wieder darüber sprechen könnte.

IV.

»La Chute« ist ein Beitrag zu dem von Ralf Dahrendorf neu aufgeworfenen Problem zum Thema der Versuchungen der Unfreiheit[28]. Der, den Ralf Dahrendorf vergessen hat bei der Grundfrage des Zeitalters: Wer widerstand den Versuchungen der Unfreiheit? ist eben jener am 4. Januar 1960 viel zu früh gestorbene Albert Camus. Die dicken Bretter, die unseren Politikern vor die Stirn genagelt waren, kamen erst noch. Und diese Bretter wurden eben nicht in der bewährten Manier durchbohrt in mühevoller Einsicht, nein, unsere Großpolitiker (wie ich in Anlehnung an die maitres penseurs, die Großdenker sagen möchte) waren benebelt und besudelt von der Gefahr der Unfreiheit und dem»Appeasement«[29] zum Kompromiss in den einzigen Fragen, in denen man es nicht sein darf: In den Fragen der Freiheit. Und man hat die Freiheit nicht, wenn der Kollege seine Zeit im Gefängnis zubringen muss.

Der große polnische Freiheitsprophet und Dichter Czeslaw Milosz hat dazu im Pariser Exil vieles Wichtige gesagt.»Ich bin Anfang der 50er-Jahre nach Frankreich gekommen.«, erzählte er dem»Nouvel

---

25 Übersetzung: Algerien gehört zu Frankreich, heute und für immer.
26 Übersetzung: Frankreich reicht von Dünkirchen nach Tamanrasset
27 GPRA ist die provisorische Regierung Algeriens.
28 Ralf Dahrendorf: Versuchung der Unfreiheit – Die Intellektuellen in Zeiten der Prüfung. München 2006.
29 Übersetzung: Beschwichtigungspolitik

Observateur« 1994. »Ich hatte gerade mit dem Warschauer Regime gebrochen. Ich war im Exil. Ich war gereizt gegenüber dem intellektuellen Paris dieser Jahre, wo der Geist von ›Temps modernes‹ triumphierte, wo man mich systematisch als Verräter am Sozialismus zurückwies. Das war ein kollektiver Wahn. Jenseits von dieser Böswilligkeit und diese Femestimmung gab es Albert Camus. Camus hatte mit diesem Pariser Milieu nichts gemein. Er war sehr freundschaftlich.«[30]

V. Camus und die Aufstände in Osteuropa:
Ost-Berlin, Posen, Ungarn

Die Hasenscharte der Intellektuellen seiner Zeit hat Albert Camus aufgespießt und aufgespürt. Er hatte sich gegen die Logik der Geschichtsdominanz von Jean-Paul Sartre gewehrt: »Die Geschichte ist nicht alles«. Er hatte die aufständischen Arbeiter in Ost-Berlin 1953 unterstützt, die sich damit gegen die Logik der Geschichte gestellt hatten. Er hatte sich ganz schnell und ohne auf diese Logik zu schielen auf die Seite der Aufständischen und der Widerstandskämpfer gestellt, die dann in immer kürzeren Abständen sich in heller Ohnmacht gegen diese Logik, diese menschenfeindliche, wandten. Und auf die Seite der Arbeiter von Posen 1956 und die Seite der Aufständischen um Pal Maleter und Imre Nagy in Ungarn.

Die tschechische Revolution und die westliche Studentenrevolution von 1968 hat Albert Camus nicht mehr erlebt.

Was alles hätte dem jungen Intellektuellen später, älter geworden, noch an Genugtuungen bereitet werden können. Ich nenne nur mal zwei: Als im Jahre 1989 der Friedenspreis des deutschen Buchhandels verliehen wird, ahnen die Buchmessenbesucher noch lange nicht, dass wir in einem »Schalt- oder Achsenjahr« (Karl Jaspers) leben. In einem Schicksalsjahr, denn es wird nur noch einen Monat dauern und alles wird zusammenbrechen. Vaclav Havel bekommt den Preis. Im Oktober 1989 kann Havel aber immer noch nicht aus Prag ausreisen. Er muss seine Rede von dem berühmten Schauspieler Maximilian Schell verlesen lassen. Havel hatte sich einen Lauda-

---

30 Brigitte Sändig: Albert Camus. Reinbek bei Hamburg 2000, S. 142.

tor ausgewählt: André Glucksmann. Was hätte Camus alles in den Balkankriegen sagen können, was in Rumänien nach der Exekution des Conduttore Ceausescu und seiner Frau Elena?! 1989. Kann man sich das Gesicht des Albert Camus, sein Gemüt und seine inneren Empfindungen vorstellen beim Krachen der Mauern, bei der Vereinigung von Menschen, die über solche Grenzen hinweg wieder zueinander finden, nach so vielen Jahrzehnten der Quarantäne, die über den Ländern des Ostblocks lag? Kann man sich die innere Bewegung annähernd vorstellen?

Die Versuchung der Intellektuellen ist das Thema von »La Chute«: Für jemanden, der so einsam ist wie die Intellektuellen, geht die Bedürftigkeit nach einem neuen Glauben manchmal bis zur Süchtigkeit. Das, was Ralf Dahrendorf in seinem Buch beschrieben hat, hat Camus in einem frühreifen Werk, dem keine Alterswerke mehr folgten, schon ausgedrückt: Für einen Einsamen, »der keinen Gott und keinen Meister kennt, ist die Last der Tage fürchterlich. Man muss sich daher einen Meister suchen, denn Gott ist nicht mehr Mode. Ce mot d'ailleurs n'a plus de sens. Et il ne vaut pas qu'on risque de choquer personne.[31]

Und er fährt fort: »Schauen Sie bloß unsere Moralisten an. Sie sind voll sittlichen Ernstes und Nächstenliebe und was sonst so dazugehört, und so trennt sie eigentlich nichts von den Christen, außer vielleicht der Umstand, dass sie nicht in den Kirchen predigen. Was hindert Sie ihrer Meinung nach sich zu bekehren? Die Rücksicht auf die (heute würde man sagen: die Umfragen) die Demoskopie. Die Rücksicht auf die Meinung der Welt.«

Und dann kommt das wunderbare unübertroffene Bild: »Ich habe einen atheistischen Schriftsteller kennen gelernt, der jeden Abend betete. Das hinderte ihn keineswegs in seinen Büchern aus Leibeskräften über Gott herzuziehen. Ein Verriss erster Klasse, wie man zu sagen pflegt! Ein streitbarer Freidenker, dem ich dies erzählte. Er hob übrigens ohne böse Absicht die Hände zum Himmel

---

31 Übersetzung: Und es ist nicht wert, dass man seinetwegen die Gefahr auf sich nimmt, irgendwo Anstoß zu erregen.

und seufzte: Das ist mir nicht neu. Sie sind sich alle gleich.«

»80 Prozent unserer Schriftsteller« würden den Namen Gottes schreiben und preisen, wenn sie ihre Bücher bloß anonym veröffentlichen könnten. Aber nach Ansicht dieses Mannes veröffentlichen sie nicht anonym, weil sie sich lieben und preisen überhaupt nichts, weil sie sich verabscheuen. Und Camus erzählt die Geschichte eines seiner Freunde, um die Bigotterie und Heuchelei des Jahrhunderts zu beschreiben und zu kritisieren: »der nicht an Gott glaubte, solange er ein untadeliger Ehegatte war, sich bekehrte, als er die Ehe brach.«

Camus hat mit diesem Buch wie mit fast allem, was er schrieb, diese Art Bazillus aufgespießt und diagnostiziert, der in totalitärer Herrschaft überhaupt angelegt ist, eben nicht nur im Nationalsozialismus und Faschismus. Gott ist tot und wir haben ihn getötet. Oder wie ein anderer der großen Antitheisten, Jean-Paul Sartre, es sagte: »Der Atheismus ist ein grausames Unterfangen. Ich glaubte, mich der Literatur zu weihen, während ich in Wirklichkeit in einen Orden eingetreten war. Die Gewissheit des demütigsten unter den gläubigen Menschen wurde in mir zur stolzen Evidenz meiner Prädestination. Prädestiniert sein, warum nicht? Ist nicht jeder Christ ein Erwählter? So wuchs ich als Unkraut auf dem Humus der Katholizität. Ich habe den Heiligen Geist im Keller geschnappt und ausgetrieben; der Atheismus ist ein grausames und langwieriges Unterfangen; ich glaube ihn bis zu Ende betrieben zu haben.«[32]

»Ah«, fragt der Autor, der die Nase von seiner politischen wie der literarischen Heuchelei, aber auch von der christlichen Klasse voll hat:

»Les petits sournois, comédiens, hypocrites, si touchants avec ca! Croyez moi ils en sont tous meme quand ils incendient le ciel.«[33]

---

32 Jean-Paul Sartre: Die Wörter. Autobiografische Schriften. Reinbek bei Hamburg 2004.

33 Übersetzung: Die kleinen Duckmäuser, Schauspieler, Heuchler lassen sich zu sehr davon berühren. Glaubt mir, sie sind alle gleich, wenn die im Himmel abgekanzelt werden.

Das Buch, viel mehr als ein Roman, geht gegen die Christen, gegen die Humanitären, gegen die wertvollen Politiker, gegen die bigotten Europäer, die die Moral gefressen haben. Diese Christen, sie können verurteilen, sie sind Richter, aber sie sprechen niemanden frei.

»In der Philosophie wie in der Politik« – so fährt Camus fort und karikiert weiter die linkskonformen Denker, Schriftsteller und Philosophen seiner Zeit – »bin ich für jede Theorie, die dem Menschen seine Unschuld verweigert und für jede Praxis, die ihn als Schuldigen behandelt. Sie sehen in mir, mein Lieber, einen aufgeklärten Befürworter der Sklaverei!«

Um eine solche Stelle aktuell zu paraphrasieren und zu variieren, stellen Sie sich folgendes Szenario vor: Sie sehen in mir einen aufgeklärten Befürworter der Atomrüstung. Ich entscheide als US-amerikanischer Präsident, welcher dieser Staaten der Welt, mächtig oder weniger mächtig, mir gegenüber ohnmächtig oder weniger ohnmächtig, einen guten Willen hat. Ich lasse mir von meinen Unterteufeln sagen, ob sie die Atombombe verdienen. Bei manchen Staaten steht das einfach fest, bei den Israelis, die brauchen nun mal die Atombombe. Das hat man ja auch Mordechai Vanunu gesagt, dem israelischen Mitarbeiter an der Atombombe. Mordechai Vanunu wollte dann darüber reden, aber ich habe dem gesagt, er soll die Schnauze halten. Neben den Vereinigten Staaten hat Israel zu Recht die Bombe, auch noch Indien und Pakistan, alle anderen nur leihweise, wenn Sie mir, dem amtierenden Präsidenten der USA belegen, dass sie uns und unseren Absichten nicht in die Quere kommen.

Savonarola[34] sind sie alle, Camus hat sie in der Literatur wie in der Politik erlebt. Sie halten düstere Reden und alle sind verderbt. Niemand ist unschuldig. Wer sagt, er sei unschuldig, ist noch schuldiger. Oder jener junge Soldat, der in Buchenwald sich meldete und sagte:

»Wissen Sie, ich bin ein Sonderfall, ich bin nämlich unschuldig.«

---

34 Girolamo Savonarola war italienischer Dominikaner und Bußprediger, er starb auf dem Scheiterhaufen.

Diese Savonarolas erfinden furchtbare Regeln, sie erfinden Scheiterhaufen, ständig müssen wir unsere Unschuld beweisen. Jeder Gang zum Flughafen ist ein merkwürdiges Weltspektakel, immer müssen wir beweisen, dass wir unschuldig sind, wir dürfen kein Metall in der Tasche haben, nicht mal mehr ein schmutziges Taschentuch, wir dürfen keine Streichhölzer, diese unschuldigen kleinen Dinger mehr haben, keine Feuerzeuge, mit denen wir potentiell das Flugzeug als Brandstifter natürlich anzünden. Auch die Humanitären, die Gutmenschen bekommen ihr Fett ab. Sie machen es immer so, dass wenn sie Gutes tun – oder sagen wir es genauer – wenn sie Gutes tun lassen, dann reden sie sehr angelegentlich darüber. Das Christliche der humanitären NGOs und GOs versteht sich überhaupt nicht mehr und schon gar nicht von selbst.

VI. Camus und Franz Müntefering

Da schreibt mir der Vorsitzende der SPD, Franz Müntefering, aktuell in der Großen Koalition seit 2005, wie er mit der Lektüre von Camus leben und zurechtkommen würde:

Sehr geehrter Herr Neudeck;
ich war da wohl etwas unvorsichtig. Dass einem »Der FALL« besonders wichtig ist und das seit 45 Jahren – sollte man nicht öffentlich machen, wenn man ein Dilettant oder bestenfalls ein Schmalspur Autodidakt in Sachen Literatur ist und das Buch nicht distanziert professionell zu analysieren vermag.
Man kommt dann nämlich leicht in den Verdacht, irgendwie Betroffener zu sein. Was in meinem Fall völlig abwegig ist.
Bleibt halböffentlich mir der Ausweg zuzugeben, dass man A. Camus schon »immer mochte« und dass man immer und immer wieder sucht, was einem am »Fall« gefällt, berührt, anzieht, beängstigt, beunruhigt. Simpel, wie von einem Kreuzworträtsel, das sich verweigert.
Zum Beispiel die Mitteilung des Bußrichters, dass er »letzten Endes alles, was ich begehrte, mit Hilfe der Selbstlosigkeit« erlangte. Aber auch, dass Johannes Clamans sich einen Komödianten nennt.

Franz Müntefering

In einem Interview mit der Kölnischen Rundschau vom 26. Juli 2006 hatte Franz Müntefering sich noch einmal ausdrücklich auf die Leseerfahrungen mit Camus' Roman »Der Fall« bezogen. Camus habe ihn sein ganzes Leben begleitet.

Warum der Fall?

Müntefering: Das ist eine moralische Geschichte über einen einzelnen Menschen. Mich bewegt das.

Der heißt Jean-Baptiste Clamence – ein gefeierter Pariser Anwalt.

Müntefering: Er ist selbstverliebt, sehr selbstgerecht. Ein Narziss – das Leben der anderen braucht er nicht.

Seine Bußpredigten sind Abrechnungen mit der Welt. Hat Sie das angezogen?

Müntefering: Ich bin im Sauerland großgeworden. Vor meinen Augen steht heute noch eine Szene aus der Kirche. Ein reicher Buer, ein großer stattlicher Mann, der den Klingelbeutel vor sich auf der Betbank abstellt, den Mantel umständlich aufknöpft, den Geldbeutel nimmt, Geld herausnimmt und spendet – nicht wenig. Ich wollte dem Mann nichts Böses. Aber manchmal sah man eben nur diese scheinbar heile Welt, in der sich sehr viel Selbstgerechtigkeit spiegelt. Gutsein zum Schein.

Haben Sie aus Camus' Werk eine Aufforderung zum Handeln herausgelesen?

Müntefering: Klar. Die Anstrengung lohnt sich, obwohl der Stein wieder herunterrollt.

Ist das Ihr Politik-Bild?

Müntefering: Die Rahmenbedingungen ändern sich, die Aufgabe bleibt. Das Leben der Menschen erträglicher zu machen. Es soll ihnen besser gehen. Nur die Exzentriker der Linken und Rechten glauben an das Paradies auf Erden. Sisyphos glaubt nicht daran.

Sisyphos der erste Sozialdemokrat …

Müntefering: … Wenn Sie wollen: Ja.

Es gibt dieses Pathos der Einsamkeit bei Camus?

Müntefering: Zu Camus' Philosophie gehört, dass man weiß, Du bist allein. Es gibt eine Erzählung über Jonas, den Künstler. Am Ende findet man in dessen Atelier eine Leinwand, auf der etwas geschrieben steht. Es heißt entweder solitaire oder solidaire … einsam oder gemeinsam. Ich habe nicht gelernt, das philosophisch auszudrücken. Aber es ist die eigentliche Frage des Menschen.

Spiegelt sich diese Spannung in ihrer Arbeit?

Müntefering: Ich habe erst Camus gelesen: Da habe ich dann an die direkte Politik noch nicht gedacht. Mit 25 bin ich in die SPD eingetreten. Vorher habe ich durch Lesen versucht, mit mir selbst ins Klare zu kommen. Ich habe Die ZEIT gelesen, auch »Konkret«. Und ich war von Anfang an Abonnent von »Pardon«. Und ich habe den WDR III gehört, das war meine Volkshochschule. Aufgewachsen in einem sauerländisch-katholischen Milieu hatte ich keinen natürlichen Bezug zur Literatur. Meinen Vater habe ich nie ein Buch lesen gesehen. Meine Mutter las Lore Romane und hat sie versteckt, weil ihr das unangenehm war, dass ich das sah. Ich habe Gedichte geliebt, vor allem Brecht. Ich bin aber auch 15 Kilometer mit dem Rad in die nächste Stadt gefahren, um eine Aufführung von Camus »Caligula« und »Die Gerechten« zu sehen. Später kam Max Frisch. Bald auch Martin Walser und Böll.

Was ist Ihnen an Camus das Wichtigste?

Müntefering: Solidarität ist möglich. Dafür gibt es keinen Ersatz. Und doch – zum guten Schluss ist man allein. Das ist auch für die

Politik wichtig. Du musst alle Ratschläge abwägen, aber dann fällst Du für Dich eine Entscheidung und musst sie verantworten.

Ein zweiter Kontakt zu einem aktiven Politiker, dem Camus sehr viel bedeutet, kam nicht zustande. Ich hatte immer wieder bestätigt bekommen, dass der serbische Spitzenpolitiker Vojislav Kostunica eine Diplomarbeit über Albert Camus geschrieben haben soll. Der damalige Korrespondent der Süddeutschen Zeitung in Belgrad, Bernhard Küppers, schrieb mir, dass ihm das Büro des Serbischen Präsidenten gesagt habe, dieser habe seine Abschlussarbeit auf dem Gymnasium über Camus geschrieben. Aber man wusste nicht, ob die noch aufzufinden sei!? Am gleichen Abend traf Küppers Kostunica bei einem Empfang in Belgrad. Kostunica bestätigte nicht nur die Tatsache der Arbeit über Camus, sondern sagte Küppers, er würde Camus jeden Tag lesen. Und die Arbeit werde er ihm (und dann mir) besorgen. Das ist allerdings bis heute nicht geschehen. Das sei wie mit dem General und Völkermörder von Srebrenica, Ratko Mladic, schrieb mir Küppers.»Man hat ihn immer kurz zum Greifen nah, aber dann verschwindet er ...«

Ich schrieb an die beiden Schriftsteller Reiner Kunze und den Nobelpreisträger Günter Grass. Von Günter Grass bekam ich am 10. Mai 2006 eine Antwort.

Lieber Rupert Neudeck,
Zu Ihrer Frage, Camus betreffend: Dessen Bücher haben mich bereits in jungen Jahren beeinflusst. Zu beginn der 50er-Jahre, als der Existentialismus Mode war, ist es vor allem der Streit zwischen Camus und Sartre gewesen. Das war eine erklärt gegensätzliche intellektuelle Position, die mir nahegelegt hat, mich zu entscheiden und sozusagen Partei zu ergreifen. Damals war es Camus' kleine Schrift, die den Mythos des Steinewälzers Sisyphos neu deutete und mich verfügte, mich gleichfalls beim Steinewälzen zu erproben. Camus' Hinweis, man dürfe sich Sisyphos als glücklichen Menschen vorstellen, hat mir über die Jahre, ja Jahrzehnte hinweg geholfen, immer wieder neu anzusetzen, also fern von verstiegener Hoffnung und Resignation aus Enttäuschung tätig zu bleiben. Wenn also Zimmermann (Biograph von Günter

Grass) in seinem Buch dann und wann mit Erstaunen feststellt, dass ich nicht »kleinzukriegen« war, ist meine Unverdrossenheit nicht zuletzt Camus zu verdanken.

Mit dem Schriftsteller und Poeten Reiner Kunze hatte ich mich in einer dramatischen Stunde deutscher Zeitgeschichte 1977 zufällig getroffen. Es war im Büro des damaligen ARD Korrespondenten Lothar Loewe in der Schadowstraße im damaligen Ost-Berlin. Reiner Kunze war auch dorthin gekommen, um einige kleine Beiträge aus seinem Buch »Die wunderbaren Jahre« dort im Studio für West-Hörfunkproduktionen aufzunehmen. Wir saßen eine Weile nebeneinander, ich war gekommen, um für den Deutschlandfunk dort etwas zu erfahren bei Lothar Loewe, der damals schwer bei den DDR-Behörden in Ungnade gefallen war, wegen der Bemerkungen zu den Grenzsoldaten, die auf die DDR-Flüchtlinge schießen und sie abknallen wie die Hasen.

Wir sprachen über Camus, ich weiß nicht mehr, warum und wie. Ich hatte wohl vorher mal in einer Anthologie etwas über eine Wahlverwandtschaft des Sprachkünstlers Reiner Kunze und des großen Pariser Schriftstellers gelesen.

Auf meine Frage, was ihm Camus bedeutet, hat er mir seine »Rede an die Jugend« geschickt. In dieser Rede an die Jugend zitiert Reiner Kunze aus einem Stasibericht, den man wirklich für alle Zeit aufbewahren sollte. Unter dem Stichwort: »Gera, den 17. 2. 1977« meldete ein Stasi Offizier:

»K. will (nach Camus) Auge in Auge mit dem Nichts leben und im Bewusstsein der Absurdität dieses Daseins Mensch sein wollen; er will dem Einzelnen helfen – Solidarität üben, will kein Unrecht im Großen wie im Kleinen unwidersprochen hinnehmen … Für R. K. existiert das Absurde auch in der DDR.«

Und als ich in einem weiteren Brief noch einmal auch nach anderen Büchern von Camus fragte, als dem »Mythos vom Sisyphos«, auch nach dem einen Buch, das er auswählen würde, da antwortet er mir mit dem Datum des 15.05 2006 aus Erlau:

»Das eine Buch von Camus? Es müssten mindestens zwei sein, eines vom Schriftsteller im engeren Sinn (vielleicht »Die Pest«), das andere vom Essayisten im weiteren Sinne (vielleicht die Tagebücher). Zu dem Buch »Der Fall« könnte ich mich nur dann verantwortbar äußern, wenn ich es von Neuem lesen würde und Zeit hätte, darüber nachzudenken. Aber durch die Mauern unseres Hauses dringt so viel Welt, dass wir ihren Anforderungen immer weniger gewachsen sind.«

VII.

»Recht und Gerechtigkeit sind auch schön«

Mit Heinrich Böll habe ich oft über Albert Camus gesprochen. Wir konnten nur bedauern, dass diese beiden Seelenverwandten sich nicht hatten kennen und austauschen können. Böll war immer an den Wurzeln des französisch-algerischen Autors im algerischen Oran und Tipasa und Djemilah interessiert, weil er die Erzählungen sehr geschätzt hat. Und er war natürlich ein Wahlverwandter in Bezug auf den Kampf für Recht und Gerechtigkeit. Er hätte sich mit Camus auch wunderbar verstanden, wenn sie der Arroganz und der Bigotterie kirchlicher und klerikaler Verkündigung begegnet wären. Man könnte sich die beiden gut vorstellen, 1948 beim Vortrag im Dominikaner Kloster Latour-Maubourg. Hätte nicht auch Heinrich Böll sagen können: »Wenn ein spanischer Bischof politische Hinrichtungen segnet, ist er kein Bischof mehr und kein Christ, ja nicht einmal ein Mensch, dann ist er ein Hund ...« Und wenn Camus zu den selbstbewussten Mönchen sagte: »Ich teile mit Ihnen das Grauen vor dem Bösen. Aber Ihre Hoffnung teile ich nicht und werde nie aufhören, gegen diese Welt zu kämpfen, in der Kinder leiden und sterben.«

Heinrich Böll hat uns Humanitären 1984 bei der Preisverleihung des dänischen »Odin Teatret« in Holstebro auf Jütland wenige Monate vor seinem Tode einen Text geschenkt, der uns wie eine Magna Charta der humanitären Arbeit erscheint und gleichzeitig noch eine neue Gerechtigkeits-Ästhetik proklamiert.

Dieser Text sei hier noch angefügt, der die Magna Charta für uns alle ist, die wir uns aufmachen, weil wir unseren Reichtum, Wohlstand und Luxus nicht wie einen Schatz und ein erworbenes Eigentum mit uns herumtragen wollen, sondern aus uns und dem schönen Wohlstandsleben herausgehen wollen:

»Es ist schön, ein hungerndes Kind zu sättigen,
ihm die Tränen zu trocknen,
ihm die Nase zu putzen,
es ist schön, einen Kranken zu heilen.
Ein Bereich der Ästhetik,
den wir noch nicht entdeckt haben,
ist die Schönheit des Rechts.
Über die Schönheit der Künste, eines Menschen, der Natur
Können wir uns halbwegs einigen.
Aber – Recht und Gerechtigkeit sind auch schön,
wenn sie vollzogen werden.«